MW01701015

LARROUSSE

Inglés

Turístico

Fácil

Diseño de portada: David Jiménez Minero

PRIMERA EDICIÓN

ISBN 2-266-06082-1 (Presses Pocket)
ISBN 970-22-0759-2 (Ediciones Larousse)

Impreso en México — Printed in Mexico

LAROUSSE

Inglés Turístico

Fácil

Françoise Larroche

Guillermina Cuevas Mesa

Préface de
Pierre Vedel
Cuisinier
Compagnon du Tour de France

LAROUSSE

Aribau 197-199 3ª planta
08021 Barcelona

Dinamarca 81
México 06600, D. F.

Valentín Gómez 3530
1191 Buenos Aires

21 Rue du Montparnasse
75298 París Cedex 06

CONTENTS

CONTENIDO

Françoise Larroche es catedrática de inglés. Ha enseñado en muchos liceos de provincia y en París (Lycée Michelet).

Actualmente es profesora de la Escuela de Hotelería de París (Lycée hôtelier Jean Drouant).

También es encargada de cursos en la Universidad de París III, Sorbonne Nouvelle.

La autora agradece la colaboración de sus colegas de la Escuela de Hotelería de París, así como la de Lyn Barsby, Broxtowe College, Nottingham University (GB) y la de Martha Golden, New York University (USA) que revisaron la parte inglesa del manuscrito.

PREFACIO

El *Inglés turístico fácil* está dirigido a quienes, de lejos o de cerca, participan en este conjunto de actividades estrechamente relacionadas y que constituyen una industria tan importante.

En cuanto mi oficio, la cocina, diría que expresa, mediante la preparación de los alimentos, la identidad y las racíces de un pueblo. Se dice que hay cocina antigua y nueva cocina. Yo diría que hay buena y mala, y que sólo la buena es verdadera. Es obvio que evoluciona, como la civilización. Para ello, es necesario simplificarla al máximo, pero al mismo tiempo, incrementar los valores gustativos y nutritivos de los platillos.

Gracias al libro de Françoise Larroche, los profesionales de la industria restaurantera —principiantes o experimentados, jóvenes o menos jóvenes— podrán hacer participar a sus clientes de habla inglesa del descubrimiento de nuestra gastronomía. Al placer de nutrirse bien podrán agregar el de distinguir los matices de lo que se saborea.

En cuanto a los profesionales vinculados con el alojamiento y la organización que conforman el turismo y la hotelería, encontrarán en esta obra un precioso instrumento de trabajo para comunicarse mejor con nuestros visitantes de habla inglesa.

Pierre Vedel

PRESENTACIÓN

Integrada en 20 unidades, esta obra aborda los diferentes aspectos de la vida de las empresas de los sectores del turismo, la hotelería y los restaurantes. Concebida para permitir el aprendizaje autónomo, también puede ser utilizada en el marco de la enseñanza en grupo (enseñanza secundaria y post-bachillerato, formación continua).

Responde también a las necesidades concretas e inmediatas de los profesionales, ya sea con el fin de comunicarse o de profundizar en un tema determinado.

De manera general, esta obra permite perfeccionar los conocimientos lingüísticos (vocabulario, gramática, pronunciación).

Según el caso, se da prioridad al inglés norteamericano (US) o al británico (GB), y cuando hay diferencias entre ellos (vocabulario, pronunciación, ortografía), éstas son señaladas claramente.

- **Cada una de las veinte unidades** consta de:

A - un *diálogo* (**dialogue**);
B - *documentos* (**records**), una serie de *frases modelo* (**key sentences**) y una lista en que se resume el *vocabulario* (**vocabulary**) correspondiente;

C - *ejercicios* (**exercises**) con sus soluciones;
D - una página (**final tips**) que incluye documentos muy variados y concretos, hasta divertidos (recetas, proverbios, fragmentos de novelas, explicación de hechos históricos o culturales).

Los documentos y textos en inglés son sistemáticamente traducidos.

- **Listas complementarias**

Cada vez que es necesario, la unidad incluye un vocabulario complementario (E).

- **Anexos**

En esta última parte se incluye *información práctica:* medidas, pesas, temperaturas, listas de países, consejos para redactar cartas comerciales, etc.

CÓMO UTILIZAR LA OBRA

1. Con ayuda de la traducción y las notas, **leer atentamente el diálogo.**

2. **Releerlo** y asegurarse de que se entiende perfectamente (es decir, que ya no se necesitan ni la traducción ni las notas). Para quienes tienen los **casetes,** esta segunda fase consiste en **volver a oír con atención,** con el libro cerrado.

3. **Estudiar la sección B.**

4. Intentar la traducción de las **frases modelo** partiendo del español. Se considerará que las frases han sido asimiladas cuando al tomar una al azar, se encuentre de inmediato su equivalente en inglés.

5. Proponerse la **adquisición léxica** estudiando la recapitulación del vocabulario.

6. Verificar mediante los ejercicios el **aprendizaje del vocabulario y de las estructuras gramaticales.**

7. Adquirir algunas **nociones de la civilización estadounidense** mediante los ***final tips.***

Signos y abreviaturas principales

adj.	adjetivo	*p.ej.*	por ejemplo
adv.	adverbio	*pl.*	plural
a.m.	*ante meridiem*, antes de mediodía	*p.m.*	*post meridiem*, después de mediodía
cf.	ver	*sg.*	singular
F.	francés	*s.one*	someone (alguien)
GB	inglés británico	*s.thing*	something (algo)
inf.	infinitivo	*US*	inglés americano
n.	número	=	igual a
p.	página	≠	diferente de, contrario a

Pronunciación

Sonidos vocales

[i] **pit**
[ɑ] **flat**
[o] **not**
[u] **put**
[e] **lend**
[œ] **but**
[ə] ɑ(art.) nunca se acentúa

Vocales largas

[i:] **meet** [mi:t]
[ɑ:] **farm** [fa:rm]
[o] **board** [bo :rd]
[u:] **cool** [ku:l]
[e:] **firm** [fe:rm]

Semivocal

[y] **due** [dyu:]

Diptongos (vocales dobles)

[ɑi] **my** [mai]
[oi] **boy** [boi]
[ei] **blame** [bleim]
[au] **now** [nɑu]
[ou] **no** [nou]
[iə] **here** [hiər]
[eə] **dare** [deər]
[uə] **tour** [tuər]

Consonantes

[θ] **thin** [θin]
[ð] **that** [ðat]
[s^h] **she** [s^hi:]
[ŋ] **bring** [briŋ]
[ʒ] **measure** [meʒər]
[h] la *h* se pronuncia, es claramente *expirada*

* indica que la *r*, se pronuncia ligada o en inglés americano. En inglés británico normalmente es muda.

UNIDAD 1

TOURISM
EL TURISMO

A • **DIALOGUE** / *DIÁLOGO*

B • **RECORDS** / *DOCUMENTOS*

B1. **Definitions** - *Definiciones*

B2. **Disney, the hottest entertainment maker in the world** - *Disney, el mejor fabricante de diversiones del mundo*

B3. **Key sentences** - *Frases modelo*

B4. **Vocabulary** - *Vocabulario*

C • **EXERCISES** / *EJERCICIOS Y SOLUCIONES*

D • **FINAL TIPS**[1]

---

1. En este contexto, **tip** puede tener dos sentidos, la *propina* que se da al terminar de comer, a manera de agradecimiento, y el *truco*, consejo o idea que nos permite desempeñarnos mejor, de manera que este título lo traducirán como mejor les convenga.

1 Tourism

A. DIALOGUE

T. = Travel agent **C.** = Customer

Choosing the best formula

T. — Good morning, Madam. May I help you?

C. — Well, yes; we intend to visit the United States, but we'd like to take our four children with us. Is this possible?

T. — Of course it is! But your trip will require careful planning beforehand, that's all! Also it depends on how much you are prepared to spend.

C. — I see. Well, I don't think we can afford[1] expensive hotels, but we would also like to travel and see different places. I'd love to visit the South!

T. — Yes, but you must bear in mind that the summer is very hot and humid in the South; I wouldn't advise it with children.

C. — We could go for the Easter holidays, then.

T. — Yes, well, let me see... We have an interesting package: you fly to Atlanta, Georgia, then you take local flights to Charleston and Savannah. You stay in medium-priced[2] hotels and the package includes one night on a typical Southern plantation.

C. — I think we'd rather[3] travel by car; with children, it gives one greater flexibility.

T. — Then you could hire a car and stay at motels; Hertz offers bargain rates for seven days with unlimited mileage, or, cheaper still, you could hire a motor home; they provide sleeping arrangements plus cooking and toilet facilities, it would save you the cost of hotel rooms.

C. — That's a good idea! Could you let me have a brochure with details on hiring motor homes and a list of motels in the South?

T. — Yes, here you are.

C. — Thank you for your help; I'll come back when we have made up our minds.

---

1. **I can't afford** + nombre: *no puedo permitirme*; + gerundio: (motivos a menudo financieros).
2. **medium-priced**: adjetivo compuesto cuyo segundo elemento es un nombre seguido de **-ed** (ej.: **green-eyed**; **cold-blooded**).
3. **I had (would) rather:** *preferiría.*

1 Turismo

A. DIÁLOGO

A. = Agente de viajes **C.** = Cliente

Cómo elegir la mejor fórmula

A. — Buenos días, señora, ¿en qué puedo servirle?
C. — Bueno, queremos viajar a los Estados Unidos, pero nos gustaría llevar a nuestros cuatro hijos, ¿sería posible?
A. — ¡Por supuesto! Pero habrá que organizar el viaje cuidadosamente y con anticipación, eso es todo. También depende de cuánto está dispuesta a gastar.
C. — Entiendo; creo que no podríamos darnos el lujo de hoteles caros, pero también nos gustaría hacer un recorrido y visitar diferentes lugares. ¡Me encantaría ir al Sur!
A. — Sí, pero tenga en cuenta que[1] el verano es muy caluroso y húmedo en el Sur; no se lo aconsejaría con niños.
C. — Entonces podríamos ir durante las vacaciones de Pascua.
A. — Muy bien, déjeme ver... Tenemos un paquete interesante: vuelan a Atlanta, Georgia, y después toman vuelos locales para Charleston y Savannah. Se alojan en hoteles de precio accesible y el paquete incluye también una noche en una plantación típica del Sur.
C. — Creo que nos gustaría más hacer el recorrido en auto; con niños, eso da más flexibilidad.
A. — Entonces podrían alquilar un vehículo y quedarse en moteles. Hertz tiene tarifas interesantes para siete días con kilometraje ilimitado, o, más económico aún, podrían alquilar un remolque, que incluye camas, cocineta y baño; les permitiría ahorrar el costo de cuartos de hotel.
C. — ¡Buena idea! ¿Tiene algún folleto con detalles sobre el alquiler de remolques y una lista de moteles en el Sur?
A. — Aquí lo tiene.
C. — Gracias por su ayuda. Regresaré cuando hayamos tomado una decisión[2].

---

1. Literalmente: *tener en mente que ...*
2. En las subordinadas de tiempo nunca aparece el futuro en inglés. Se usa el presente (cuando en español se usa el futuro) o el present perfect (cuando en español se usa el antepresente) (pret. perf.).

B1. Definitions

• **Package deal:** a pre-paid holiday with fixed dates of departure and return organized by a tour operator; it may include transport, accommodation, meals, sightseeing tours and even entertainment. For the customer it means vacationing with no worries and at discount prices. For the tour operator, it means buying tickets and hotel beds in advance at bulk prices and securing business.

• **Independent travel:** an increasing number of people are taking their vacations in trailer parks, holiday villages and other types of lodging rather than in hotels. In several countries, camping accounts for more nights spent away from home than any other sector of the industry. To meet this demand, several hotels are now offering a choice of bungalows and flats, as well as full-service hotel rooms.

• **B&Bs and guest houses:** in Britain, this type of accommodation is very popular; it is less costly than hotels, and you also have the opportunity to meet the locals.

• **Time sharing:** the concept, very popular in the US, originated in Europe and means that investors can buy one week of the year in perpetuity or for a given period of time: it often includes reciprocal exchange programs, giving vacationers more flexibility.

B2. Disney, the hottest entertainment maker in the world

Disney's theme parks still constitute the bulk of the company's business. Attendance is booming and new attractions have been contrived to lure repeat customers: Disney World, Florida, will soon feature a 50 acre water park where visitors will be able to slide down a 95 ft mountain, surf on 6 ft waves and snorkel in pools filled with tropical fish.

B1. Definiciones

• **Paquete**: vacaciones pagadas de antemano con fechas de salida y regreso fijas, organizadas por una agencia de viajes; pueden incluir transporte, alojamiento, alimentos, visitas guiadas, e incluso diversiones. Para el cliente, esto se traduce en vacaciones sin problemas y de costo reducido. Para el organizador de viajes, significa adquirir por adelantado boletos y noches de hotel a precio de mayoreo, y asegurarse una clientela.

• **Vacaciones independientes:** cada vez más gente toma sus vacaciones en campamentos, villas de vacaciones y otros lugares de recreo independientes, más que en hoteles. En varios países, los "campers" equivalen a más noches fuera de casa que los otros sectores de la industria hotelera. Con el fin de enfrentar la demanda, muchos hoteles ofrecen ahora una selección de "bungalows" y departamentos, además de las habitaciones con los servicios habituales.

• **Cuartos en casas particulares y pensiones:** en Gran Bretaña este tipo de alojamiento es muy popular; es menos costoso que los hoteles y da la oportunidad de conocer a la gente de la localidad.

• **Tiempo compartido:** esta idea, muy apreciada en los Estados Unidos, nació en Europa; significa que los inversionistas pueden comprar una semana al año, a perpetuidad o por un periodo determinado. Con frecuencia implica programas de intercambio recíproco que dan flexibilidad a los vacacionistas.

B2. Disney: el mejor fabricante de diversiones del mundo

Los parques de diversiones de Disney siguen siendo la base del negocio de la compañía. El número de visitantes aumenta, y se han inventado nuevas atracciones para atraer a los clientes asiduos. Disney World, en Florida, pronto tendrá un parque acuático de 25 hectáreas donde los visitantes podrán deslizarse por una montaña de 30 metros; practicar el surfing en olas de dos metros, y bucear en piscinas llenas de peces tropicales.

Turismo

B3. FRASES MODELO

1. *Les irá mejor en tren que en autobús.*
2. *Es imposible encontrar estacionamiento gratuito en el centro de la ciudad.*
3. *Le sugiero tomar un vuelo de ida y vuelta.*
4. *Le costará menos que comprar dos boletos sencillos.*
5. *¿Por qué no quedarse tres días en Nueva York antes de volver a Londres en avión?*
6. *Si no devuelve el auto en el lugar en que lo contrató, no podrá aprovechar estas tarifas.*
7. *Le ofrecemos una amplia gama de servicios, desde hoteles y restaurantes, hasta alquiler de autos, estancias cortas, paquetes y boletos de avión.*
8. *¿Y si se fuera en un crucero especializado? Hay viajes para los aficionados al chocolate, para degustadores de vino y para los fanáticos de la música country.*
9. *Si desea pasar un tiempo en un parque nacional, encontrará muchos campamentos disponibles.*
10. *El centro de información le proporcionará detalles sobre los caminos y las actividades propuestas.*
11. *La cuota de admisión no es tan alta para los niños como para los adultos.*
12. *¡Tendrá que hacer cola cuando menos una hora antes de poder entrar al parque!*
13. *No piense en ir a Florida en septiembre, ¡es la época de los huracanes!*
14. *Siempre que he ido de vacaciones a la región de los lagos para dar largas caminatas, ha llovido a cántaros.*
15. *Algunas de nuestras vacaciones para los más activos gustarán a adultos y adolescentes.*
16. *Una semana para observadores de pájaros incluye la compañía de otros apasionados de esa actividad y de guías experimentados.*
17. *Las caminatas guiadas pueden ser tranquilas o rápidas.*
18. *En los albergues juveniles, lo importante es la sencillez y el espíritu de comunidad.*
19. *En la isla hay diferentes tipos de alojamiento, desde pequeñas posadas hasta hoteles de cadena.*
20. *Cuando terminen Canary Wharf, Londres contará con el centro comercial más grande de Europa.*

Tourism

B3. KEY SENTENCES

1. You'll be better off if you travel by train than by bus.
2. Finding a free parking lot downtown is out of the question.
3. I suggest you take a round trip flight.
4. It will cost you less than buying two one-way tickets.
5. Why not spend three days in New York City before flying back to London?
6. Unless you return the car where you picked it up, you won't be able to benefit from those rates.
7. We offer a wide range of services, from hotels and restaurants to car rentals, quick trips, package tours and air tickets.
8. How about taking a theme cruise? There are trips for chocolate lovers, wine tasters and country music fans.
9. If you want to spend some time in a national park, you'll find plenty of camp sites available.
10. The Visitor's Center will provide all the information on hiking trails and available activities.
11. The admission fee is not as high for children as for adults.
12. You'll have to line up for at least one hour before you can get into the park!
13. Don't plan a trip in Florida in September, it is the hurricane season!
14. Whenever I went to the Lake District for a hiking holiday, it poured!
15. Some of our more active vacation trips will appeal to both adults and teenagers alike.
16. A bird watching week offers you the company of other enthusiasts and experienced guides.
17. Guided hiking tours vary from gentle to brisk paced.
18. At youth hostels, the emphasis is on informality and community spirit.
19. The variety of accommodations on the island ranges from small inexpensive inns to chain hotels.
20. When Canary Wharf is completed, London will house the largest shopping center in Europe.

1 Tourism

B4. VOCABULARY

accomodation	*alojamiento*
admission fee	*cuota de entrada*
to advise	*aconsejar*
appartment	*departamento*
to appeal to	*gustarle a*
attendance	*asistencia*
available	*disponible*
bargain	*ganga, oferta*
bird-watching	*observación de aves*
brochure [brous^{h}ur]	*folleto* (turístico, publicitario, etc.)
bulk rates	*precio de mayoreo*
bus	*autobús*
camping site	*camping, sitio para acampar*
car rental	*alquiler de autos*
cruise [kru:z]	*crucero*
cruise liner	*barco para cruceros*
customer	*cliente*
development	*fraccionamiento*
discount	*descuento*
downtown	*centro de la ciudad*
entertainment	*diversión*
to feature	*presentar* (una actividad, un espectáculo)
flight	*vuelo, viaje en avión*
to fly	*volar, tomar un avión*
guide	*guía*
to hike	*hacer una caminata*
hiking trail	*sendero de caminata*
independent travel outlet	*alojamiento independiente*
inn	*posada*
to lure [lyur]	*atraer*
to make up one's mind	*decidirse*
meal	*comida*
medium-priced	*de precio accesible*
mile [mɑil]	*milla* (más o menos 1600 metros)
mileage	*kilometraje*
motor home	*remolque, camper*
one-way ticket	*boleto sencillo*
package deal	*paquete*
package vacation	*vacaciones en paquete*
parking lot	*estacionamiento*
to pick up	*recoger*

B4. VOCABULARIO

to plan	*organizar*
pool	*alberca*
quick trip	*estancia corta*
range	*gama* (de precios, servicios, etc.)
to rent a car	*alquilar un auto*
repeat customers	*clientes habituales* (clientes que vuelven)
to return	*devolver* (algo que se ha pedido prestado o rentado)
round trip	*viaje redondo*
sightseeing tour	*visita guiada*
to slide	*deslizarse* (por un tobogán)
to snorkel	*bucear con visor y "snorkel"*
to stand in line	*hacer cola*
to stay	*permanecer*
story (US), storey (GB)	*piso* (nivel de un edificio, p.ej. séptimo piso)
theme [θi:m] park	*parque de diversiones*
theme cruise	*crucero especializado* (para los que gustan del vino, de la música country, etc.)
time-sharing	*tiempo compartido*
tour [tuər]	*recorrido organizado*
tour operator	*organizador de viajes*
trailer-camp	*camping que puede acoger remolques*
travels	*los viajes* (se usa poco en singular)
to travel	*viajar*
travel agency	*agencia de viajes*
travel agent	*agente de viajes*
trip	*viaje*
vacation	*vacaciones*
vacationers	*vacacionistas*
wave	*ola*
youth hostel	*albergue juvenil*

	US	GB
alquiler de autos	car rental	car hire
estacionamiento	parking lot	car park
viaje sencillo	one-way ticket	single
viaje redondo	round trip	return
hacer cola	to stand in line	to queue
vacaciones	vacation	holiday
vacacionistas	vacationer	holiday-maker
centro de la ciudad	downtown	city centre

1

Tourism

C. EJERCICIOS

I. Completar con una palabra o un grupo de palabras de la lista siguiente: *travel agent, tour operator, travel, trip, package deal, discount, bargain*:

1. .... has become less expensive these days!
2. A .... can advise you on which ...... to choose.
3. Mass tourism has enabled people to benefit from ..... and .... prices.
4. Did you have a good ....?
5. The best .... of the season is a trip to Mexico.

II. Formar un adjetivo compuesto para cada oración (ver nota 2 del diálogo):

1. A model *at a low price.*
2. A travel agent *with blue eyes.*
3. People who never travel remain *with a narrow mind.*
4. Why on earth are you always *with a bad temper* on Monday mornings?
5. We rented a house *which had two storeyed* for the summer.

III. Traducir (revisar los diálogos y frases modelo):

1. *No hay autos de precio accesible disponibles.*
2. *En un viaje organizado el tiempo debe estar cuidadosamente distribuido.*
3. *No podremos permitirnos hoteles tan caros.*
4. *En cuanto al viaje, no les recomendaría el autobús.*
5. *Preferiríamos reservar con anticipación los boletos, en vez de hacer cola.*

1 Turismo

C. SOLUCIONES

I. Completar con una palabra o grupo de palabras:

1. *Travel* has become less expensive these days!
2. A *travel agent* can advise you on which *tour operator* to choose.
3. Mass tourism has enabled people to benefit from *package deals* and *discount* prices.
4. Did you have a good *trip*?
5. The best *bargain* of the season is a trip to Mexico.

II. Formar adjetivos compuestos:

1. A *low-priced* model.
2. A *blue-eyed* travel agent.
3. People who never travel remain *narrow-minded.*
4. Why on earth are you always *bad-tempered* on Monday mornings?
5. We rented a *two-storeyed* house for the summer.

III. Traducir:

1. There is no medium-priced car available.
2. A tour requires careful planning.
3. We won't be able[1] to afford such expensive hotels!
4. As far as the journey is concerned, I wouldn't advise a bus.
5. We would rather[2] book our tickets in advance than have to stand in line.

---

1. **we won't be able to:** para expresar la idea de posibilidad material, **can** sólo puede usarse en presente y pasado (**could**). Para los otros tiempos, como el futuro en este caso, se utiliza una expresión cuyo sentido es equivalente: **to be able to**, que puede ser empleada en cualquier tiempo.
2. Observe de nuevo que la expresión **I would rather** va seguida de un infinitivo sin **to.**

1 Tourism

D. FINAL TIPS[1]

A "Murder and mystery weekend" (an advertisement)

Spend a weekend of mystery and suspense, as bodies drop like flies and you, the detective, try to solve the plot and unmask the murderer. Will you guess the murderer's identity before he (or she) murders you? Can you keep a cool head and make sense of the clues? As you question the suspects and the story unfolds, you will find yourself completely engrossed in this compelling subject. A Saturday stage show, talks on historical real-life murders and explanation of the methods leading to their detection will add to the atmosphere of suspicion and intrigue. These very sociable gatherings provide a fascinating combination of thrilling suspense, fun, friendship and laughter.

The vacation starts with dinner on the first day and finishes with breakfast on the last day.

"Fin de semana de misterio y suspenso" *(anuncio publicitario)*

Pase un fin de semana de misterio y suspenso; mientras los cadáveres caen como moscas, usted, el detective, trata de resolver el enigma y de desenmascarar al asesino. ¿Adivinará la identidad del asesino antes de que él (o ella) lo asesine a usted? ¿Podrá conservar la sangre fría y descifrar las claves? A medida que interrogue a los sospechosos y que la intriga avance, estará completamente absorto en este fascinante tema. El espectáculo del sábado; unas conferencias sobre asesinatos reales y explicaciones sobre cómo se descubrió al asesino, reforzarán el ambiente de intriga y sospechas. Estas agradables reuniones son una mezcla fascinante de estremecedor suspenso, de diversión, amistad y risas.

La estancia empieza con la cena del primer día y termina con el desayuno del último día.

"Travel broadens the mind"[2]
"Los viajes ilustran a la gente"

---

1. Ver definición, p. 11.
2. Literalmente: "*Los viajes ensanchan el espíritu*".

UNIDAD 2

THE HOTEL INDUSTRY
LA INDUSTRIA HOTELERA

A • **DIALOGUE** / *DIÁLOGO*

B • **RECORDS** / *DOCUMENTOS*

B1. **Definitions** - *Definiciones*

B2. **Lord Forte, a "rags-to-riches hero"**
Lord Forte, de la miseria a la riqueza

B3. **Key sentences** - *Frases modelo*

B4. **Vocabulary** - *Vocabulario*

C • **EXERCISES** / *EJERCICIOS Y SOLUCIONES*

D • **FINAL TIPS**

2 The hotel industry

A. DIALOGUE

T. = Tourist Office **C.** = Customer

Selecting the right hotel

T. — Hello, Tourist Office. Good afternoon!
C. — Good afternoon, I'd like some information about hotels in New York. We want to book a room for the weekend on Friday and Saturday night.
T. — Yes, and what sort of hotel would you like?
C. — We'd like a reasonably comfortable one, with character and downtown. It's going to be our wedding anniversary, you see.
T. — Well, I can suggest the Snowdon, a two-star hotel[1]; it is fairly central and a room for two costs $ 40 a night. But if you are really after character, the New York Park View would be the thing for you; it is a bit more expensive, I'm afraid[2]; it is a three-star hotel and the minimum rate is $ 65 a night, but it is really worth it.
C. — Gosh, that's far more than I expected; we'll have to take the Snowdon, then.
T. — That's up to you; do you want me to make[3] the reservation for you?
C. — Yes, please, a double with twin beds if possible, for April 2 and 3.
T. — I'll check with the hotel. Your name, please?
C. — Smith.
T. — Thank you, Mr Smith, just wait a moment while I confirm your booking on another line... Mr Smith, it is all arranged. However, the Snowdon requires a letter of confirmation and a deposit of $ 35, please make sure you send it as soon as possible, otherwise they will not hold your reservation.
C. — I'll do that right away, thank you!

---

1. **a two-star hotel**: adjetivo compuesto, por lo tanto, **star** es invariable, como todos los elementos de un adjetivo.
2. Fórmula muy utilizada por los anglosajones, no para indicar temor, sino para moderar la intención de la frase siguiente o anterior.
3. Oración infinitiva: se construye de la misma manera que con los verbos que expresan orden, prohibición, deseo, preferencia, como **to wish**, **to intend**, **to forbid**. Nótese que cuando el sujeto de la oración infinitiva es un pronombre personal, lo es en su forma de complemento.

2 La industria hotelera

A. DIÁLOGO

O. = Oficina de turismo **C.** = Cliente

La elección del hotel adecuado

O. — Oficina de turismo, ¡buenas tardes!

C. — Buenas tardes, deseo información sobre los hoteles en Nueva York. Queremos reservar una habitación para el fin de semana, viernes y sábado por la noche.

O. — Muy bien. ¿Qué tipo de hotel le gustaría?

C. — Quisiéramos un hotel bastante cómodo, con ambiente, y en el centro de la ciudad; es[1] nuestro aniversario de bodas, ¿sabe?

O. — Pues les sugiero el Snowdon, un hotel de dos estrellas; está bastante bien ubicado y la habitación doble cuesta 40 dólares por noche. Pero si realmente buscan un hotel con ambiente, el New York Park View sería ideal, sólo que es un poco más caro. Es de tres estrellas y cuesta un mínimo de 65 dólares por noche, pero realmente vale la pena.

C. — ¡Dios mío! Es bastante más de lo que yo pensaba. Vamos a tener que conformarnos con el Snowdon.

O. — Ustedes deciden. ¿Quiere que le haga la reservación?

C. — Por favor, una habitación con dos camas, de ser posible, para el 2 y el 3 de abril.

O. — Voy a llamar al hotel. ¿Cuál es su nombre?

C. — Smith.

O. — Gracias, Sr. Smith. Si me permite un momento, le hago su reservación por otra línea... Ya está confirmado, Sr. Smith, nada más que el hotel exige una carta de confirmación y 35 dólares de anticipo. No deje[2] de enviarlos cuanto antes, de lo contrario, no mantendrán su reservación.

C. — Lo haré de inmediato, gracias.

---

1. Literalmente, *va a ser.*
2. Literalmente, *asegúrese de.*

B1. Definitions

• **Hotel Categories:** Hotels are rated according to the quality of service they offer.
In Britain, hotels are given a crown rating by an official body, the English Tourist Board (ETB), and a star rating by the Automobile Association (AA) and the Royal Automobile Club (RAC).
In the USA, there is no official classification, but the Mobile Travel Guide has a star rating.

• **Hotel chains**

— **Consortia**: They are formed by independently operated hotels for mutual benefit. The hotelier pays a fee to join the association and then has access to such benefits as a computerized reservation system, a central purchasing division, the use of the group's logo, etc.
— **Integrally operated:** The hotel is a *subsidiary* if the corporation provides the money to build and operate it.
If a *management contract* is established between the chain and the owners, the chain operates the hotel in return for a fee or a percentage of the profits.
In a *joint venture*, both the chain and the investors provide the necessary capital.
In a *franchise agreement,* the franchisor (the chain) gives the franchisee (the hotel operator) the right to use its name, its advertising technique and its know-how, in exchange for a fee and a percentage of the turnover.

B2. Lord Forte, a "rags-to-riches hero"

Born[1] to a working class family in Italy, he moved to Scotland at the age of five, worked in his family's ice cream parlor as a teenager and, at 26, started a milk bar in London's West End[2]. By the beginning of World War II he owned nine restaurants in London and after the war, he bought several properties near Picadilly Circus...
In 1970, his merger with Trust House Ltd brought him 200 hotels and he has had to fight ever since to keep the company from being taken over.

1. Ver **I was born**: *nací.*
2. Barrio elegante situado al oeste de la ciudad de Londres.

B1. Definiciones

- **Categorías de hoteles:** Los hoteles se clasifican según la calidad del servicio que ofrecen.

En Gran Bretaña, un organismo oficial, el ETB, los identifica mediante coronas, y la AA y el RAC, mediante estrellas.
En los Estados Unidos no hay clasificación oficial, pero el Mobil Travel Guide propone una clasificación con estrellas.

- **Cadenas hoteleras**

– **Consorcios:** Están formados por hoteles administrados independientemente en beneficio mutuo. El hotelero paga una cuota para adherirse a la asociación y adquiere el derecho a gozar de ventajas como sistema de reservaciones computarizado, división de compras centralizada, uso del logotipo del grupo, etc.

– **Cadenas integradas:** El hotel es una *filial* si la sociedad aporta el dinero necesario para la construcción y la administración del mismo.
Si la cadena y los propietarios firman un *contrato de administración,* la cadena administra el hotel mediante el pago de una cuota o un porcentaje de las utilidades.
En un *contrato de asociación,* tanto la cadena como los inversionistas aportan el capital necesario.
En una *franquicia,* el franquiciador (la cadena) otorga al franquiciatario (el gerente del hotel) el derecho de utilizar su nombre, sus técnicas de publicidad, su experiencia, mediante el pago de derechos y un porcentaje de su volumen de negocios.

B2. Lord Forte, de la miseria a la riqueza

Nació en Italia, de una familia de obreros; a los cinco años se fue a Escocia, y ya siendo un adolescente trabajó con unos parientes heladeros. A los 26 años abrió una fuente de sodas al oeste de Londres. A principios de la Segunda Guerra Mundial, tenía nueve restaurantes en esa ciudad, y después de la guerra compró varias propiedades cerca de Picadilly Circus.
En 1970, su fusión con Trust House Ltd le aportó 200 hoteles, y desde entonces siempre ha tenido que luchar para evitar la recompra de la sociedad.

The hotel industry

B3. FRASES MODELO

1. *¿Tiene por casualidad una habitación triple?*
2. *Por favor, deletree su nombre.*
3. *¿Sería tan amable de repetir su apellido?*
4. *Esperamos (ansiosamente) su llegada.*
5. *Voy a ponerlo en la lista de espera.*
6. *Le llamaré si hay alguna cancelación.*
7. *¿Recibió nuestra confirmación, Sr. Dean?*
8. *Debe haber habido una confusión.*
9. *No se preocupe, le encontraremos alojamiento en algún hotel cercano.*
10. *La ubicación de nuestro hotel le permite llegar caminando al centro de la ciudad.*
11. *La ubicación de nuestro hotel le permite ir caminando a las tiendas, los teatros y los centros nocturnos; es ideal tanto para los hombres de negocios como para los turistas.*
12. *Las tres suites de lujo del último piso tienen una vista excepcional de Hyde Park y Kensington.*
13. *Al llegar por la M1 tome la salida 26 hacia el sur y luego siga los letreros hacia el centro de Nottingham.*
14. *Desde que llegue a la recepción recibirá una calurosa bienvenida, ya sea que venga a tomar una copa, a comer o a una recepción.*
15. *Nuestro centro de reservaciones por teléfono le permite hacer reservaciones inmediatas en nuestros 800 hoteles de todo el mundo.*
16. *Le propondremos alternativas viables si alguno de ellos está totalmente lleno.*
17. *Uno de los cambios más espectaculares en el renglón hotelero en estos últimos diez años ha sido el surgimiento de los castillos hotel y el incremento en el número de éstos.*
18. *El hotel depende fuertemente de la clientela del país.*
19. *Es el primer hotel funcional que se abrió en la región.*
20. *Cuatro mujeres abrieron el que supuestamente es el primer hotel en Gran Bretaña destinado exclusivamente a mujeres de negocios.*

B3. KEY SENTENCES

1. Do you, by any chance, have a room available for three?
2. Would you spell your name, please?
3. Would you mind repeating your last name?
4. We look forward to your visit.
5. I'll put you on the waiting list.
6. I'll call you if there is a cancelation.
7. Did you receive confirmation from us, Mr. Dean?
8. There must have been a misunderstanding!
9. Don't worry, we'll find accommodation for you in a nearby hotel.
10. Our hotel is situated within walking distance of downtown.
11. The close proximity to the shops, theaters and night clubs offers the ideal location for both businessmen and visitors.
12. The three deluxe suites on the top floor offer breathtaking views of Hyde Park and Kensington.
13. When travelling on the M1, you should take Exit 26 southbound and then follow the signs to downtown.
14. You will receive a warm welcome when you come to our reception area, whether you come for a drink, a meal or are attending a private function.
15. Our telephone reservations central allows you to make immediate bookings at the company's 800 hotels around the world.
16. Suitable alternatives will be suggested if a particular hotel is fully booked.
17. One of the most dramatic developments on the hotel scene over the past decade has been the creation and growth of the country-house sector.
18. The hotel relies heavily on domestic travelers.
19. It is the first functional hotel to open in the area.
20. Four women have opened what is believed to be the first hotel in Britain exclusively aimed at businesswomen.

The hotel industry

B4. VOCABULARY

advertising	*publicidad*
air conditioned	*con aire acondicionado*
available	*disponible*
benefit	*ventajas* (no financieras), *utilidades*
to be worth it	*valer la pena*
to book	*reservar*
booking, reservation	*reservación*
breathtaking [breθteikiŋ]	*excepcional; que deja boquiabierto*
business man	*hombre de negocios*
to buy (bought, bought)	*comprar*
capital	*capitales*
chain hotel	*hotel de cadena*
coffee shop	*cafetería*
computerized	*computarizado*
to confirm	*confirmar*
consortium (*pl.* consortia)	*consorcio*
corporate	*corporativo, de negocios*
corporation	*sociedad*
country house	*castillo-hotel, casa de campo, villa*
decade [dekeid],	*decenio, década*
deluxe	*de lujo, lujoso*
deposit	*anticipo, depósito*
domestic	*nacional*
double with twin beds	*habitación con camas gemelas*
dramatic	*espectacular*
executive [igzekyutiv]	*ejecutivo*
exit	*salida*
fee [fi:]	*cuota, honorarios*
to fight (fought, fought)	*luchar contra*
franchise agreement	*acuerdo de franquicia*
franchisee	*franquiciador*
franchisor	*franquiciatario*
growth	*crecimiento*
to have access to	*tener acceso a*
highway	*autopista*
to hold a reservation	*mantener una reservación*
hotel chain	*cadena de hoteles*

B4. VOCABULARIO

know-how	*conocimientos*
to join	*unirse con, ser miembro*
joint venture	*contrato de asociación*
lobby	*vestíbulo*
location	*ubicación*
logo	*logotipo, signo distintivo*
to look forward to	*esperar (con ansiedad)*
to make a contract	*firmar un contrato*
management contract	*contrato de administración*
to merge with	*fusionarse con*
merger	*fusión*
milk bar	*fuente de sodas*
misunderstanding	*malentendido*
to operate	*administrar*
to own	*poseer*
owner	*propietario*
percentage	*porcentaje*
private function	*recepción*
profit	*beneficios* (financieros)
property	*propiedad*
to provide	*traer, proporcionar*
purchasing division	*central de adquisiciones*
rating	*clasificación*
to receive	*recibir*
to rely on	*contar con*
to require	*exigir, requerir*
settled	*listo*
to spell	*deletrear*
southbound	*hacia el sur*
star	*estrella*
subsidiary	*filial*
suite	*suite*
to take over	*recomprar*
top floor	*último piso*
tourist office	*oficina de turismo*
turnover	*volumen de negocios*
24-hours a day, round the clock	*las 24 horas del día*
view	*vista*
waiting list	*lista de espera*

2

The hotel industry

C. EJERCICIOS

I. Formar proposiciones infinitivas con el principio de oración que se encuentra entre paréntesis (consultar la nota 3 del diálogo):

1. I will open the window *(do you want)*.
2. We will open the coffee shop round the clock (*do the police forbid*).
3. He will answer all your questions *(do you expect)*.
4. The hotel will join a consortium *(does the owner intend)*.
5. Your room will be air-conditioned *(would you like)*.

II. Traducir (revisar el diálogo, las frases modelo y los documentos):

1. *Si lo que realmente busca es un hotel cómodo, ¿puedo sugerirle un hotel de tres estrellas?*
2. *Usted decide, pero creo que la diferencia de precio realmente vale la pena.*
3. *La cadena administra el hotel a cambio de un porcentaje de los beneficios.*
4. *No se preocupe, debe haber habido un error.*
5. *En cuanto entre al hotel verá el vestíbulo al parecer más hermoso de Inglaterra.*

III. Escribir con letra las cifras, los números y las fechas siguientes:

1. Room 401
2. 608 rooms
3. 20 January 1987
4. Tel: 101.46678
5. 8,635 customers
6. A growth of 10.5%

2 La industria hotelera

C. SOLUCIONES

I. Formar proposiciones infinitivas:

1. *Do you want* me to open the window?
2. *Do*[1] *the police forbid* us to open the coffee shop round the clock?
3. *Do you expect* him to answer all your questions?
4. *Does the owner intend* the hotel to join a consortium?
5. *Would you like* your room to be air-conditioned?

II. Traducir:

1. If it's really a comfortable hotel you're looking for, may I suggest a three-star hotel?
2. It's up to you, but I think the difference in price is really worth it.
3. The chain operates the hotel, in exchange for a percentage of the profits.
4. Don't worry, there must have been a mistake.
5. As soon as you enter the hotel, you will see what is believed to be the most beautiful lobby in England.

III. Escribir con letra:

1. Room four oh one.
2. Six hundred and eight rooms.
3. January twentieth nineteen eighty seven.
4. Telephone: one oh one, four six six seven eight.
5. Eight thousand six hundred and thirty five customers[2].
6. A ten point five percent[3] growth.

---

1. **police** se considera un término plural.
2. Nótese que en las cifras, las centenas van precedidas de una coma.
3. Nótese que en los porcentajes, los decimales van precedidos de un punto.

Advertisements for hotels

• **In the US:**

Step up to the Marriott Experience
We Do It Right!

For years Marriott Hotels have been known for their quality accommodations, warm, friendly, efficient service, and fine restaurants. The Bloomington Marriott Hotel is no exception. For five consecutive years we have been awarded Mobil's coveted 4-Star Award for excellence. It is their way of saying we are "outstanding... worth a special trip".

1980
★ ★ ★ ★
Mobil Travel Guide

For the business travelers, we offer corporate rates and complimentary limo service to and from the Minneapolis/St. Paul Airport - every 15 minutes. We are just 5 minutes from the airport, and 15 minutes from downtown Minneapolis or St. Paul. What convenience!

to step up to: *acercarse a;* for years they have been known for: *desde hace años se les conoce por;* to award: *otorgar;* to covet: *codiciar;* outstanding: *sobresaliente;* worth a special trip: *que merece un viaje por sí solo;* corporate rates: *tarifas para empresas;* complimentary limo service: *servicio gratuito de limusina;* what convenience!: *¡qué práctico!*

• **In GB:**

Springfield Country Hotel

AA ★★★ E.T.B. ♛♛♛♛ ★★★ RAC

Grange Road, Stoborough, Wareham, Dorset

This lovely family run hotel in quiet Dorset countryside is set in 6 acres of landscaped gardens. There are 32 comfortable rooms all with en-suite bathroom, colour TV, radio, telephone and tea and coffee service.

FACILITIES INCLUDE- Riding stables, Heated pool (May-Oct), Tennis Court, Solarium, Lift, Games Room with 2 full size snooker tables, Table Tennis and Pool table.

For colour brochure and tariff
Telephone (09295) 2177/51785

family run: *administrado por la familia;* countryside: *campo;* set: *situado;* landscaped gardens: *jardines paisajistas;* en-suite: *privado;* riding stables: *establos;* heated: *con calefacción;* snooker: *billar inglés;* table tennis: *tenis de mesa, ping-pong;* pool: *billar americano.*

UNIDAD 3

RECEPTION
LA RECEPCIÓN

A • **DIALOGUE** / *DIÁLOGO*

B • **RECORDS** / *DOCUMENTOS*

- B1. **Key-card** - *Carta de bienvenida*
- B2. **Definitions** - *Definiciones*
- B3. **The concierge** - *El conserje*
- B4. **Answering a reservation inquiry**
  Respuesta a una solicitud de reservación
- B5. **Key sentences** - *Frases modelo*
- B6. **Vocabulary** - *Vocabulario*

C • **EXERCISES** / *EJERCICIOS Y SOLUCIONES*

D • **FINAL TIPS**

3 Reception

A. DIALOGUE

R. = Receptionist — **S.** = Jean Sadler

Checking in at the Swan

It is 8 p.m. Mrs Sadler enters[1] the lobby of the Swan Hotel in Derby, England.

R. — Good evening, can I help you?
S. — Yes, I've booked a room for two nights.
R. — Can I have your name, please?
S. — Yes, it's Sadler, Jean Sadler.
R. — Ah yes, Mrs Sadler; here it is! A single with bath until the 30th. Would you like a TV in your room?
S. — Not really, but I'd like to have a quiet room; I am a light sleeper.
R. — Certainly, Mrs Sadler; I'll give you room 401[2], on the fourth floor; it overlooks the garden and you even have a view of the hills in the distance; that's the quiet part of the hotel and so you won't be disturbed in your sleep.
S. — Thank you, that's lovely!
R. — Would[3] you fill in this registration card, while I prepare your key, I would also like to see your passport.
S. — Certainly. I may[4] have to stay another two nights; will that be possible?
R. — I think we can arrange something, but please let me know as soon as possible and no later than tomorrow night.
S. — I will. Incidentally, can I get something to eat now?
R. — Yes, our Carver's restaurant is still open, but if you just want a snack, our coffee shop stays open until 11 p.m. They are both on the ground floor. Now, if you will come this way, the porter will take your luggage[5] to your room.
S. — Good, thank you very much. Good night!

---

1. *entrar* se dice **to enter**, sin preposición, o **to go into**.
2. Nótese la pronunciación de los números de las habitaciones: 4-0 [ou]-1. La misma regla se aplica para los números de teléfono.
3. **would you, will you**: fórmulas corteses para atenuar la fuerza de la solicitud; apela a la buena voluntad.
4. **may** indica casi siempre una eventualidad; **have to**, una necesidad.
5. **luggage**: vocablo invariable que significa *equipaje*, *una maleta o bolsa de viaje* se dice **a piece of luggage.**

3 La recepción

A. DIÁLOGO

R. = Recepcionista **S.** = Jean Sadler

Registro en el Hotel Swan

Son las 8 de la noche. La Sra. Sadler entra al vestíbulo del Hotel Swan, de Derby, Inglaterra.

R. — Buenas noches, ¿en qué podemos servirle?
S. — Tengo una reservación para dos noches.
R. — ¿Cuál es su nombre?
S. — Sadler, Jean[1] Sadler.
R. — Aquí está, Sra. Sadler. Una habitación sencilla con baño, hasta el día 30. ¿Quiere televisión?
S. — No, pero quisiera una habitación tranquila; tengo el sueño muy ligero.
R. — Claro, Sra. Sadler. Le voy a dar la habitación 401, en el cuarto piso; da al jardín, y hasta tiene la vista de las colinas a lo lejos. Es la parte tranquila del hotel; nada interrumpirá su sueño.
S. — ¡Excelente, gracias!
R. — Por favor llene esta tarjeta de registro mientras preparo su llave. También me gustaría ver su pasaporte.
S. — Claro. Quizá necesite quedarme dos noches más, ¿es posible?
R. — Creo que podemos arreglarlo, pero por favor avíseme lo más pronto posible, y no después de mañana por la noche.
S. — Muy bien. ¿Por cierto, puedo comer algo a estas horas?
R. — Sí, la parrilla[2] aún está abierta, pero si desea algo rápido, la cafetería no cierra hasta las 11. Ambas se encuentran en la planta baja. Ahora, si gusta pasar por acá, el botones le llevará el equipaje a su habitación.
S. — Bien, muchas gracias. Buenas noches.

---

1. Atención a la pronunciación: [dʒi:n].
2. **to carve:** *cortar*, entre otras cosas, la carne; **carving area, carvey** (GB): restaurante en que se sirve sobre todo carne asada; ver **carving table**: *tabla para cortar.* **Carver´s restaurant**: *parrilla, grill, asador.*

B1. Key Card

GUEST NAME Smith
ARRIVAL DATE 4/2 DEPARTURE DATE 8/2
ROOM NUMBER 659 ROOM RATE /1981

(Rooms should be vacated by noon on the day of departure)

Please show this card each time you collect your key.

B2. Definitions

• **Front-office personnel:** in a modern standardized hotel, it is under the responsibility of a front-office manager and mainly consists of a front-office clerk, a mail clerk, a key clerk, an information clerk, a floor clerk, a night clerk, a front-office cashier. The front-office clerk's job is to welcome guests, register guests who check in, record reservations, confirmations and cancellations, allocate rooms, coordinate services by informing them of customer requirements and situations and to deal with complaints.

• **Registration card:** filled in by the guest when checking in, with details such as passport number; must be available for inspection by the police department (GB).

• **Vouchers:** act as evidence of booking by an agency; one copy is kept by the hotel, one by the agency and one by the guest, to be shown on arrival.

B3. The concierge: a legacy from the past

The trend, in the past decades, has been for de-luxe hotels to dispense with the services of the hall porter or concierge, following the introduction of computer systems. However, an international hotel chain such as Meridien has decided to introduce the concierge system into its hotels in the U.S. The aim is to offer a more personalized service. Even though the demands of the clientele have changed, what is expected of a concierge remains the same: an encyclopedic knowledge of what is going on, charm, a delight in problem solving, discretion and wide-ranging linguistic skills; and, of course, a practiced personal touch.

B1. Tarjeta-llave

Rooms should be ...: las habitaciones deben ser desocupadas antes del mediodía del día de salida.
Please show ...: favor de mostrar esta tarjeta cada vez que pida su llave.

B2. Definiciones

• **Personal de la recepción:** en un hotel estándar moderno, está bajo la responsabilidad del jefe de recepción y consta básicamente de un recepcionista, un encargado del correo, un guardián de las llaves, un encargado de información, un responsable de piso, un recepcionista de noche y un cajero de recepción. La función del recepcionista es recibir a los clientes, registrar a los que llegan, registrar las reservaciones, confirmaciones y cancelaciones, asignar las habitaciones, coordinar los servicios informándolos de las solicitudes y la situación de los clientes, y ocuparse de las reclamaciones.

• **Tarjeta de registro:** el cliente la llena al llegar. Incluye datos como el número de pasaporte; debe estar disponible cuando la policía la solicite.

• **Cupón de agencia:** es el comprobante de que una agencia hizo la reservación. El hotel tiene un ejemplar, la agencia otro, y el cliente otro, que debe presentar al llegar.

B3. El conserje: un legado del pasado

En los últimos diez o veinte años, después de la instalación de los sistemas computarizados, en los hoteles de lujo se ha presentado la tendencia a prescindir del conserje. Sin embargo, la cadena internacional Meridien, por ejemplo, decidió reintegrarlos a sus hoteles de los Estados Unidos con objeto de prestar un servicio más personalizado. Si bien las exigencias de la clientela han cambiado, del conserje se espera siempre lo mismo: un conocimiento enciclopédico de lo que pasa, encanto, el deseo de resolver problemas, discreción, buen conocimiento de las lenguas extranjeras, y evidentemente el toque personal derivado de una gran experiencia.

MODERN HOTEL
6 Avenue Road
San Francisco, CA

Mr A.T. Ramsay
8 Cynthia Drive
Austin, TX

Thursday, March 25, 1995

Dear Mr Ramsay,

We are in receipt of your letter dated March 21 in which you were asking if we could accommodate a party of 17 persons: 7 girls, 8 boys and two adults, for a weekend in June.

We are pleased to inform you we have enough vacancies on the second weekend in June (9th-10th) to offer you the following arrangement:

— Two doubles with twin beds plus a "family room" containing three beds for the girls, on the second floor, next to a single room for Miss Smith.

— Four doubles with twin beds for the boys, next to a single room for Mr Black, on the fourth floor.

All our rooms have a private bathroom and a toilet, a telephone and a television. The hotel is centrally heated.

The hotel has no restaurant as such, but the room service has quite a comprehensive list of refreshments, ranging from toasted sandwiches to more sophisticated items.

So we would only provide Bed and Breakfast for $ 20 per head and per night.

There are many tour parties around at that time of the year and the area is packed with buses, but I trust your driver will find a place to park nearby.

Please find herewith a booklet about day trips in and around San Francisco and a postcard of our establishment.

We would appreciate an early answer, we are looking forward to having this party with us, and remain,

Sincerely yours,

Anabel Snow
Head Secretary

Jueves 25 de marzo de 1995.

Estimado Sr. Ramsay:

Acusamos recibo de su carta del 21 de marzo en la que pregunta si podemos alojar a un grupo de 17 personas, 7 niñas, 8 niños y dos adultos, durante un fin de semana de junio.

Con mucho gusto le comunicamos que tenemos suficientes habitaciones libres para el segundo fin de semana de dicho mes (del 9 al 10) y le proponemos lo siguiente:

— Dos habitaciones de dos camas y una habitación grande con tres camas para las niñas, en el segundo piso, junto a una habitación sencilla para Miss Smith.

— Cuatro habitaciones de dos camas para los niños, al lado de una habitación sencilla para Mr Black, en el cuarto piso.

Todas nuestras habitaciones cuentan con baño privado, teléfono y televisión. El hotel tiene calefacción central.

El hotel no tiene restaurante propiamente dicho, pero el servicio en los cuartos propone una lista bastante extensa de platillos, desde sandwiches tostados hasta alimentos más elaborados. Por lo tanto, le proporcionaríamos la habitación y el desayuno por 25 dólares por persona, por noche.

En esa época del año hay muchos grupos de turistas y el barrio está lleno de autobuses, pero estoy seguro de que su chofer encontrará dónde estacionarse cerca del hotel.

Adjuntamos un folleto de las excursiones de un día tanto en San Francisco como en los alrededores y una tarjeta postal de nuestro establecimiento.

Mucho le agradeceríamos contestarnos a la brevedad posible. Nos encantaría tenerlos entre nosotros.

Atentamente...

B5. FRASES MODELO

1. *Buenas tardes, señor; buenas tardes, señora, ¿en qué puedo servirles?*
2. *¿Tendrá una habitación disponible con camas gemelas y ducha?*
3. *Lamento comunicarle que no hay lugar. ¿Por qué no intenta en el Doral Inn?*
4. *¿Cuánto piensa gastar?*
5. *¿Puede, por favor, deletrear su nombre?*
6. *El botones subirá el equipaje a su habitación. El ascensor está por allá, sígame, por favor.*
7. *¿Tiene folletos de la ciudad y los lugares que podría visitar?*
8. *¿Qué tipo de vehículo desea alquilar y por cuánto tiempo?*
9. *Tengo la intención de volver a los Estados Unidos en avión el próximo domingo, ¿sería tan amable de hacer la reservación?*
10. *¿Quiere que lo despertemos temprano?*
11. *Me parece que primero debería ir a visitar la catedral.*
12. *¿Cuál es la tienda de artesanías más exclusiva de la Ciudad de México?*
13. *Me interesan la porcelana antigua y el estaño, ¿dónde podría encontrar lo mejor al mejor precio?*
14. *Quiero hacer una llamada interurbana, ¿qué tengo que hacer?*
15. *Llame al operador o marque el 9 para que le den línea exterior.*
16. *El Señor Blunt no está en su habitación, ¿quiere dejar algún mensaje?*
17. *Sí, por favor; es importante que lo reciba antes de esta noche.*
18. *Si necesita más ganchos para ropa o toallas, por favor, no dude en pedirlas.*
19. *Estos interruptores son de las lámparas de cabecera.*
20. *El encargado de información proporciona datos sobre las diversiones y organiza la transportación local.*

La recepción

B5. KEY SENTENCES

1. Good afternoon, Sir. Good afternoon Madam. May I help you?
2. Would you, by any chance, have a vacant room, with twin beds and a shower?
3. I'm awfully sorry, Sir, but we are fully booked; perhaps you could try the Doral Inn, instead?
4. How much are you prepared to spend?
5. Can you spell the name, please?
6. The porter will take the luggage up to your room; the elevator is over there. Follow me, please.
7. Have you got any brochures about the city and its places of interest?
8. What kind of car do you want to rent and for how long?
9. I intend to fly back to the States next Sunday; could you possibly arrange a reservation for me?
10. Do you require a wake-up call?
11. I suggest you have a look at the cathedral first.
12. Which is the most exclusive handycraft shop in Mexico City?
13. I'm interested in old china and pewter; where should I go to get the best value for money?
14. I'd like to make a long distance call; what is the procedure, please?
15. Either call the operator or dial 9 to get an outside line.
16. Mr Blunt is not in his room; can I take a message?
17. Yes, please, and make sure he gets it before tonight.
18. If you need more coat hangers or more towels, all you have to do is ask!
19. Those switches operate the bedside lamps.
20. The information clerk provides information about entertainment and arranges for local transportation.

How to greet people – *Cómo saludar*
how do you do? (muy formal); pleased to meet you (formal): se responde usando la misma frase.
how are you? : se responde fine, thanks!
good morning (afternoon, evening)! : *¡ buenos días (tardes) !*
good night! : *¡buenas noches!*
hello!, hi! : *¡hola!* (informal)

3 Reception

B6. VOCABULARY

air conditioning	*aire acondicionado*
to allocate rooms	*asignar habitaciones*
arrival	*llegada*
bath US: [bɑθ], GB: [bɑ:θ]	*baño*
bedside lamp	*lámpara de cabecera*
bellboy, porter	*botones*
to book	*reservar*
booked up, fully booked, full	*lleno*
booking	*reservación*
cancellation	*cancelación*
car rental (US), car hire (GB)	*alquiler de auto*
cashier [kɑsʰiər]	*cajero*
to charge [tsʰɑ:rdʒ]	*facturar, exigir el pago*
to check in	*registrarse*
coat hangers	*ganchos para ropa*
complaint	*reclamación*
to complete a form	*llenar una forma*
to deal with	*ocuparse de algo*
deluxe, luxury hotels	*hoteles de lujo*
department store	*gran almacén*
departure [dipɑ:rtsʰr]	*salida*
to deposit	*depositar*
to dial [dɑiəl]	*marcar un número telefónico*
to dispense with	*prescindir*
to disturb	*molestar*
double room	*habitación doble*
double bed	*cama doble*
elevator (US)	*ascensor, elevador*
elevator operator (US), lift attendant (GB)	*ascensorista*
entertainment	*diversión, espectáculo*
exclusive	*elegante*
to fill in a form	*llenar una forma*
floor	*piso*
floor clerk US: [kle:rk], GB: [klɑ:k]	*responsable de piso*
front desk, front office	*recepción*
front-office manager	*jefe de recepción*
front-office clerk	*recepcionista*
to greet [gri:t]	*recibir, saludar*
ground floor	*planta baja*
guest	*cliente*
hall porter	*conserje*
information	*información*
a piece of information	*una información*
information clerk	*encargado de información*
key [ki:]	*llave*
key card (card key)	*tarjeta de registro (llave magnética)*

B6. VOCABULARIO

key clerk	*encargado de las llaves*
king-size bed	*cama king size*
lift (GB)	*ascensor, elevador*
lobby	*vestíbulo*
long-distance call	*llamada de larga distancia*
luggage	*equipaje*
luxury hotel	*hotel de lujo*
mail	*correo*
mail clerk	*responsable del correo*
night clerk	*recepcionista de noche*
operator	*operador, operadora de conmutador*
page boy (GB)	*botones*
porter	*portero*
queen-size bed (US)	*cama queen size*
receptionist	*recepcionista*
to record	*registrar*
to register	*registrar*
registration card	*tarjeta de registro*
to rent (rent, rent)	*alquilar* (un vehículo)
to require	*requerir*
requirements	*requerimientos*
shower [s^{h}ɑuər]	*ducha*
single	1. aquí: *habitación para una persona;* 2. *soltero*
to spell	*deletrear*
to stay	*permanecer*
suitcase, bag	*maleta, bolsa*
suite [swi:t]	*suite*
switch	*interruptor*
towel [tɑuəl]	*toalla*
to turn on (US), to switch on (GB)	*encender la luz*
twin beds	*camas gemelas*
vacancy	*habitación libre*
vacant	*libre, disponible*
to vacate a room	*desocupar una habitación*
voucher	*cupón*
wake-up call (US), early morning call (GB)	*despertador telefónico*
to welcome	*dar la bienvenida*

Room rates - *tarifas*

US	American plan	*pensión completa*
	modified American plan	*media pensión*
	European plan	*sólo habitación*
GB	inclusive terms	*todo incluido*
	R&B, room and board	*pensión completa*
	half board	*media pensión*
	B&B, bed and breakfast	*cama y desayuno*

Reception

C. EJERCICIOS

I. Con ayuda de las palabras que están entre paréntesis, encontrar la pregunta que corresponde a la respuesta sugerida[1]:

1. This switch is for the radio (what).
2. We are waiting for a taxi (what).
3. We want a room for five days (how long).
4. We expect to leave at 8 a.m. (at what time).
5. The mail comes twice a day (how often).

II. Formular la pregunta relacionada con la situación evocada: *the receptionist asks...:*

1. If Mr Lupton requires a wake-up call.
2. If Mrs Smith has completed the form.
3. If Mr and Mrs Pater would rather have their breakfast in their room or in the coffee shop.
4. Which tour group Miss Snow is with[2].
5. When Mr Thomas confirmed his reservation.

III. Traducir (repaso del diálogo y de los documentos):

1. *¿Quiere camas gemelas o una cama doble?*
2. *¿Sería tan amable de deletrear su nombre?*
3. *Probablemente la habitación no esté lista todavía.*
4. *Con el fin de satisfacer a nuestros clientes, proporcionamos un servicio de autobús al aeropuerto las 24 horas.*
5. *Lo que esperamos del recepcionista es que sonría y sea comprensivo.*

---

1. No olvide que en las preguntas, la preposición siempre se coloca al final y se acentúa de esa manera. No se coloca, como en español, al principio de la pregunta.
2. **which** implica elección y corresponde a *el* (*la*) *que*.

3

La recepción

C. SOLUCIONES

I. Encontrar la pregunta correspondiente a la respuesta sugerida:

1. What is this switch for?
2. What are you waiting for?
3. How long do you want a room for?
4. At what time do you expect to leave?
5. How often does the mail come?

II. Formular la pregunta relacionada con la situación evocada:

1. Do you require a wake-up call, Mr Lupton?
2. Have you completed the form, Mrs Smith?
3. Mr and Mrs Pater, would you rather have your breakfast in your room or in the coffee shop?
4. Which tour group are you with, Miss Snow?
5. When did you confirm your reservation, Mr Thomas?

III. Traducir:

1. Do you require twin beds or a double bed?
2. Will you please spell your name?
3. The room may not be quite ready yet.
4. With the aim of satisfying our guests, we provide around-the-clock transportation to the airport.
5. What is expected of a receptionist is mostly a smiling and understanding attitude.

"As you make your bed, so you must lie upon it!"
(equivalente) Según como siembres, así cosecharás

"Early to bed and early to rise makes a man healthy, wealthy and wise."
Acostarse temprano y levantarse temprano
hacen al hombre saludable, rico y sabio

Rediscovering America

The American writer John Steinbeck (1907-1968) one day decided to take the road with his dog Charley to rediscover America. He is now in New England. He has stopped at a motel.

"In the bathroom, two water tumblers were sealed in cellophane sacks with the words: 'these glasses are sterilized for your protection'. Across the toilet seat a strip of paper bore the message: 'this seat has been sterilized with ultraviolet light for your protection'. Everyone was protecting me and it was horrible... I remember an old Arab in North Africa, a man whose hands had never felt water. He gave me mint tea in a glass so coated with use that it was opaque, but he handed me companionship, and the tea was wonderful because of it... A sad soul can kill you quicker, far quicker, than a germ."

Travels with Charley, by John Steinbeck, 1962.

Descubrir América

El escritor norteamericano John Steinbeck decidió un día emprender camino con su perro Charley para redescubrir América. Hoy se encuentra en Nueva Inglaterra, en un motel.

"En el baño había dos vasos para agua cubiertos herméticamente con papel celofán y estas palabras: 'Para su protección, estos vasos han sido esterilizados'. En el asiento del excusado, en una banda de papel, se leía el siguiente mensaje: 'Para su protección, este asiento ha sido esterilizado con rayos ultravioleta'. Todos me protegían y era horrible... Recuerdo a un viejo árabe en África del Norte, un hombre cuyas manos nunca habían tocado el agua. Me dio té de menta en un vaso cubierto de una costra tan gruesa por tanto uso que lo opacaba, pero me dio su amistad, y el té fue delicioso precisamente por eso... Un alma triste puede matarnos más rápidamente, mucho más rápidamente que un microbio."

UNIDAD 4

THE TELEPHONE
EL TELÉFONO

A • **DIALOGUE** / *DIÁLOGO*

B • **RECORDS** / *DOCUMENTOS*

B1. **Dialing instructions**
Cómo marcar un número

B2. **Telephone companies in the US and in Britain**
Empresas telefónicas en los Estados Unidos y en Gran Bretaña

B3. **A telephone that cuts out unwelcome calls**
Un teléfono que elimina las llamadas indeseables

B4. **Key sentences** - *Frases modelo*

B5. **Vocabulary** - *Vocabulario*

C • **EXERCISES** / *EJERCICIOS Y SOLUCIONES*

D • **FINAL TIPS**

4 The telephone

A. DIALOGUE

O. = Operator **B.** = John Baker **H.** = Arthur Hull

Reserving a table at the White Hart

O. — Hello, this is the White Hart, good morning!

B. — At last! I've been trying[1] to get in touch with you for ages! The line was busy all the time.

O. — Oh! Have you? We are very sorry, but this is a busy period; what can I do for you?

B. — I'd like to book a table for Saturday next week.

O. — Hold on, I'll put you through to the restaurant manager, Mr Hull...

H. — Good morning, Hull speaking; I am told[2] you wish to book a table?

B. — Yes, a table for ten; my name is Baker. It is my daughter's birthday, it's on Saturday next week.

H. — Do you wish to be in a separate room or in the main restaurant?

B. — We'd rather be in the main restaurant; as it has such a good atmosphere.

H. — All right, we'll put you in a quiet corner, then. Please hold the line while I check the reservation list... Yes, we can do that for you; now I expect you would like a birthday cake; may I suggest Boeuf Orloff, as a main course? or something more traditional, roast leg of lamb with mint sauce and you could start with melon and shrimp cocktail, at a price of $ 12 per person?

B. — If you don't mind, I'd like to have my wife's opinion about the menu; can I call you back this evening?

H. — Yes; I'll hold the reservation for you until tomorrow. Good bye, Mr Baker!

B. — Good bye, Mr Hull!

---

1. El "present perfect" indica que la acción se prolonga hasta el presente y en este caso sugiere exasperación.
2. Con verbos como **tell**, **ask**, **show**, el sujeto del pasivo con frecuencia es el complemento indirecto.

4 El teléfono

A. DIÁLOGO

O. = Operadora **B.** = Sr. Baker **H.** = Sr. Hull

Reservación de una mesa en El Ciervo Blanco

O. — El Ciervo Blanco, buenos días.

B. — ¡Por fin! Hace horas que estoy tratando de comunicarme con ustedes. La línea está ocupada todo el tiempo.

O. — ¿De veras? ¡Cuánto lo siento! En esta época siempre estamos muy ocupados. ¿En qué puedo servirle?

B. — Quisiera reservar una mesa para el sábado próximo.

O. — No cuelgue, lo comunico con el gerente del restaurante, el Sr. Hull.

H. — Buenos días, habla Hull; ¿me dicen que desea reservar una mesa?

B. — Sí, una mesa para diez; mi nombre es Baker. El sábado de la próxima semana es el cumpleaños de mi hija.

H. — ¿Le gustaría en un salón privado o en el restaurante?

B. — Preferimos el restaurante, el ambiente es muy agradable.

H. — Muy bien, los pondremos en un lugar tranquilo, entonces. No cuelgue mientras verifico la lista de reservaciones... Sí, no hay problema. Me imagino que querrá un pastel de cumpleaños. ¿Me permite sugerirle el Filete Orloff como plato principal? ¿O prefiere algo más tradicional, como un asado de cordero con salsa de menta[1], y podrían empezar con melón o un coctel de camarones, con un precio de 12 dólares por persona?

B. — Si no le importa, prefiero oír la opinión de mi esposa respecto del menú, ¿puedo llamarle esta noche?

H. — Claro, le mantengo su reservación hasta mañana. Hasta luego, Sr. Baker.

B. — Hasta luego, Sr. Hull.

---

1. En Gran Bretaña, la salsa de menta es una vinagreta condimentada con menta fresca picada y, a diferencia de lo que opinan algunos extranjeros que no la han probado, es deliciosa con el asado de cordero. (Ver receta en la página 60.)

4 The telephone

B. RECORDS

B1. Dialing instructions

When you make a call,
- First check the area code and number.
- Lift the receiver and listen for the dial tone (continuous tone).
- Dial carefully, then wait for another tone:

— **Ringing tone** (single rings): the number is being called[1].
— **Engaged tone** (repeated single ring): try again a few minutes later.
— **Steady tone** (GB): hang up the phone, check the area code and number and then redial.

- At the end of the call, hang up the phone carefully because the caller is charged until he hangs up.

B2. Telephone companies in the US and in Britain

- **In the United States**: In 1984, the American giant ATT was broken up into 7 companies nicknamed "Baby Bells". Bell Atlantic is one of them and supervises 7 telephone companies.

- **In Great Britain:** The General Post Office used to[2] be responsible for the telecommunications network. However, in 1980 a public corporation was created, British Telecom. Since then, the company has been privatized and is now open to competition; another company on the market is Mercury.

B3. A telephone that cuts out unwelcome calls

The Bell Telephone Company has invented a telephone that will enable the subscriber to identify or even to prevent calls from people from whom he or she does not want to hear. It has a pocket-calculator-sized screen that instantly shows the number from which the call is coming.
If the subscriber recognizes the number as that of [3] someone to whom he or she does not wish to speak, he or she need not answer.[4]

---

1. Pasivo progresivo: **being** se intercala entre el auxiliar y el verbo.
2. **used to** indica una situación pasada que ya no existe en el momento en que se habla.
3. **that of**: se emplea **that/those** en lugar de **this/these** delante de **of** o de un relativo.
4. **need not**: **need** puede ser conjugado como verbo regular o como auxiliar.

B1. Cómo marcar un número de teléfono

Cuando haga una llamada...

- Verifique primero el código y el número.
- Descuelgue la bocina y espere el tono de marcar (sonido continuo).
- Marque cuidadosamente el número y espere el tono siguiente:

— **Timbre**: está comunicando.

— **Línea ocupada:** (un solo tono que se repite): intente de nuevo unos minutos después.

— **Tono continuo**: cuelgue la bocina; verifique el código y el número, y vuelva a marcar.

- Al terminar la llamada cuelgue cuidadosamente la bocina, pues la contabilización de la llamada sigue hasta que cuelgue la persona que llamó.

B2. Compañías telefónicas en los Estados Unidos y en Gran Bretaña

- **En los Estados Unidos**: En 1984, el gigante estadounidense ATT se dividió en 7 empresas apodadas "Baby Bell"; Bell Atlantic es una de ellas, y controla 7 empresas telefónicas.

- **En Gran Bretaña**: Correos solía ser responsable de la red de telecomunicaciones, pero en 1980 fue creado un organismo estatal, British Telecom. La empresa fue privatizada, y ahora la competencia es abierta. Mercury es otra compañía que compite por el mercado.

B3. Un teléfono que elimina las llamadas indeseables

La compañía Bell Telephone inventó un teléfono que permitirá al suscriptor identificar, y hasta evitar, las llamadas de personas con quienes no desea hablar. Incluye una pantalla del tamaño de la de una calculadora de bolsillo[1] que indica de inmediato el número del que proviene la llamada.

Si el suscriptor se da cuenta de que es de alguien con quien no quiere hablar, no tiene por qué contestar.

1. En inglés, palabra compuesta: para traducirla, empiece por la última palabra.

4 The telephone

B4. FRASES MODELO

1. *Buenos días, Hotel del León Rojo, ¿en qué puedo servirle?*
2. *Contabilidad, buenas tardes.*
3. *Bueno, habla Rosemary Bell.*
4. *Bueno, Bexhill 4609.*
5. *No cuelgue, le comunico.*
6. *Le comunico con su oficina.*
7. *Le hablo de parte de M. Bates.*
8. *Lo siento mucho, pero el gerente no está en este momento. ¿Gusta dejar un recado?*
9. *No tarda, ¿alguien más podría atenderle?*
10. *Quisiera hacer una cita con el gerente de restaurantes.*
11. *No cuelgue, voy a checar su agenda.*
12. *¿De parte de quién?*
13. *¿Prefiere una habitación con vista o una habitación tranquila?*
14. *Quisiéramos que nos confirmara de inmediato y nos enviara un anticipo.*
15. *Quiero reservar un boleto de avión para Dubai.*
16. *Disculpe, marqué un número equivocado.*
17. *Quiero comunicarme al 668 1232, pero la línea no funciona.*
18. *Ésta no es su extensión, no cuelgue mientras trato de comunicarlo.*
19. *El número cambió, tiene que preguntarlo en Información.*
20. *Se cortó la comunicación. Tuve que colgar y volver a marcar.*

El teléfono

B4. KEY SENTENCES

1. Good morning, Red Lion Hotel, may I help you? (GB: can I help you?)
2. Good evening, accounting department!
3. Hello, Rosemary Bell speaking!
4. Hello, Bexhill 4609!
5. Hold the line, I'll get him for you!
6. I'll put you through to her office. / I'll connect you with her office.
7. I'm calling on behalf of Mr Bates.
8. I'm terribly sorry but the manager is out at the moment; would you like to leave a message?
9. He won't be long; can anybody else help you?
10. I'd like to make an appointment with the catering manager.
11. Hold on, please, I'll check his appointment book.
12. Who's calling? / What name shall I say?
13. Would you prefer a room with a view or a quiet room?
14. We would like an early confirmation and a down payment.
15. I want to reserve a flight to Dubai.
16. I'm sorry, I must have dialed the wrong number!
17. I'm trying to get 668 1232 but the line is out of order.
18. You have the wrong extension, hold the line, I'll try to transfer you.
19. The number's been changed; you'll have to check with Directory Assistance (GB: Directory Enquiries).
20. We were cut off. I had to hang up and call back.

4

The telephone

B5. VOCABULARY

accounting	*contabilidad*
appointment	*cita*
area [eriə] code	*clave*
to book, to reserve	*reservar*
booking list, reservation list	*lista de reservaciones*
busy [bizi]	*ocupado* (US)
to call	*llamar*
to call again	*volver a llamar*
to call back	*reportarse* (a una llamada)
to call collect	*llamar por cobrar*
caller	*persona que llama*
catering manager	*gerente/proveedor de alimentos/despensero*
to check	*verificar*
competition	*competencia*
to connect	*pasar una llamada*
corporation	*empresa* (US) *organismo público* (GB)
to cut off	*cortar una comunicación*
to dial [dɑiəl]	*marcar un número*
dial tone (US), dialling tone (GB)	*tono* (de marcar)
diary [dɑiəri] (GB), appointment book (US)	*agenda*
directory assistance (US), enquiries (GB)	*información* (telefónica)
down payment	*anticipo*
engaged	*ocupado* (GB)
exchange	*conmutador*
extension	*extensión*
flight	*vuelo, boleto de avión*
to get in touch with	*comunicarse con*
to hang on	*no colgar, esperar* (familiar)
to hang up	*colgar*
to hold a reservation	*mantener una reservación*
leg of lamb	*asado de pierna de cordero*
to lift (the receiver)	*descolgar* (la bocina)
line	*línea*
long-distance call	*llamada de larga distancia* (US)
to look up a number	*verificar un número*
main course	*plato principal*
to make a call	*hacer una llamada*
mint sauce	*salsa de menta*

El teléfono

B5. VOCABULARIO

network	*red*
nickname	*apodo*
on behalf [bihɑf] of	*de parte de*
operator	*operadora*
out of order	*que no funciona*
to phone	*telefonear*
phone	*teléfono*
phone booth (US), box (GB)	*cabina telefónica*
post office	*oficina de correos*
to put someone through to	*comunicar con*
receiver [risi:vr]	*receptor*
to reverse charges	*llamar por cobrar* (GB)
to ring up, to give a ring	*hacer una llamada* (familiar)
ringing tone	*tono de llamada*
screen	*pantalla*
shrimp	*camarón*
size	*tamaño*
subscriber	*suscriptor*
switchboard	*conmutador*
switchboard operator	*operador de conmutador*
timing	*contabilización de tiempo*
to transfer a call	*pasar una llamada*
trunk call	*llamada de larga distancia* (GB)
wrong number	*número equivocado*

US	GB
dial tone	dialling tone
directory assistance	directory enquiries
busy	engaged
to call collect	to reverse charges
one moment, please!	hold on, please!
I'll connect you!	I'll put you through!
you're welcome! *¡Por nada!*	that's all right!

4

The telephone

C. EJERCICIOS

I. Completar las oraciones siguientes con una de las palabras o grupos de palabras siguientes: ***collect call, switchboard operator, to hang up, directory, receiver, operator, dial tone:***

1. If you don't know the phone number of the person you want to call, you'll look it up in the . . . . or ask the . . . .
2. Then, you lift up the . . . . . . and listen for the . . . .
3. In a company, you often have to go through a . . . .
4. When someone receives a call and pays for it, this is a . . . . . .
5. When your call is over, you simply . . . .

II. Escoger la partícula correcta y colocarla en el lugar adecuado.

1. I'm afraid we've been cut *(off, down, out).*
2. He loves calling her at midnight *(on, over, up).*
3. When the phone rings, you should immediately pick the receiver *(out, off, up).*
4. I'm going to put you, Madam *(through, in, up).*
5. Hold, please *(on, up, out).*

III. Traducir (revisar notas y documentos):

1. *No cuelgue, lo comunico con información.*
2. *Hace horas que él está hablando por teléfono; espero que nadie trate de comunicarse con nosotros.*
3. *Si no le molesta, preferiría no tomar la decisión hoy.*
4. *Cuando haga una llamada, espere el tono antes de marcar.*
5. *Antes, ATT tenía el monopolio de las comunicaciones telefónicas en los Estados Unidos.*

4

El teléfono

C. SOLUCIONES

I. Completar las frases:

1. directory, operator
2. receiver, dial tone
3. switchboard operator
4. collect call
5. hang up

II. Escoger la partícula adecuada[1]:

1. We've been cut *off*.
2. He loves calling her *up* at midnight.
3. You should immediately pick *up* the receiver.
4. I'm going to put you *through*.
5. Hold *on*, please.

III. Traducir:

1. Hold on, I'll put you through to Directory Assistance.
2. He has been calling for hours! I hope no one is trying to get in touch with us on the phone.
3. If you don't mind, I'd rather not make the decision today.
4. When you make a call, you must always wait for the dial tone before you dial the number.
5. ATT used to hold the monopoly over telephone communications in the United States.

---

1. Partículas adverbiales (o posposiciones). El verbo y la partícula forman una unidad de sentido. La partícula puede darle un sentido preciso al verbo (p.ej.: **to get up**: *levantarse*), modificar ligeramente el sentido (ej.: **drink your tea**: *beba su té*) o modificarlo totalmente (ej.: **to put off**: *dejar para después*).
El uso de estos **phrasal verbs** es muy frecuente, sobre todo en inglés hablado.
La partícula se coloca después del complemento si es un pronombre personal o un demostrativo (ej.: **drink it up!**); si se trata de un nombre corto, se coloca antes o después (ej.: **he put on his coat** o **he put his coat on**): si es un nombre largo, se coloca antes (ej.: **he put on his blue raincoat**).

4 The telephone

D. FINAL TIPS

International telecommunications alphabet (US)

A	[ei]	Alpha	H	[eits^{h}]	Hotel	P	[pi:]	Papa	W	[dœblyu]	Whisky
B	[bi:]	Bravo	J	[dʒei]	Juliet	Q	[kyu:]	Quebec	X	[eks]	X ray
C	[si:]	Charlie	K	[kei]	Kilo	R	[ɑ:r]	Romeo	Y	[wɑi]	Yankee
D	[di:]	Delta	L	[el]	Lima	S	[es]	Sierra	Z	[zed]	Zulu
E	[i:]	Echo	M	[em]	Mike	T	[ti:]	Tango			
F	[ef]	Foxtrot	N	[en]	November	U	[yu:]	Uniform			
G	[dʒi:]	Golf	O	[ou]	Oscar	V	[vi:]	Victor			

Telephone alphabet (GB)

A	for Alfred	J	for Jack	S	for Samuel
B	for Benjamin	K	for King	T	for Tommy
C	for Charlie	L	for London	U	for Uncle
D	for David	M	for Mary	V	for Victor
E	for Edward	N	for Nellie	W	for William
F	for Frederick	O	for Oliver	X	for X ray
G	for George	P	for Peter	Y	for Yellow
H	for Harry	Q	for Queen	Z	for Zebra
I	for Isaac	R	for Robert		

Mint-sauce recipe - *Receta de la salsa de menta*

2 tbsp[1] mint leaves, 2 tsp sugar, 2 tbsp vinegar, 1/2 tbsp hot water

Wash and dry the mint leaves. Place on a chopping board with 1 tsp sugar. Chop until fine, then put into a sauceboat. Add the rest of the sugar, stir in the hot water and leave for a few minutes to dissolve sugar. Add the vinegar.

2 cucharadas de hojas de menta, 2 cucharaditas de azúcar,
2 cucharadas de vinagre, 1/2 cucharada de agua caliente.

Lave y seque las hojas de menta. Póngalas en una tabla de madera con 1 cucharadita de azúcar. Píquelas finamente y póngalas en una salsera. Agregue el resto del azúcar; vierta el agua caliente y espere unos minutos, hasta que se disuelva el azúcar. Agregue el vinagre.

---

1. **tbsp: tablespoon; tsp: teaspoon**

UNIDAD 5

COMPLAINTS AND NO-SHOWS
RECLAMACIONES Y RESERVACIONES ABANDONADAS

5 Complaints and no-shows

A. DIALOGUES

R. = Receptionist **M.** = Miss Moss

Dealing with a complaint at the reception

R. — Hello, Reception.
M. — This is Miss Moss, room 504, I checked in ten minutes ago[1].
R. — Yes, Miss Moss, what can I do for you?
M. — You could fix my bathroom. The shower does not work, for a start.
R. — Oh, dear, I'm terribly sorry, I'll have it fixed immediately[2].
M. — And, incidentally, there're no towels, no soap, no toilet paper.
R. — Oh, I do apologize[3], Miss Moss, we are a bit short-staffed at the moment, but housekeeping should have checked[4] your room. There must have been[5] a misunderstanding. We'll see to it immediately.
M. — I hope so, I'm dying for a shower in this weather!

M. = Manager **J.** = Mr Jenner

Handling complaints in the restaurant

M. — You asked to see me, Mr Jenner?
J. — I certainly did. I'm not pleased at all!
M. — Perhaps you could tell me what the matter is exactly.
J. — It's my steak.
M. — What's wrong with it?
J. — I asked for a rare steak and the waiter brought me one that is well done and, to scap it all, it is tough. The waiter didn't take any notice when I complained to him.
M. — I'm very sorry, Sir, I'm sure the waiter didn't mean to be rude. Perhaps he didn't understand what you meant, he should have changed it. I'll have it changed immediately.
J. — That's better. Another thing, I think the wine is corked. Will you taste it yourself...
M. — No, Sir, there doesn't seem to be anything wrong with it. Next time, I would suggest you try a lighter wine.
J. — Well, you may be right.

---

1. **ago** indica el tiempo transcurrido desde el momento en que termine la acción y por lo tanto se emplea con el pretérito.
2. *mandar hacer*: ver diálogo de la unidad 7, nota 2.
3. Forma de insistencia, ver unidad 10, nota 2.
4. **should** indica obligación moral.
5. **must** indica en este caso una casi certeza, y no una obligación.

5

Reclamaciones y reservaciones abandonadas

A. DIÁLOGOS

R. = Recepcionista **M.** = Srita. Moss

Atendiendo una reclamación en la recepción[1]

R. — Bueno, recepción...
M. — Habla la Srita. Moss, de la habitación 504. Llegué[2] hace diez minutos.
R. — Sí, Srita. Moss, ¿en qué puedo servirle?
M. — Podría arreglar mi baño; la ducha no funciona, para empezar.
R. — ¡Caramba! Lo siento muchísimo. Voy a mandarla arreglar de inmediato.
M. — Y a propósito, no hay toallas, ni jabón, ni papel higiénico.
R. — Mil disculpas Srita. Moss, nos falta personal en este momento, pero el servicio del ama de llaves debió haber revisado su habitación. Debe tratarse de un malentendido. Nos ocuparemos de ello de inmediato.
M. — Eso espero, con este tiempo me muero de ganas de darme un duchazo.

D. = Director **J.** = Sr. Jenner

Atendiendo una reclamación en el restaurante

D. — ¿Me mandó llamar, Sr. Jenner?
J. — Ciertamente, no estoy nada contento.
D. — Podría decirme exactamente de qué se trata...
J. — Se trata de mi filete.
D. — ¿Qué tiene?
J. — Lo pedí rojo y me lo trajeron bien cocido; además, está duro. El mesero no atendió mi reclamación.
D. — Lo siento muchísimo, señor, estoy seguro de que el mesero no pretendía ser descortés. Quizá no le entendió bien, debió haberlo cambiado. Voy a pedir que lo cambien de inmediato.
J. — Bueno. Otra cosa, creo que el vino sabe a corcho. Pruébelo usted mismo...
D. — No, señor, no me parece que tenga nada. Le aconsejo que la próxima vez pruebe un vino más ligero.
J. — Bueno, quizá tenga usted razón...

---

1. **to deal with**: *ocuparse de.*
2. **to check in**: *cumplir con los requisitos de llegada, registrarse* (aeropuerto, hotel).

B1. Guidelines on handling complaints

1. Do's:

• Do send senior members of staff, if possible a manager, to deal with irate customers. Clients will be convinced that their complaints are being taken seriously. Besides, senior members of staff are likely to be familiar with company policy.
• Do avoid an embarrassing scene in a public area, move out of customers' earshot as much as possible. Resolve the matter in the privacy of the manager's office whenever possible.
• Do ensure follow-up measures are taken. Record in a book all the details of the incident and the steps needed to keep it from happening again.
• Do answer letters immediately either by mail or by phone.

2. Don'ts:

• Don't panic. Keep calm, cool and composed.
• Don't ignore or store complaints. Angry customers should not be told "It's not my job to solve this".
• Don't make excuses. The customer will want to know how a problem will be solved, not why it arose.
• Don't pass the buck. It is your job to resolve the matter, then do not avoid the issue and hope the complaint will go away.

Adapted from **Caterer and Hotelkeeper,**
September 8, 1988.

B2. How to avoid no-shows

A reservation made by phone and confirmed by both the customer and the restaurateur is a legal and binding contract. A customer who cancels the reservation or fails to turn up at the restaurant is in breach of contract and therefore the restaurateur can decide to sue him.
To avoid no-shows, a restaurateur can:
• Confirm reservations with the customer (a letter sent by delivery service serves as evidence).
• Take the name, address, telephone number to ensure that contact can be made if a problem arises later.
• Take a credit card number from the customer, pointing out that a charge will be made if the reservation is not honored.

B1. Pautas para atender las reclamaciones

1. Lo que hay que hacer:

• Que los clientes descontentos sean atendidos por personal de alto nivel, de ser posible un director. Así se convencerán de que sus reclamaciones son tomadas en serio. Por otra parte, esos empleados probablemente conozcan mejor las políticas de la compañía.
• Evite las escenas embarazosas en público. Aléjese lo más posible del alcance del oído de los otros clientes. Cuando pueda, solucione el problema en privado, en la oficina del gerente.
• Asegúrese de que se tomen las medidas pertinentes. Registre por escrito todos los detalles del incidente y las medidas que se deben tomar para que no se repita.
• Conteste las cartas de inmediato, por correo o por teléfono.

2. Lo que no hay que hacer:

• No se deje dominar por el pánico. Conserve la calma y la sangre fría.
• No ignore o deje para después las reclamaciones. No hay que contestarle a un cliente enojado: "No me corresponde solucionar este problema."
• No se disculpe. El cliente querrá saber cómo se resolverá el problema, no por qué se suscitó.
• No se desentienda. Es su responsabilidad solucionar el problema; entonces, no lo esquive, con la esperanza que la queja desaparezca.

B2. Cómo evitar las reservaciones abandonadas

Una reservación telefónica confirmada tanto por el cliente como por el restaurante es un contrato válido. Un cliente que cancela la reservación o no se presenta rompe el contrato, y por lo tanto, el restaurante puede decidir demandarlo.
Para evitar las reservaciones abandonadas, un restaurantero puede:
• Confirmar la reservación con el cliente (una carta certificada puede servir de prueba).
• Pedirle nombre, dirección y teléfono para asegurarse de poder contactarlo si surge algún problema posterior.
• Tomar el número de la tarjeta de crédito del cliente y aclarar que se le hará un cargo si no se presenta.

5 Complaints and no-shows

B3. FRASES MODELO

1. *Nos han tenido mucho tiempo esperando, ¿verdad?*
2. *Lo lamento muchísimo, señor, pero hoy no está completo nuestro personal.*
3. *Me robaron la cartera.*
4. *Debió depositar sus alhajas en la caja*
5. *La dirección no se hace responsable del robo de objetos de valor.*
6. *Toda la noche me molestaron unas voces fuertes que venían de la habitación contigua.*
7. *Voy a hablar con los clientes de la habitación 43 y haré lo necesario para que esta situación no se repita.*
8. *Me gustaría que la selección de verduras fuera más amplia.*
9. *Preferimos utilizar productos frescos de la región.*
10. *¿Qué dice? ¿Que mi habitación fue alquilada? Pero si hice la reservación hace más de un mes.*
11. *Debió haber llegado antes de la 7 de la noche. Eso estaba especificado en la carta de confirmación.*
12. *Sin embargo, haremos lo posible por reservarle una habitación en algún hotel cercano. Nos ocuparemos de su traslado.*
13. *Lamentamos profundamente las molestias ocasionadas.*
14. *Tomaremos medidas para que esto no se repita.*
15. *Debió hacer su reclamación inmediatamente después del incidente.*
16. *Estamos renovando la mayor parte de nuestras habitaciones. Esto debería mejorar mucho nuestro nivel.*
17. *En cuanto a servicios de calidad, tenemos mucho que aprender de otros países.*
18. *Alguien canceló la reservación para la despedida de soltero apenas 50 minutos antes de que fuera a realizarse.*
19. *El propietario del restaurante recibió una compensación de 100 dólares por la cancelación.*

B3. KEY SENTENCES

1. We've been kept waiting for a long time, haven't we?
2. I'm terribly sorry, Sir, but we're a bit short of staff tonight.
3. Someone's stolen my wallet.
4. You should have deposited your jewellery with the cashier.
5. The management cannot be held responsible for any stolen valuables.
6. I was disturbed all night by loud voices coming from the room next door.
7. I'll have a word with the guests in room 43 and I'll see to it that it doesn't happen again.
8. I wish the choice of vegetables were wider.
9. We prefer to use fresh local produce.
10. What do you mean? My room is taken. I made the reservation more than a month ago.
11. You should have checked in before 7 p.m., this was in the letter of confirmation.
12. However, we'll do our best to book you a room in a nearby hotel. We'll arrange the transfer.
13. We deeply regret the inconvenience caused.
14. We'll make arrangements to prevent this happening again.
15. You should have lodged your complaint with us immediately after the incident occurred.
16. Most of our rooms are being remodeled. This should improve our standards significantly.
17. When it comes to providing service, we have a lot to learn from other countries.
18. People cancelled their stag-party[1] reservation just 50 minutes before they were due to turn up.
19. The restaurant owner received a $ 100 compensation for the cancellation.

---

1. **stag**: *ciervo macho*. Con frecuencia se trata de una "despedida de soltero".

5 Complaints and no-shows

B4. VOCABULARY

to apologize	*disculparse*
to arise	*surgir* (problema)
to avoid	*evitar*
binding	*obligatorio* (contrato)
booking, reservation	*reservación*
breach [bri:ts^{h}] of contract	*ruptura de contrato*
to cancel [kɑnsəl]	*cancelar*
cancellation	*cancelación*
cashier	*cajero*
to check in	*llegar, cumplir con los requisitos de llegada*
charge (to make a)	*facturar*
to complain [kəmplein]	*quejarse*
complaint	*reclamación*
to confirm	*confirmar*
confirmation	*confirmación*
corked	*que sabe a corcho*
to deal with	*ocuparse de*
to be due to	*estar previsto para*
to deposit [di'pɒzit]	*depositar*
distressed	*afligido*
to disturb	*molestar*
earshot (to be out of)	*fuera del alcance del oído*
to ensure that	*asegurarse de que*
evidence	*prueba*
expectation	*esperanza, perspectiva*
to fail to (+ *vb.*)	*no* (+ *vb.*)
to be familiar with	*estar familiarizado con*
to fix	*reparar*
follow-up measures	*seguimiento*
guidelines	*pautas, consejos*
to handle	*tratar, ocuparse de*
to hold someone responsible	*considerar a alguien como responsable*
to honor a reservation	*cumplir con una reservación*
housekeeping	*servicio de ama de llaves*
inconvenience	*inconveniente*
irate [ɑireit]	*furioso*
issue [is^{h}u:]	*cuestión, problema*
jewellery	*alhajas*
to keep from	*impedir que*
to keep cool	*mantenerse tranquilo*
to keep composed	*guardar la compostura*
to let (let, let)	*alquilar*
to be likely to	*ser susceptible de*
to lodge a complaint	*presentar una queja*
misunderstanding	*malentendido*

B4. VOCABULARIO

nearby	*próximo, cercano*
no-show	*reservación no cancelada, defección*
to occur	*suceder*
to panic	*dejarse dominar por el pánico*
to pass the buck	*soslayar la responsabilidad*
to point out	*hacer notar*
to prevent	*impedir*
privacy [prɑivəsi]	*privacía*
to provide	*proporcionar*
rare [reər]	*roja, poco asada* (carne)
to record [riko:rd]	*registrar*
recorded delivery	*correspondencia registrada*
to resolve	*resolver*
rude [ru:d]	*descortés*
to see to it that	*hacer lo necesario para*
senior member of staff	*responsable*
short-staffed	*corto de personal*
shower	*ducha*
significantly	*de manera significativa*
soap	*jabón*
to solve, to sort out	*solucionar*
stag party	*reunión entre hombres*
to steal (stole, stolen)	*robar*
step	*medida, paso*
to store	*almacenar, guardar para más tarde*
to sue [su:]	*demandar*
to taste	*probar*
tough [tœf]	*duro*
towel [tɑuəl]	*toalla*
to turn up	*presentarse, llegar*
valuables	*objetos de valor*
wallet [wolət]	*cartera*
well done	*bien cocida* (carne)
whenever	*cada vez que*

5 Complaints and no-shows

C. EJERCICIOS

I. Completar las oraciones siguientes con la forma correcta de los verbos que aparecen entre paréntesis[1] y *should* (ver nota 4 del diálogo):

1. The shower in room 402 is not working properly, it (fix) as soon as possible.
2. This is a bit late, you (tell) me before.
3. Mr Dane said he would be later than usual. You (not give) his room to someone else.
4. Our rooms on the third floor are definitely not up to standard, we (remodel) them.
5. The porter (carry) your luggage up to your room as soon as you arrived.

II. Completar las oraciones siguientes con el verbo que aparece entre paréntesis y *have to* o *must* en el tiempo que convenga (ver nota 5 del diálogo):

1. The service was appallingly bad, we (lodge) a complaint.
2. Mr and Mrs Smith could not be here on the planned date, their reservation (cancel).
3. Don't tell me you answered in that way, the customer (shock).
4. I don't have your name on my list of reservations, there (be) a mistake.
5. Reception could not find the right number, we (call) Directory Assistance.

III. Traducir (revisar el diálogo, los documentos y las frases modelo):

1. *Cuando le digan que el vino sabe a corcho, debería cambiarlo de inmediato.*
2. *Debe haber habido algún error, no veo su nombre en la lista.*
3. *¿Dónde está la falla en el servicio?*
4. *A los clientes les gusta que sus reclamaciones sean tomadas en serio.*
5. *No se debe decir al cliente que su reclamación será resuelta más tarde.*

---

1. Los verbos modales, o defectivos, como **must**, **may**, **should**, etc., van seguidos de un infinitivo simple cuando el contexto está en presente (ej.: **it is raining, I should take an umbrella**) y de un infinitivo pasado (**have** + participio pasado) cuando el contexto está en pasado (ej.: **he knew about it, he must have told you**).

I. Completar las oraciones:

1. The shower in room 402 is not working properly, it *should be fixed* as soon as possible.
2. This is a bit late, you *should have told* me before.
3. Mr Dane said he would be later than usual. You *should not have given* his room to someone else.
4. Our rooms on the third floor are definitely not up to standard, we *should remodel* them.
5. The porter *should have carried* your luggage up to your room as soon as you arrived.

II. Completar las oraciones:

1. The service was appallingly bad, we *had to lodge* a complaint.
2. Mr and Mrs Smith could not be here on the planned date, their reservation *had to be canceled.*
3. Don't tell me you answered in that way, the customer *must have been shocked.*
4. I don't have your name on my list of reservations, there *must have been* a mistake.
5. Reception could not find the right number, we *had to call* Directory Assistance.

III. Traducir:

1. When you are told that the wine is corked, you should change it immediately.
2. There must have been a mistake somewhere, I can't see your name on the list.
3. What's wrong with the service?
4. Customers like their complaints to be taken seriously.
5. The customer should not be told that his complaint will be dealt with later on.

How to be polite	***Fórmulas de cortesía***
you're welcome	*¡A sus órdenes!*
don't mention it!	*¡Por nada!*
I beg your pardon?	*¿Perdón? / ¿Mande?*
I'm awfully sorry!	*¡Lo lamento mucho!*
I do apologize!	*¡Discúlpeme!*

• **Gentlemen,**

We have been home from our European vacation since May 12th and this is my first opportunity to write and advise you of our dissatisfaction while staying at your hotel.

We arrived on May 8th and although our room was satisfactory we found it very distressing to be without hot water. It is extremely unpleasant to attempt showering without the use of hot water. This occurred morning and evening and we did call and report this to housekeeping but continued without the hot water. I feel it necessary to call this to your attention in an effort to correct this situation with future guests.

Regresamos de nuestras vacaciones en Europa el 12 de mayo, y ésta es la primera oportunidad que tengo de escribirle e informarle que no estamos satisfechos de nuestra estancia en su hotel. Llegamos el 8 de mayo, y si bien la habitación nos gustó, nos pareció muy molesto no tener agua caliente. No es nada agradable tratar de ducharse sin agua caliente. Esto ocurrió mañana y noche, y lo comunicamos al servicio del ama de llaves, pero seguimos sin agua caliente. Considero necesario darle a conocer esta situación para que no se repita con futuros clientes.

• **Dear Mrs Paris,**

Thank you for your letter concerning the inconvenience you experienced during your stay at our hotel. We have thoroughly investigated the matter and have taken steps to ensure[1] that it will never happen again. Please accept the enclosed gift certificate as a token[2] of our appreciation for your patience and concern. We would be pleased to welcome you here at our hotel the next time you visit Paris.

Thank you for bringing this matter to our attention.

---

1. *Hemos hecho una profunda investigación y tomado medidas para garantizar...*
2. *Le suplicamos aceptar este cupón de obsequio a manera de agradecimiento por su paciencia.*

UNIDAD 6

BILLING AND PAYMENT
FACTURACIÓN Y PAGOS

A • **DIALOGUE** / *DIÁLOGO*

B • **RECORDS** / *DOCUMENTOS*

B1. **Cashier's instructions for payment by travelers checks** *-Instrucciones para el cajero respecto de los pagos con cheque de viajero*

B2. **An extract from a tabular ledger** *Fragmento de libro mayor tabular*

B3. **Means of payment for caterers** *Medios de pago para hoteleros y restauranteros*

B4. **Key sentences** - *Frases modelo*

B5. **Vocabulary** - *Vocabulario*

C • **EXERCISES** / *EJERCICIOS Y SOLUCIONES*

D • **FINAL TIPS**

6 Billing and payment

A. DIALOGUE

R. = Receptionist **G.** = Guest

Checking out on a busy day

It is 8 a.m.[1] *at the Regency hotel, a big chain hotel in Illinois. The check-out line is ten people long, so the staff gently peel off the last few customers and take them to a machine next to the reception desk.*

R. — Excuse me, Sir, I'm afraid you will have to wait quite a long time before being attended to[2]. Let me take you over to our new Passport system. This will save time, provided you are able to pay by credit card.

G. — With pleasure, I have a plane to catch at 9:30 and I can't afford to wait too long. What do I have to do?

R. — Well, this machine is linked to the hotel computer, so that all the data concerning your stay with us is already recorded. All you need to do is punch in your room number.

G. — Here we are, room 201.

R. — As you can see, your bill appears on the screen. If you see no objections to the items listed on the bill, simply insert your credit card into the machine and punch in your credit card number.

G. — What happens if I want a copy of my bill?

R. — Once the card is recorded and payment made[3], the machine will issue a copy of your bill. You see... here it comes!

G. — That was quick! Thank you very much for your help. Next time, I'll be able to check out on my own. There is no stopping progress!

---

1. **a.m.**: **ante meridiem**, es decir, *antes de mediodía*.
2. Observe el uso del gerundio después de una preposición; en este caso es un gerundio pasivo.
3. En las subordinadas temporales no se usa el futuro (en este caso después de **once**). Se emplea el presente (F = futuro) o el present perfect (F = futuro anterior).

6 Facturación y pagos

A. DIÁLOGO

R. = Recepcionista **C.** = Cliente

Requisitos de salida en un día agitado

Son las ocho de la mañana en el Hotel Regency de Illinois, un hotel grande de cadena. Diez personas hacen cola para cumplir con los requisitos de salida, de manera que los empleados llaman a dos o tres de los últimos clientes y los conducen a un aparato situado junto al mostrador de recepción.

R. — Disculpe señor, me temo que tendría que esperar mucho antes de ser atendido. Permítame que lo lleve a nuestro nuevo sistema "Pasaporte". Le permitirá ahorrar tiempo, a condición de que pueda pagar con tarjeta de crédito.

C. — Qué bueno, mi avión sale a las 9:30 y no puedo entretenerme demasiado. ¿Qué tengo que hacer?

R. — Este aparato está conectado con la computadora del hotel, de manera que toda la información sobre su estancia con nosotros ya está registrada. Lo único que tiene que hacer es teclear el número de su habitación.

C. — Bien, habitación 201.

R. — Mire, su factura aparece en la pantalla; si no tiene ninguna objeción que hacer a los rubros indicados, simplemente inserte su tarjeta de crédito en el aparato y teclee el número de ésta.

C. — ¿Y si necesito una copia de la factura?

R. — Una vez que la tarjeta quede registrada y el pago efectuado, la máquina se la entregará. Mire, ¡aquí está!

C. — ¡Qué rápido! Muchas gracias por su ayuda. La próxima vez podré hacerlo yo solo. ¡El progreso no se detiene!

6

Billing and payment

B. RECORDS

B1. Cashier's instructions for payment by travelers check

1. Is the check acceptable in the US?
2. What is the exchange rate?
3. Was the check signed in your presence?
4. Has the date and place detail been completed correctly?
5. Has the correct commission been charged?
6. Have you completed a foreign-exchange receipt?
7. Give change in dollars only.
8. Have you checked the guest's identity (e.g. passport)[1]?
9. Have you checked the stop-lists?

B2. An extract from a tabular ledger

Room numbers	B/fwd	Departmental analysis			Bill totals	Payments		C/fwd
		Room charge	Food	Liquor		cash	ledger	
18	55.00	20.00	15.00		90.00			90.00
20		25.00	5.00		30.00	30.00		
Lounge bar				50.00	50.00	50.00		
	55.00	45.00	20.00	50.00	170.00	80.00		90.00

B3. Means of payment for caterers

Hotel and restaurant bills don't get any cheaper but caterers can at least make the process of paying as rapid and efficient as possible[2]. In terms of payment, all the current methods have their limitations. Cash poses security risks and customers often do not carry it in sufficient amount to settle bills. Checks are subject to the L50 guarantee card limit. Credit and charge cards are viewed unfavorably by some users and require verification. The one option which has yet to really get off the ground[3] is the electronically debited card. It enables customers at shops, restaurants, hotels and other retail outlets to settle bills by cards which debit their bank account and automatically credit the retailer's account, all electronically.

Caterer and Hotelkeeper, December 1987.

1. **e. g.: exempli gratia (for example)**.
2. No confundir: **more than** (*más que*); **as... as...** (*tanto como*); **the same as** (*igual que*).
3. **to get off the ground**: literalmente: *elevarse por encima del suelo.*

Facturación y pagos

B. DOCUMENTOS

B1. Instrucciones para el cajero sobre el pago con cheques de viajero

1. ¿El cheque es aceptado en los Estados Unidos?
2. ¿Cuál es el tipo de cambio?
3. ¿El cheque fue firmado frente a usted?
4. ¿Los rubros "lugar" y "fecha" fueron llenados correctamente?
5. ¿Solicitó el pago de la comisión prevista?
6. ¿Llenó el formulario de cambio de divisas?
7. No dé cambio más que en dólares.
8. ¿Verificó la identidad del cliente (p.ej.: con su pasaporte)?
9. ¿Verificó las listas de cheques robados o perdidos?

B2. Fragmento del libro mayor tabular

B/fwd (Brought forward)	*informe de la víspera*
Departmental analysis	*distribución por servicios*
Liquor	*bebidas alcohólicas*
Bill totals	*gastos totales*
Cash payment	*pagos que pueden depositarse directamente en el banco* (efectivo, cheque, etc.)
Ledger	*pagos con crédito* (tarjeta de pago, cupón de agencia, etc.)
C/fwd (Carried forward)	*trasladar al día siguiente*

B3. Medios de pago para hoteleros y restauranteros

Las cuentas de hoteles y restaurantes no bajan, pero, cuando menos, hoteleros y restauranteros pueden hacer que el proceso de pago sea lo más rápido y eficaz posible.

En cuanto al pago, todos los métodos actuales tienen sus limitaciones. El efectivo plantea problemas de seguridad y con frecuencia los clientes no llevan suficiente para pagar sus cuentas. Los cheques implican restricciones impuestas por la tarjeta de identidad bancaria. La tarjetas de crédito y de pago no son bien vistas por algunos usuarios y deben ser verificadas. La única solución aún no explotada es la tarjeta de débito electrónica, que permite que clientes de tiendas, restaurantes, hoteles y otros puntos de venta al menudeo paguen sus facturas mediante tarjetas que las cargan directamente a su cuenta bancaria y depositan de inmediato en la cuenta del minorista, todo electrónicamente.

B4. FRASES MODELO

1. *¡Dios mío! ¿Cómo puede cobrarme tanto por el teléfono? ¡Sólo hice una llamada de dos minutos a Alemania!*
2. *¿A qué corresponde este rubro de mi factura? No pedí un desayuno a mi habitación*
3. *Permítame verificar. El sábado por la noche pidió que le subieran una botella de champaña a su habitación.*
4. *Aquí está su factura, señor, el total a pagar aparece en la parte inferior de la hoja.*
5. *Por favor haga su cheque a nombre de los hoteles Mount Caroline.*
6. *Por favor firme su cheque de viajero y muéstreme una identificación.*
7. *¿Quiere que llame al botones para que saque su equipaje?*
8. *Me quedé sin dinero en efectivo, ¿me puede cambiar un cheque de viajero?*
9. *La tasa de cambio de hoy probablemente sea diferente de la de ayer.*
10. *¿Qué quiere decir IVA?*
11. *Significa "impuesto al valor agregado", y la tasa actual es el 18%.*
12. *Sea cual sea la forma de facturación, los cupones que llevan la firma del cliente son los comprobantes de su compra.*
13. *Con nuestro nuevo sistema de facturación computarizada, la información no se pierde en las cajas.*
14. *La forma de pago de los clientes va del efectivo a los cheques de viajero.*
15. *Las tarifas incluyen impuestos y servicios.*
16. *Además, se le proporcionarán gratuitamente los materiales necesarios para preparar té y café.*
17. *Es un delito irse de un hotel sin pagar.*
18. *El hotel puede emprender un proceso judicial para que se le pague.*
19. *El efectivo ya no se utiliza, o casi, como medio de pago.*

Facturación y pagos

B4. KEY SENTENCES

1. My goodness, how can you charge me so much for the telephone! I only made a two minute call to Germany!
2. What's this item on my bill? I didn't order breakfast in my room!
3. Let me check! You did ask for a bottle of champagne to be carried up to your room on Saturday night.
4. Here's your bill, Sir, with the total amount payable at the bottom there.
5. Make out your check to Mount Caroline hotels, please.
6. Will you please countersign the travelers check and show me some identification[1]?
7. Shall I ask the porter to carry your luggage outside?
8. I've run out of cash: can I cash a travelers check?
9. Today's exchange rate is likely to be different from yesterday's.
10. What does VAT stand for?
11. It stands for "Value Added Tax" and the rate is currently 18%.
12. Whatever the methods of billing, the vouchers with the guest's signature will serve as evidence of the latter's purchases.
13. With our new computerized billing system, data cannot be lost in the registers.
14. The means of payment used by guests to settle their bills rage from cash to travelers checks.
15. The rates include tax as well as service charge.
16. In addition, tea and coffee-making facilities are provided free of charge.
17. It is an offence to leave a hotel without paying.
18. The hotel may prosecute in order to obtain payment.
19. Currency is no longer used as a means of payment or hardly ever.

---

1. Los norteamericanos y los ingleses carecen de tarjeta de identidad. Para identificarse deben mostrar su pasaporte, licencia de conducir, etc. Los norteamericanos dicen **ID** [ɑidi:], por **identification.**

6

Billing and payment

B5. VOCABULARY

account [əkɑunt]	*cuenta*
accurate	*exacto*
to balance the accounts	*equilibrar las cuentas*
banknotes	*billetes de banco* (GB)
to be in the red	*tener déficit, números rojos*
bill	*factura*
bills	*billetes de banco* (US)
billing	*facturación*
billing machine	*caja registradora electrónica*
bounced check	*cheque sin fondos*
cash	*efectivo*
cash payment	*pago en efectivo*
cash register	*caja registradora*
to cash a check	*hacer efectivo un cheque*
caterer	*restaurantero, proveedor de comidas sobre pedido,* muchas veces tiene el sentido general de *prestador de servicios*
change	*cambio*
to change currency	*cambiar divisas*
to charge	*cobrar*
charge card	*tarjeta de pago*
check (US), cheque (GB)	*cheque*
to check [ts^{h}ek]	*verificar*
city ledger department	*servicio de deudores diversos*
coins	*monedas*
to complete, to fill out a receipt	*llenar un recibo*
computer	*computadora*
computerized	*computarizado*
computer science	*informática*
to countersign	*firmar*
copy of a bill	*copia de una factura*
credit payment	*pago con crédito*
credit card	*tarjeta de crédito*
to credit an account	*abonar en cuenta*
current	*actual*
data [deitə], *sg.* datum	*datos*
data processing	*procesamiento de datos*
to debit an account	*cargar en cuenta*
to enter items on a bill	*registrar rubros en una factura*
exchange [ikstsʰeindʒ]	*cambio*
extra charge	*cargo extra*
to feed data into the computer	*introducir datos en una computadora, capturar*
folio, file	*cuenta por pagar de un cliente*
foreign currency	*moneda extranjera, divisas*

6 Facturación y pagos

B5. VOCABULARIO

foreign exchange office	*casa de cambio*
free of charge	*gratuito, sin cargo*
guarantee	*garantía*
L50 guarantee card	*tarjeta de identificación bancaria* (GB: incluida en las chequeras; garantiza el pago de cheques hasta por 50 libras)
handwritten statement of account	*estado de cuenta manuscrito*
I.D., identification (US)	*comprobante de identidad*
identity card (GB)	*tarjeta de identidad*
to issue (US: [is^{h}u:], GB: [is^{h}yu:]) checks	*emitir cheques*
to make out a check to	*hacer un cheque a nombre de*
to order	*ordenar*
to overcharge	*cobrar de más*
to process data	*procesar datos*
rate of exchange	*tasa de cambio*
receipt [risi:t]	*recibo*
to record payment	*registrar el pago*
refund	*reembolso*
to refund	*reembolsar*
to register data	*registrar datos*
service charge	*servicio*
to settle one's account	*pagar su cuenta*
to settle a bill	*pagar una factura*
to show an overdraft	*estar sobregirado*
to sign [sɑin]	*firmar*
stop list	*lista de prohibiciones bancarias; cheques robados; impagados*
tabular ledger	*libro mayor tabular*
register (US), till (GB)	*caja*
till slip (GB)	*cupón de caja*
travelers check	*cheque de viajero*
to undercharge	*cobrar de menos*
voucher	*cupón*

to cater for	*proporcionar servicios a*
caterer	*prestador de servicios, hotelero, restaurantero*
catering	*restauración,* restaurantes

6 Billing and payment

C. EJERCICIOS

I. Completar haciendo las transformaciones necesarias (ver notas 2 y 3 del diálogo):

1. Before (be attended to), you will have to wait a long time.
2. We look forward[1] to (have) you as our guest again.
3. Most businessmen are very keen on[2] (check out) rapidly.
4. Once you (see) your room, we will meet at the bar for a drink.
5. When the cashier (be) available[3], he will make out your bill.

II. Completar con una de las expresiones verbales de la lista siguiente (cada expresión se usa sólo una vez y debe ser adaptada): ***to balance the accounts, to charge, to complete a form, to make out a check to, to undercharge:***

1. An accountant's main task is . . . .
2. Do hotels more seldom[4] overcharge or . . . . their customers?
3. You should always . . . . to someone and never leave it blank.
4. How much were we . . . . for the drinks?
5. However simplified checking in formalities may be[5], a customer is still required to . . . . on arrival.

III. Traducir: (ver las notas del diálogo):

1. *Me temo que para esto tendrá que hablar con el director.*
2. *Debo insistir sobre el descuento que se le hizo.*
3. *Aceptamos cheques de viajero a condición de que pueda presentar una identificación.*
4. *¿Qué debo hacer si los rubros de la pantalla no corresponden a mis gastos?*
5. *Podrá cambiar divisas cuando abra la caja.*

---

1. **to look forward to**: *esperar con impaciencia.*
2. **to be keen on**: *apreciar.*
3. **available**: *disponible.*
4. **seldom**: *rara vez.*
5. *sea cual sea la sencillez de los requisitos de llegada.*

6

Facturación y pagos

C. SOLUCIONES

I. Completar haciendo las transformaciones necesarias:

1. Before *being attended to,* you will have to wait a long time.
2. We look forward to *having* you as our guest again.
3. Most businessmen are very keen on *checking out* rapidly.
4. Once you *have seen* your room, we will meet at the bar for a drink.
5. When the cashier *is* available, he will make out your bill.

II. Completar con una expresión verbal.

1. An accountant's main task is *to balance the accounts.*
2. Do hotels more seldom overcharge or *undercharge* their customers?
3. You should always *make out your check* to someone and never leave it blank.
4. How much were we *charged* for the drinks?
5. However simplified checking in formalities may be, a customer is still required to *complete a form* on arrival.

III. Traducir:

1. I am afraid you will have to see the manager about this.
2. I must insist on the discount which was granted to you.
3. We take travelers checks provided you can show some identification.
4. What am I supposed to do if the items on the screen do not correspond to my purchases?
5. You will be able to change foreign currency, when the cash desk is open.

6 Billing and payment

C. FINAL TIPS

- **Data is or data are?**

In latin, datum is singular, so it is more correct to say: "A lot of data are available[1]. " However, it is common usage to say[2]: "Data is available."

- **Beware of Spanglish!**

Never say:

especiality (*rasgo característico, especialidad*) but **speciality**
species (*especie, clase*) but **spices** (*especias, condimentos*)

- **Two proverbs that are still used**
  Dos proverbios que todavía se usan

— Don't count your chicken before they are hatched.
literalmente: no cuentes tus pollos antes de incubados.

— The customer is always right!
¡El cliente siempre tiene la razón!

- **One that isn't used any more** – *Uno que ya no se usa*

— He that goes a-borrowing goes a-sorrowing.
Quien presta no duerme.

1. *Está disponible una gran cantidad de datos.*
2. *Se acostumbra decir.*

UNIDAD 7

HOTEL SERVICES
LOS SERVICIOS DEL HOTEL

A • **DIALOGUE** / *DIÁLOGO*

B • **RECORDS** / *DOCUMENTOS*

B1. **An excerpt from a hotel brochure**
Fragmento del folleto de un hotel norteamericano

B2. **Definitions** - *Definiciones*

B3. **The changing role of the chief engineer**
El director técnico, puesto en plena evolución

B4. **Organizational chart of a chain hotel**
Organigrama de un hotel de cadena

B5. **Key sentences** - *Frases modelo*

B6. **Vocabulary** - *Vocabulario*

C • **EXERCISES** / *EJERCICIOS Y SOLUCIONES*

D • **FINAL TIPS**

7 Hotel services

A. DIALOGUES

R. = Room service **G.** = Gentleman **L.** = Lady

Room service, ordering breakfast

US - A hotel in Atlanta, Georgia.

R. — Hello, Reception, what can I do for you?
G. — This is room 608. We'd like to have breakfast in our room.
R. — Yes, what would you like to order?
G. — Two poached eggs each for me and my wife and a boiled egg for my son; and pancakes with maple syrup[1].
R. — OK, do you want to drink tea or coffee?
G. — Coffee for us and hot chocolate for the boy.
R. — I'll have this sent up[2] to your room in five minutes, Sir.
G. — Thank you. By the way, can you send a copy of the Atlanta Post at the same time?
R. — Certainly, Sir.

GB - A hotel in Torquay, Devon

R. — Reception, good morning, can I help you?
L. — I'm in room 10, can I have my breakfast[3] in my room, instead of downstairs?
R. — Of course, Madam, what would you like?
L. — Fruit juice, eggs and bacon with tomatoes and toast and marmalade.
R. — I expect you would also like some tea[4]?
L. — Yes, and, please, make it strong enough, I simply hate wishy-washy tea! Is it tea bags or loose tea?
R. — Tea bags, but they are very good quality. Do you want Darjeeling or Earl Grey?
L. — Darjeeling. Incidentally, I can't flush the toilet, this is really a nuisance. Can you send someone to look at it, please?
R. — We'll send someone to fix it immediately.
L. — Thank you!
R. — You're welcome!

---

1. El desayuno norteamericano es muy completo, y a menudo incluye "hot cakes" o "waffles" con mermelada, miel o jarabe.
2. **have** + compl. + p. pasado: el sujeto provoca la acción, pero no la lleva a cabo él mismo, ver p. 62.
3. **have** tiene el sentido de *tomar* en expresiones del tipo de: **have a drink**, **have a meal** **have a bath**, etc.
4. Ver en la p. 100 cómo preparar un buen té.

7 Los servicios del hotel

A. DIÁLOGOS

S. = Servicio en la habitación **C.** = Cliente

Servicio en la habitación; ordenando el desayuno

US - Un hotel en Atlanta, Georgia.

S. — Bueno, Recepción, ¿en qué puedo servirle?
C. — Le hablo de la habitación 608; quisiéramos desayunar en nuestra habitación.
S. — ¿Sí, qué desean ordenar?
C. — Dos huevos escalfados cada uno, para mi esposa y para mí, y un huevo cocido para mi hijo; y "hot cakes" con jarabe de maple.
S. — Muy bien. ¿Quieren beber café o té?
C. — Café para nosotros y un chocolate caliente para el niño.
S. — Se lo mandaré en cinco minutos, señor.
C. — Gracias. A propósito, ¿podría también mandarme un ejemplar del *Atlanta Post* al mismo tiempo?
S. — Por supuesto, señor.

GB — Un hotel en Torquay, Devon.

S. — Recepción, buenos días, ¿en qué puedo servirle?
C. — Estoy en la habitación 10, ¿podría desayunar en mi habitación en vez de bajar?
S. — Por supuesto, señora, ¿qué desea?
C. — Jugo de frutas, huevos con tocino y tomate, y pan tostado con mermelada.
S. — Supongo que también va a querer té.
C. — Sí, y por favor, háganlo bien cargado: detesto el té aguado. ¿Es en bolsitas o a granel?
S. — Bolsitas, pero de muy buena calidad. ¿Prefiere Darjeeling o Earl Grey?
C. — Darjeeling. Otra cosa, no funciona el depósito del agua del baño, es realmente desagradable. ¿Podría mandar a alguien para que lo revise, por favor?
S. — Ahora mismo mandamos a alguien que lo componga.
C. — Gracias.
S. — Para servirle.

7 Hotel services

B. RECORDS

B1. An excerpt from a US hotel brochure

155 Guest Rooms, Air Conditioned, Color TV, Radio, Saunas, Indoor Heated Pool, Tennis, Lounge, 24 Hour Restaurant, King-size Beds, No-Smoking Rooms, Pets Welcome in selected rooms, Children under 18 free when sharing room with parents.

B2. Definitions

• **The different services**: the rooms are under the supervision of a housekeeper who is in charge of the housekeeping staff:
— chambermaids do the rooms, that is to say make beds, clean and tidy rooms and bathrooms with brooms, vacuum cleaners and mops, change towels and sheets;
— floor waiters bring breakfast or drinks on trays;
— valets are responsible for the guests' clothing; they polish shoes, iron clothes or send them to the laundry or to the dry cleaning;
— the linen-keeper deals with soiled linen in the linen room.

• **Breakfast trays** have the following items: a tea-pot or a coffee-pot, a pitcher of milk, cups and saucers, plates, egg-cups, glasses, spoons, knives and forks, napkins, a marmalade dish, a butter dish, a toastrack[1].

• **Room furniture** includes curtains, sheets, blankets and pillow-cases, a dressing table, an armchair, a mirror, a carpet, a wastepaper basket, lamps, a washbasin, faucets, a bath, a shower, a soap, a towel rack, plugs, switches, a razor, a hair dryer, a bathrobe.

B3. The changing role of the chief engineer

Maintenance specialists are no longer seen crawling between central heating pipes in oil-splattered overalls. Today's chief engineer is more likely to be behind a computer in an immaculate pin-striped suit, preparing budget forecasts and monitoring energy costs.
The equipment is computer controlled and services are often left to outside contractors. However, minor problems still arise every day: electrical failures, water leaks, ripped carpets, broken furniture, and so on.

1. **toast**: *pan tostado;* **rack**: *rejilla, percha, estante...*

B1. Fragmento del folleto de un hotel norteamericano

155 habitaciones; aire acondicionado; televisión a color; radio; sauna; piscina de agua caliente cubierta; tenis; salón; restaurante con servicio las 24 horas; camas "king size"; habitaciones para no fumadores; en ciertas habitaciones se aceptan animales; niños menores de 18 años, gratis en la habitación de sus padres.

B2. Definiciones

• **Los diferentes servicios**: las habitaciones son supervisadas por un ama de llaves que dirige al personal encargado de las mismas:
— las camareras hacen las habitaciones, es decir, tienden las camas, limpian habitaciones y baños con escoba, aspiradora y jerga; cambian toallas y sábanas;
— los meseros de piso llevan el desayuno o las bebidas en una charola;
— los camareros se ocupan de la ropa de los clientes: limpian zapatos, planchan ropa o la envían a la lavandería o a la tintorería;
— la encargada de la ropa blanca se ocupa de ésta en la lavandería.

• **La charola del desayuno** lleva tetera o cafetera; jarrita de leche, ternos; platos; huevera; vasos; cucharas, cuchillos y tenedores; servilletas; mermeladera y mantequillera; charola de pan tostado.

• **El mobiliario de la habitación** incluye cortinas, sábanas, cobijas y fundas de almohadas, tocador, cómoda, ropero, armario, mesilla de noche, sillón, espejo, alfombra, papelera, lámparas, lavabo, llaves de agua, bañera, ducha, jabón, toallero, tomas de corriente, interruptores, navaja de afeitar, secador de cabello, bata de baño.

B3. El director técnico, puesto en plena evolución

Ya no vemos a los especialistas en mantenimiento vestidos de overol y manchados de grasa, gateando por los conductos de la calefacción. Hoy, el director técnico más bien está frente a una computadora, vestido con un impecable traje de rayas, preparando previsiones presupuestarias y verificando los costos de energía. El equipo se controla por computadora y con frecuencia se subcontratan los servicios. No obstante, sigue surgiendo algún pequeño problema todos los días: fallas de energía eléctrica, fugas de agua, alfombras desgarradas, muebles rotos, etc.

B4. Organizational chart of a chain hotel

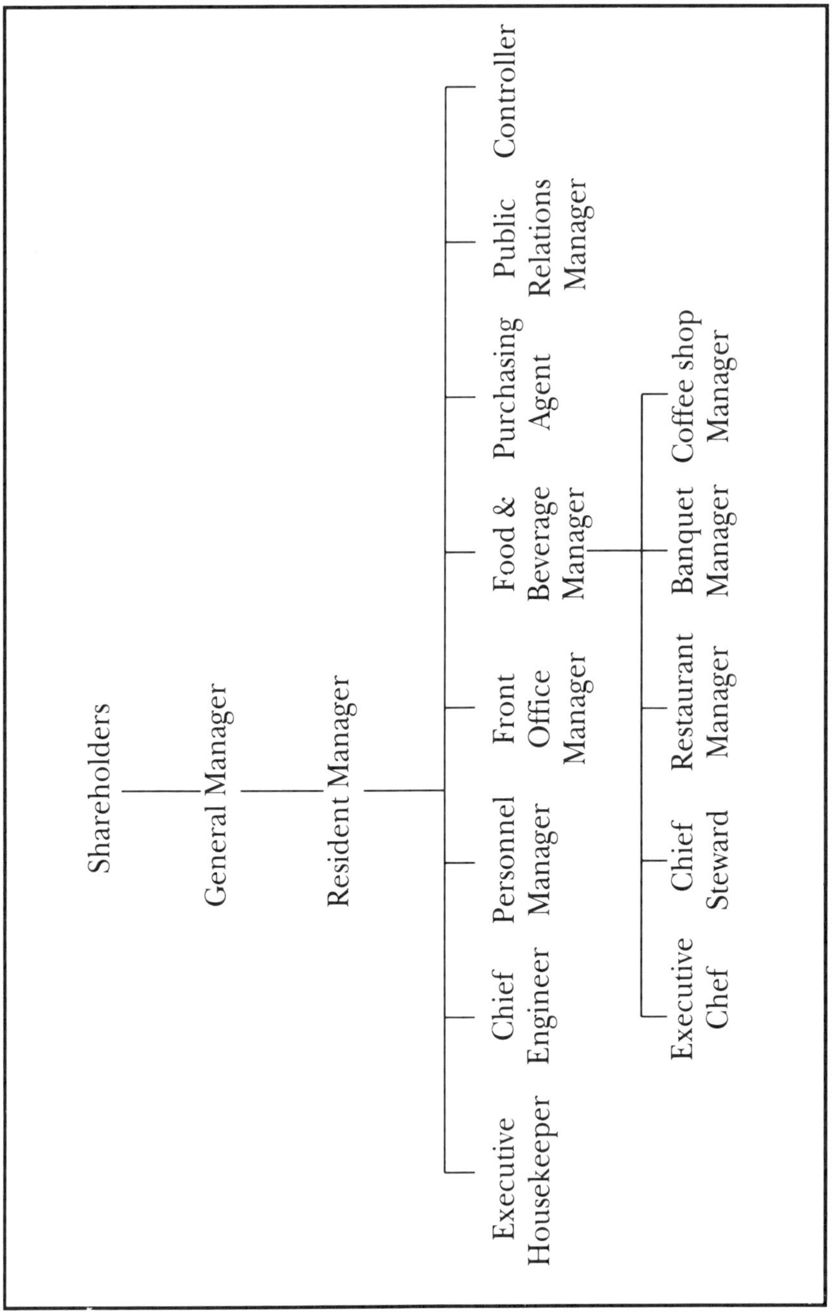

B4. Organigrama de un hotel de cadena

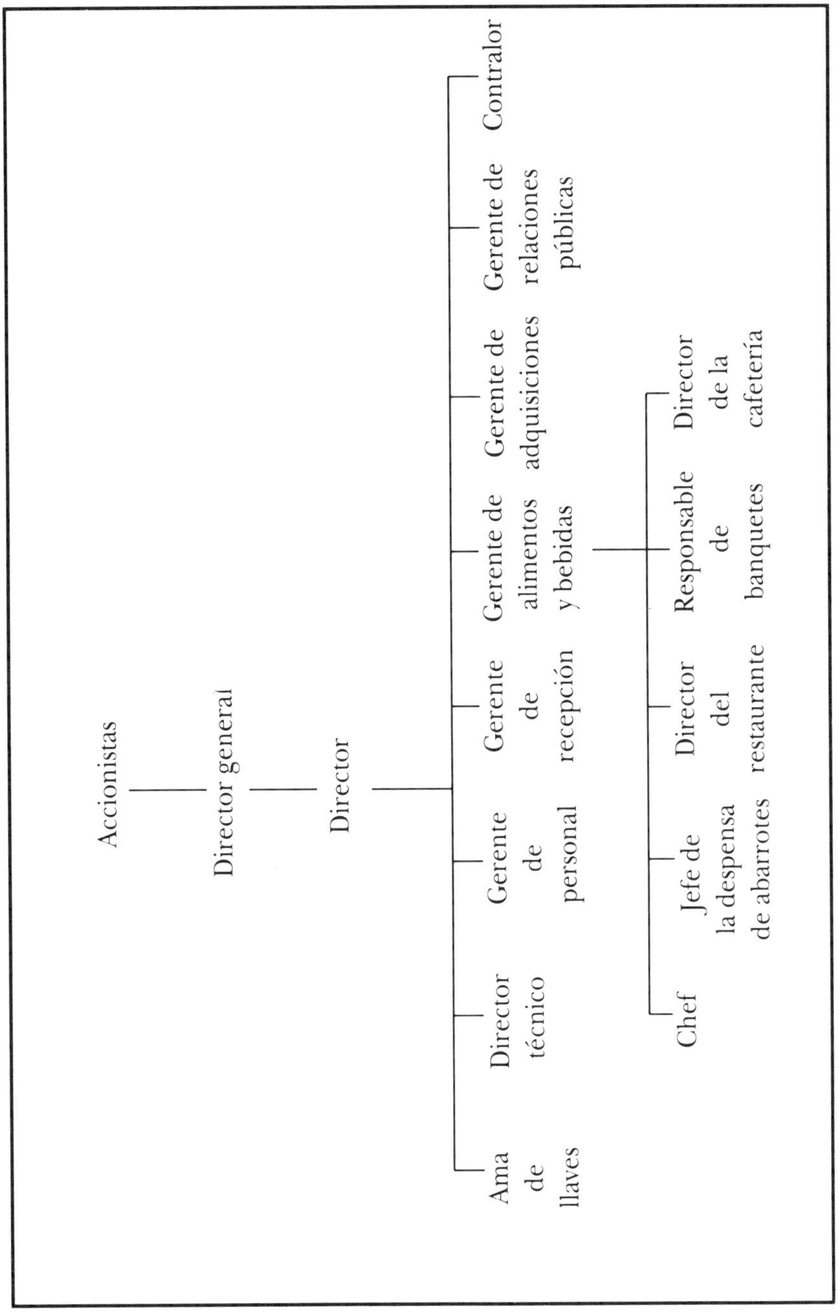

B5. FRASES MODELO

1. *Bueno, recepción, olvidé mi cepillo de dientes, ¿dónde puedo conseguir uno?*
2. *Le mando uno de inmediato. ¿Necesita también un dentífrico?*
3. *Le hablo de la habitación 417. No puedo usar mi rasurador por el voltaje, ¿tienen adaptadores?*
4. *Desgraciadamente no tenemos secadora para el cabello, pero en el vestíbulo hay una peluquería.*
5. *Ya no hay papel para cartas en el bloc, y también necesito unos sobres.*
6. *Tiré un poco de café en la almohada, creo que será necesario cambiarla.*
7. *Quisiera que plancharan mi pantalón para mañana en la mañana.*
8. *Con todo gusto, señor. El valet pasará a recogerlo de inmediato.*
9. *No hay duda de que algo le pasa a la ducha de mano, ¿podrían venir a repararla?*
10. *Mi esposa tiene un terrible dolor de cabeza, ¿hay alguna farmacia cerca?*
11. *No es necesario que salga, señor; la camarera le llevará aspirinas de inmediato.*
12. *No encuentro mis anteojos de sol, ¿no los encontró alguien por casualidad?*
13. *No que yo sepa, pero le preguntaré a la camarera.*
14. *¿Podría darnos una cobija extra? Las madrugadas son realmente frías.*
15. *En estos tres últimos años, el equipo de mantenimiento se redujo de veintiséis a diecinueve personas.*
16. *El ama de llaves de la noche, la persona que abre la cama, le deja en su habitación una tarjeta con los pronósticos del tiempo del día siguiente.*
17. *El área de recepción es un salón con recubrimientos de madera, chimenea y pantalla de tapicería.*
18. *Cuando las habitaciones fueron reformadas, se ampliaron y renovaron y se instalaron baños de mármol.*
19. *Muchos hoteles ofrecen ahora centros de comunicación con secretarias y mecanógrafas, sistemas de procesamiento de textos, fotocopiadoras, telex y fax.*

B5. KEY SENTENCES

1. Hello, Reception, I have forgotten my toothbrush, where can I get one?
2. I'll have one sent up to your room right away. Do you require toothpaste as well?
3. This is room 417, I can't use my shaver because of the voltage. Do you have an adaptor?
4. Unfortunately, we do not provide hair dryers, but we have a hairdressing salon in the lobby.
5. There's no writing paper left in the writing pad, and I also need some envelopes.
6. I've spilt some coffee on my pillow case, I'm afraid it needs changing.
7. I'd like to have my trousers ironed for tomorrow morning.
8. All right, Sir, the valet will collect them from your room immediately.
9. There's definitely something wrong with the shower attachment, can you come and fix it?
10. My wife has got a bad headache, is there a drugstore nearby?
11. There's no need for you to go out, Sir, the maid will bring you some aspirin straight away.
12. I can't find my sun glasses anywhere, has anyone found them, by any chance?
13. Not as far as I know, but I'll ask the maid about it.
14. Could we have an additional blanket? The mornings are really chilly.
15. The maintenance team has been trimmed down from twenty five to nineteen, in the past three years.
16. The evening maid, the person who turns down your bed, leaves a card with the next day's weather forecast in your room.
17. The reception area is a paneled sitting room with a fireplace and a tapestry screen.
18. During the refurbishment, the rooms were enlarged, upgraded, and equipped with marble bathrooms.
19. Many hotels now provide business centers with secretarial and typing services, word processing, photocopying, telex and fax equipment.

7 Hotel services

B6. VOCABULARY

adaptor	*adaptador*
additional	*adicional*
air conditioning	*aire acondicionado*
to arise (arose, arisen)	*surgir* (problemas)
armchair	*sillón*
as well	*también*
available	*disponible*
bacon	*tocino*
bath	*baño, bañera*
bathrobe	*bata de baño*
bedside table	*mesilla de noche*
blanket	*cobija*
boiled egg	*huevo cocido*
to break (broke, broken)	*romper*
breakfast	*desayuno*
to brew [bru:]	*preparar, hacer* (té)
broom	*escoba*
budget forecast	*pronóstico presupuestario*
carpet	*alfombra*
ceiling	*techo*
central heating	*calefacción central*
chambermaid, maid	*camarera*
chest of drawers [ts^{h}est əv dro:rz]	*cómoda*
chilly	*fresco*
chocolate, cocoa [kəukəuɑ]	*chocolate*
to clean	*limpiar*
closet	*ropero*
clothes	*ropa*
clothing	*vestuario*
coffee pot	*cafetera*
to collect	*recoger*
copy	*ejemplar*
to crawl	*gatear*
cup	*taza*
curtains, drapes	*cortinas*
to do a room	*hacer una habitación*
downstairs	*abajo, en la planta baja*
dressing table	*tocador*
drugstore	*farmacia*
dry cleaning	*lavado en seco*
early morning tea	*taza de té que se sirve al despertar*
egg cup	*huevera*
engineer	*ingeniero, responsable del mantenimiento*
failure [feilyər]	*falla, avería*

fireplace	*chimenea*
to fix	*reparar*
floor waiter	*mesero de piso*
to flush the toilet	*jalar la cadena* (del excusado)
fork	*tenedor*
fruit juice [fru:t dʒu:s]	*jugo de fruta*
furniture	*muebles*
a piece of furniture	*un mueble*
glasses	*1) vasos; 2) anteojos*
hair dryer	*secadora de cabello*
hairdressing salon	*peluquería*
headache [hedeik]	*dolor de cabeza*
herring (US), kippers (GB)	*arenques ahumados*
housekeeper	*ama de llaves*
housekeeping staff	*personal de habitaciones*
however	*sin embargo*
instead of	*en vez de*
to iron [ɑirən]	*planchar* (US: to press)
knife (*pl.* knives)	*cuchillo*
lamp	*lámpara*
laundry	*1) lavandería 2) ropa sucia*
leak [li:k]	*fuga*
linen	*ropa blanca*
linen keeper	*encargada de ropa blanca*
light	*luz*
loose tea [lu:s ti:]	*té a granel*
maintenance	*mantenimiento*
to make a bed	*hacer una cama*
maple syrup	*jarabe de maple*
marble	*mármol*
marmalade	*mermelada*
milk pitcher	*jarrita de leche*
mirror	*espejo*
to monitor	*controlar*
mop	*jerga, trapeador*
napkin	*mantel*
no longer	*no... más*
obviously	*sin duda*
oil	*aceite*
order	*orden*
to order	*ordenar*
outside contractors	*empresas externas que trabajan por contrato, subcontratistas*
overall	*overol*
pancake	*"hot cake"*

paneled	*revestido de madera*
pillowcase	*funda de almohada*
pin-striped suit	*traje de rayas delgadas* (clásico del hombre de negocios)
pipe	*tubo, pipa*
plate	*plato*
plug	*toma de corriente*
poached eggs	*huevos escalfados*
to polish	*limpiar, pulir*
properly	*correctamente*
razor	*rasurador*
to refurbish	*renovar*
responsible for	*responsable de*
to rip	*desgarrar*
to run out of	*quedarse sin*
saucer [so:sr]	*plato para taza*
to send (sent, sent)	*enviar*
shoe	*zapato*
sheet [s^{h}i:t]	*sábana*
shower [s^{h}ɑur]	*ducha*
shower attachment	*ducha de mano*
sitting room	*salón*
soap [soup]	*jabón*
soiled	*sucio, manchado*
to spill	*tirar*
spoon	*cuchara*
still	*aún, todavía*
strong	*fuerte*
such as	*tal como*
supervision	*supervisión*
to sweep (swept, swept)	*barrer*
switch	*interruptor*
tap	*llave de agua*
tapestry screen	*pantalla de tapicería*
tea bag	*bolsita de té*
tea pot	*tetera*
to tidy	*arreglar, ordenar*
toast rack	*charola para pan tostado*
toilet	*baño*
tomato (*pl.* tomatoes) US: [təmeitou], GB: [təmɑ:tou]	*tomate*
toothbrush	*cepillo de dientes*
toothpaste	*dentífrico*
towel [tɑuəl]	*toalla*
towel rack	*toallero*

Los servicios del hotel

B6. VOCABULARIO

tray	*charola*
trousers	*pantalón*
undoubtedly [ʌn'daʊtidli]	*sin duda alguna*
unfortunately	*desafortunadamente*
to upgrade	*mejorar*
vacuum cleaner	*aspiradora*
washbasin	*lavabo* (US: sink)
wardrobe	*armario*
wastepaper basket	*papelera*
writing pad	*bloc de papel para escribir*
writing paper	*papel para cartas*
weather forecast	*pronóstico del tiempo*

	US	GB
chocolate caliente	hot chocolate	cocoa
armario	closet	cupboard
cortinas	drapes	curtains
planchar	to press	to iron
lavabo	sink	washbasin

7

Hotel services

C. EJERCICIOS

I. Completar las oraciones con una de las palabras o expresiones siguientes: *such as, unfortunately, as well, no longer, however, obviously, undoubtedly* (ver las frases modelo y los documentos):

1. Could you please send us some soap . . . .
2. . . . . the remodeling is a success.
3. The hotel . . . . has its own linen room.
4. . . . . there is no need to panic, it is just a minor leak.
5. Full breakfast is not served in the rooms, ..., we do serve early morning tea.
6. Some Englishmen love to have fish for breakfast, ... haddock or herring.
7. . . . ., we've run out of newspapers for the moment.

II. Encontrar respuestas para las oraciones utilizando la estructura *have* + complemento + participio pasado (ver la nota 2 del diálogo) **en futuro, y los elementos que se encuentran entre paréntesis.**

1. We've run out of soap (I, bring up).
2. The baby has soiled his sheets (we change).
3. The light bulbs have gone dead (the engineer, replace).
4. There's something wrong with the shower (the maid, fix).
5. The floor is dusty (the housekeeper, sweep).

III. Traducir (revisar los documentos y las frases modelo):

1. *Vamos a mandar remodelar completamente el hotel.*
2. *Los Smith de la habitación 43 pidieron su desayuno para las 6 de la mañana.*
3. *¿Podría llevarles un ejemplar del* Daily Mail *al mismo tiempo?*
4. *El Sr. Conway es el responsable del equipo de mantenimiento.*
5. *Es más probable que lo encuentre en su oficina; está ocupándose de los pronósticos presupuestales.*

7 Los servicios del hotel

C. SOLUCIONES

I. Completar las oraciones con las palabras o expresiones:

1. as well.
2. undoubtedly/obviously.
3. no longer.
4. obviously/undoubtedly/however.
5. however.
6. such as.
7. unfortunately.

II. Encontrar respuestas para las oraciones:

1. I'll have some brought up to you.
2. We'll have them changed.
3. The engineer will have them replaced.
4. The maid will have it fixed.
5. The housekeeper will have it swept.

III. Traducir:

1. We'll have the hotel completely remodeled.
2. The Smiths in room 43 asked to have their breakfast at 6 a.m.
3. Can you bring them a copy of the *Daily Mail* at the same time?
4. Mr Conway is in charge of the maintenance staff.
5. You are more likely to find him in his office; he is dealing with budget forecasts.

Hotel guests love four-poster beds (an advertisement)

A four-poster bed can turn a dull, hard-to-sell bedroom into something special. A room without a view is only a handicap if there isn't something more attractive inside the room. Four-posters do not have to be the size of a football field and nine foot high. Our compact four-posters are 4ft 6in wide, 6ft 3in long and 6ft 3in high. They will fit comfortably into a bedroom 12ft wide and 15ft long with a ceiling height of 7ft 3in.

A los clientes les encantan las camas con baldaquino *(anuncio)*

Una cama con baldaquino puede convertir una habitación monótona, difícil de vender, en un lugar atractivo. Una habitación sin vista es una desventaja sólo si carece de algo más seductor en su interior. Las camas con baldaquino no necesitan ser del tamaño de un campo de futbol y tener 27 m de alto. Nuestros baldaquinos compactos miden 1.40 m de ancho por 1.90 m de largo y 1.90 m de alto. No hay problema para acomodarlos en una habitación de 3.70 m de ancho por 4.60 m de largo y techo de 3 m de alto. (Nota: respecto de las medidas, consulte el final del libro.)

The best way to brew tea

1. Let the tap run and use freshly drawn water.
2. Heat the pot with hot water and dry it thoroughly.
3. Make sure the water is really boiling.
4. Use the right amount of tea (one teaspoon per person plus one for the pot) and pour the water while it is still boiling (bring the pot to the kettle, not the kettle to the pot).
5. Allow the tea to brew for about four minutes only.

La mejor manera de hacer té

Deje correr el agua de la llave y utilice la que acaba de salir. Escalde la tetera y séquela con mucho cuidado. Asegúrese de que el agua esté realmente hirviendo. Utilice la cantidad adecuada de té: una cucharadita por persona más una para la tetera, y vierta el agua cuando todavía esté hirviendo; acerque la tetera al hervidor y no el hervidor a la tetera. Deje reposar el té sólo unos cuatro minutos.

UNIDAD 8

RECEPTIONS AND CONGRESSES
RECEPCIONES Y CONGRESOS

A • **DIALOGUE** / *DIÁLOGO*

B • **RECORDS** / *DOCUMENTOS*

B1. **A guide for meeting planners in the U.S.**
Guía para el organizador de congresos en los Estados Unidos

B2. **British hospital caterers emphasize business**
Los responsables de los restaurantes de los hospitales británicos dan mayor importancia al aspecto empresarial

B3. **Key sentences** - *Frases modelo*

B4. **Vocabulary** - *Vocabulario*

C • **EXERCISES** / *EJERCICIOS Y SOLUCIONES*

D • **FINAL TIPS**

8 Receptions and congresses

A. DIALOGUE

F. = John Farrell **J.** = Peter Jones **R.** = Receptionist

Considering different details

F. — Good morning, I have an appointment with Peter Jones, the conference coordinator.

R. — I'll tell him you have arrived, please take a seat while you are waiting.

J. — Good morning, Mr Farrell, will you come into my office? This way, please... Do sit down. I understand you are planning to organize a conference in our hotel.

F. — Exactly, our first National Sales Conference which will be held on April 3 and 4. It is going to be[1] the first of its kind, so we want to make a success of it.

J. — We have different conference deals. Your choice depends on how much you are prepared to spend and what kind of service you are expecting. If you want this first conference to be special[2], I suggest you choose between our Special and our Deluxe packages.

F. — What do they include?

J. — In the Special package, most audiovisual equipment is available for your use, except video, which is charged extra. One conference room is included, morning coffee with shortbread and afternoon tea with biscuits are provided. At lunch, a cold buffet is offered and at dinner there is a wide choice of dishes. All rooms have private facilities.

F. — What else does the Deluxe package offer?

J. — All the conference rooms and the audiovisual equipment are included. We also offer an extra special welcome including fruit and chocolates in the rooms on arrival. Then we add the little touches: free squash, a 24 hour laundry service, mints, soft drinks and fruit in the conference rooms. The terms are quoted in this brochure, you can also rely on a discount for a hundred participants.

F. — We shall be fewer[3] than that. Can I have a look at the rooms and the conference rooms?

J. — Yes, of course, but remember April is a busy period, don't wait too long before you make up your mind.

---

1. **to be going to**: indica un futuro cercano, o como en este caso, una intención en un futuro más lejano.
2. Construcción de **want**: ver diálogo de la unidad 2, nota 3.
3. **fewer**: comparativo de **few** (*poco*).

8 Recepciones y congresos

A. DIÁLOGO

F. = John Farrell **J.** = Peter Jones **R.** = Recepcionista

Examinando los diferentes paquetes

F. — Buenos días, tengo cita con Peter Jones, el coordinador de congresos.

R. — Le avisaré que ya llegó, tome asiento mientras, por favor.

J. — Buenos días, señor Farrell, pase a mi oficina. Por aquí, por favor... Tome asiento. Tengo entendido que desea organizar un congreso en nuestro hotel.

F. — Exactamente, se trata de nuestra primera reunión general de vendedores, que se celebrará los días 3 y 4 de abril. Como es la primera de este tipo, queremos que resulte todo un éxito.

J. — Tenemos diferentes paquetes de congresos; su elección dependerá de cuánto piense gastar y el tipo de servicio que desee. Si quiere que esta primera reunión sea especial, le sugiero escoger entre nuestros paquetes Especial y Deluxe.

F. — ¿Qué incluyen?

J. — El Especial incluye la posibilidad de usar casi todo el equipo audiovisual, excepto el video, que se le cobraría aparte, además de la sala de conferencias. También se le sirve el café de las 10 con pan dulce[1] y el té de las 4 con bizcochos. Para el almuerzo se sirve un buffet frío, y para la cena, hay gran cantidad de platos para elegir. Todas las habitaciones tienen baño.

F. — ¿Qué más incluye el paquete Deluxe?

J. — Todas las salas de conferencias y el equipo audiovisual están incluidos. Además, se da una bienvenida especial con frutas y chocolates en la habitación. Por otra parte, ofrecemos ciertos detalles: squash gratuito, servicio de lavandería las 24 horas, dulces de menta, refrescos y fruta en las salas de conferencias. En este folleto se especifican las condiciones. Cuente también con un descuento si son cien los participantes.

F. — No seremos tantos. ¿Puedo ver las habitaciones y las salas de conferencias?

J. — Claro, pero no se olvide de que abril es una temporada cargada, no espere demasiado antes de decidirse.

---

1. **shortbread:** especialidad escocesa (ver receta al final de la unidad).

Receptions and congresses

B. RECORDS

B1. A guide for meeting planners in the U.S.

1. Site selection: Site inspection is essential and should be made during the same season in which your meeting is scheduled. It also helps to talk with someone who has already brought a group.

2. Negotiation: Everything is negotiable but don't enter a negotiation with nothing more than a wish list for price concessions. Negotiate quality too.

3. Transportation: Try to find a travel agency which specializes in meetings. In comparing bus company rates, make sure there are no hidden charges.

4. Conference equipment: You may need blackboards, overhead projectors, slide and film projectors, video cassette recorders, projection screens.

5. Food and beverage: The last 20 years have seen a revolution in the American diet. Today many people are cutting back on red meat, coffee and alcohol, eliminating salt or reducing their calory intake. Don't force diet conscious attendees into a succession of heavy meals. As for receptions, never allow participants to serve themselves to liquor and make sure there are plenty of non alcoholic drinks available.

6. Meeting management: You must be flexible enough to solve problems quickly and confident enough to maintain your composure while doing so. Never take anything for granted, check and double check everything.

B2. British hospital caterers emphasize business

In the National Health Service, many caterers are now showing it is possible to combine profit-making activities with reliable service. The catering manager at Castle hospital and her team organize dinner parties, weddings, christenings and funerals.

Adapted from **Caterer & Hotelkeeper,** November 1988.

B1. Guía para el organizador de congresos en los Estados Unidos

1. Elección del lugar: Es indispensable visitar el lugar en la misma época en que se realizará el congreso. También puede ser útil hablar de antemano con alguien que ya haya llevado un grupo.

2. Negociación: Todo es negociable, pero no entre a negociar únicamente con una lista de descuentos que conseguir. Negocie también la calidad.

3. Transporte: Trate de encontrar una agencia de viajes que se especialice en congresos. Al comparar las tarifas de las compañías de autobuses asegúrese de que no haya cargos ocultos.

4. Equipo para la conferencia: Puede necesitar pizarrones, retroproyectores, proyectores para diapositivas y películas, videograbadoras, pantallas para proyección.

5. Alimentos y bebidas: En estos últimos 20 años se ha dado una revolución en la dieta del norteamericano. Actualmente, muchas personas reducen el consumo de carne roja, de café y de alcohol; han suprimido la sal o ingieren menos calorías. No imponga una serie de alimentos pesados a participantes que se preocupan por su dieta. En cuanto a las recepciones, nunca permita que los participantes se sirvan ellos mismos las bebidas alcohólicas, y ponga a su disposición suficientes bebidas sin alcohol.

6. Organización del congreso: Debe ser muy flexible para resolver rápidamente los problemas y mostrarse muy seguro de sí para conservar la sangre fría. No dé nada por sentado, verifique y vuelva a verificar todos los detalles.

B2. Los responsables de los restaurantes de los hospitales británicos dan mayor importancia al aspecto empresarial

En el Servicio Nacional de Salud, muchos de los proveedores de alimentos demuestran ahora que es posible combinar actividades rentables con un servicio de calidad. La responsable de la alimentación del Castle Hospital y su equipo organizan cenas, banquetes de boda, bautizos y funerales.

Receptions and congresses

B3. FRASES MODELO

1. *Quisiera organizar una fiesta de cumpleaños mañana en la noche.*
2. *Tenemos una gran variedad de vinos a su disposición.*
3. *No le recomendaría la caza porque no es temporada.*
4. *Podríamos agregar a su menú una nieve de limón, naranja o grosella negra.*
5. *El responsable de los banquetes se encargará de acomodar las mesas.*
6. *En caso de que desee intercambiar los platillos de los menús, se le dará un nuevo precio.*
7. *Tenemos la intención de utilizar los servicios de su hotel para todos nuestros futuros congresos en Escocia.*
8. *La Asociación de Minoristas organiza una cena baile para su reunión anual.*
9. *En las recepciones de boda, el testigo del desposado hace un discurso antes de que los nuevos esposos partan el pastel de bodas.*
10. *El transporte de ida y vuelta al aeropuerto se proporcionará gratuitamente.*
11. *Por el momento, el establecimiento se apoya en las recomendaciones verbales para atraer clientes.*
12. *La suite Wellington es muy versátil, ya sea para conferencias de prensa, lanzamiento de productos o reunión del equipo de vendedores.*
13. *Hay bastante espacio para sentar a 200 personas como en un teatro.*
14. *El espacio puede adaptarse para recibir a sólo 50 personas.*
15. *La suite Park Lane es particularmente adecuada para cocteles, juntas o entrevistas.*
16. *El hotel tiene un centro de comunicaciones con modernos servicios de telecomunicaciones, incluyendo computadoras personales.*
17. *Es posible que en el futuro se prohíba fumar en la mitad de las habitaciones.*
18. *En la renovación del hotel y la instalación de un centro para congresos se gastaron 150 millones de pesos.*

B3. KEY SENTENCES

1. I would like to arrange a birthday celebration tomorrow evening.
2. We have a good selection of wines which you can choose from.
3. I would not advise game, as it is out of season.
4. A possible addition to your dinner menu could be sherbet, either lemon, orange or blackcurrant.
5. The banquet manager will take care of table arrangements.
6. Should you wish to interchange courses from the various menus, a new quote will be given.
7. We intend to use your hotel's facilities for all our future conferences held in Scotland.
8. For their annual meeting, the Association of Retailers organizes a dinner and dance.
9. At a wedding, the best man makes a speech before the bride and bridegroom cut the wedding cake.
10. Transportation from and to the airport will be provided free of charge.
11. At the moment, the establishment relies on word of mouth at attract business.
12. The Wellington suite provides complex flexibility whether for a press conference, product launch or a sales meeting.
13. There is ample room for 200 people seated theater-style.
14. The space can be adapted to accommodate as few as 50.
15. The Park Lane suite is suitable for cocktail parties, meeting or interview rooms.
16. The hotel has a business center with up-to-date telecommunications services, including personal computers.
17. In the future smoking may be banned in half the bedrooms.
18. 150 Million pesos were spent remodeling the hotel and installing a conference center.

Receptions and congresses

B4. VOCABULARY

to attend	*asistir*
attendee [ətendi:]	*participante*
alcohol [ɑlkəhol]	*alcohol*
appointment	*cita*
audiovisual equipment	*equipo audiovisual*
to ban	*prohibir*
banquet [baŋkwət] manager	*responsable de los banquetes*
best man	*testigo del desposado* (su "mejor" amigo)
beverage [bevəridʒ]	*bebida*
blackboard	*pizarrón*
blackcurrant	*grosella negra*
bride [brɑid]	*novia*
bridegroom	*novio*
catering [keitəriŋ]	*provisión de alimentos*
catering manager	*proveedor de alimentos*
charge	*costo*
to charge	*cobrar*
to check [tsʰek]	*verificar*
christening	*bautizo*
composure	*sangre fría, compostura*
confident	*seguro de sí*
convention	*congreso*
course	*platillo* (antes: servicio)
to cut back on	*reducir el consumo de*
dance	*baile*
dance floor	*pista de baile*
deal [di:l]	*contrato, paquete*
diet [dɑiət]	*dieta*
free of charge	*gratis*
funeral	*entierro*
to hide (hid, hidden)	*esconder(se)*
to hold a conference	*dar una conferencia*
to hurry	*apurarse*
to improve	*mejorar*
included	*incluido*
to install	*instalar*
to intend	*tener la intención de*
laundry service	*servicio de lavandería*
lemon	*limón*
liquor [likr]	*alcohol, licor*
location	*lugar, situación*
to make sure that	*asegurarse de que*
to make up one's mind	*decidirse*
meat [mi:t]	*carne*
to match	*igualar, hacer juego con*

8 Recepciones y congresos

B4. VOCABULARIO

meeting	*reunión*
negotiation	*negociación*
negotiable	*negociable*
non-alcoholic	*sin alcohol*
out of season	*fuera de temporada*
outstanding	*sobresaliente, extraordinario*
overhead projector	*retroproyector*
package [pakədʒ]	*paquete*
to plan	*organizar*
planner	*organizador*
to polish	*pulir*
press conference [konfərens]	*conferencia de prensa*
private facilities	*baño individual*
product launch	*lanzamiento de un producto*
profit-making	*rentable*
to quote [kwout]	*citar, indicar un precio*
reception	*recepción*
reliable [rilɑiəbl]	*de calidad*
to rely on	*contar con*
remodel (US), refurbish (GB)	*renovar*
sales conference	*reunión de vendedores*
to schedule [skedyu:l] GB: [s^{h}edyuil]	*prever* (en el tiempo)
shortbread	*pan dulce escocés*
screen [skri:n]	*pantalla*
to seat [si:t]	*sentar a alguien*
sherbet	*nieve, sorbete*
sightseeing	*visitas turísticas*
slide projector [slɑid]	*proyector de diapositivas*
soft drinks	*refrescos*
to specialize in	*estar especializado en*
speech [spi:ts^{h}]	*discurso*
to solve	*resolver*
suitable [syu:təbl]	*que conviene*
table arrangement	*disposición de las mesas*
to take something for granted	*dar por hecho*
transportation	*transporte*
up-to-date	*moderno, al día*
videocassette recorder (VCR)	*videograbadora*
wedding	*boda*
word of mouth	*recomendación verbal*

C. EJERCICIOS

I. Completar con una de las palabras siguientes: *much, many, more, little, few, less, fewer*[1]:

1. There will be .... participants, but, on the other hand, ... events are scheduled.
2. .... hotels offer such a wide choice of conference packages. This one is exceptional.
3. .... time was devoted to polishing the dance floor.
4. We don't have a choice of .... courses on the menu but all the products are in season.
5. .... time is left before the arrival of the guests, let's hurry!

II. Ubicar las oraciones siguientes en un contexto futuro, usando los elementos que aparecen entre paréntesis[2]:

1. The Leicester (to extend) its conference facilities (to be to).
2. We (remodel) all the guest rooms (to be going to).
3. The meeting (to be held) on April 1 (to be to).
4. The bride's father (to make) a speech first (to be going to).
5. The new rooms (to include) en suite facilities (to be to).

III. Traducir (revisar el diálogo, los documentos y las frases modelo).

1. *El hotel debe reabrir sus puertas después de un año de renovaciones.*
2. *Todo depende de cuánto desee gastar en material audiovisual.*
3. *Habrá menos delegados que el año pasado. Tendremos espacio suficiente para las reuniones.*
4. *Asegúrese de que todo vaya incluido en el precio indicado en el folleto.*
5. *Actualmente muchas personas están reduciendo su consumo de alcohol.*

---

1. **much** (para el singular): *mucho,* **many** (para el plural): *muchos;* **little** (para el singular): *poco,* **few** (para el plural): *pocos;* **more**: más; **less** (para el singular): *menos,* **few** (para el plural): *menos.*
2. **to be going to** + infinitivo: ver nota 1 del diálogo; **to be to** + infinitivo: indica la idea de una acción prevista con anterioridad, que debe tener lugar.

8 Recepciones y congresos

C. SOLUCIONES

I. Completar con una de las palabras indicadas:

1. more, fewer / fewer, more.
2. few.
3. much.
4. many.
5. little.

II. Poner las oraciones en futuro:

1. The Leicester *is to extend* its conference facilities.
2. We *are going to remodel* all the guest rooms.
3. The meeting *is to be held* on April 1.
4. The bride's father *is going to make* a speech first.
5. The new rooms *are to include* en suite facilities.

III. Traducir:

1. The hotel is to reopen its doors after one year's remodeling.
2. It all depends on how much you wish to spend on audiovisual equipment.
3. There will be fewer delegates than last year. We'll have enough space for the meetings.
4. Make sure that everything is included in the price quoted in the brochure.
5. Nowadays, many people are cutting back on alcohol.

- **A recipe: Shortbread finger biscuits** *(receta)*

Preparation time: about 15 minutes *(tiempo de preparación)*
Baking time: about 20 minutes *(tiempo de horneado)*

8oz *(225 g)* soft margarine *(margarina suavizada)*
2oz *(50 g)* icing sugar *(azúcar glas)*
8oz *(225 g)* plain flour *(harina para repostería)*

Heat the oven to 325° F (160° C), gas mark 3. Lightly grease two baking sheets. Put the ingredients in a bowl and rub in the margarine with your fingertips until the mixture resembles fine breadcrumbs. Knead together with your hand until it forms a smooth soft mixture. Place the mixture in a squeeze bag fitted with a star nozzle and squeeze into 2 to 3-inch (5 to 7.5 cm) lengths. Bake the biscuits in the oven for about 20 minutes until they are tinged a pale golden brown at the edges. Remove them from the oven, leave to harden for a minute and then lift off and leave to cool on a wire rack.

Caliente el horno a 160 °. Engrase ligeramente dos charolas. Ponga los ingredientes en un recipiente e integre la margarina con los dedos hasta que la mezcla tenga el aspecto de migas de pan pequeñas. Amase con las manos hasta obtener una pasta lisa y flexible. Ponga la mezcla en una duya con forma de estrella y forme bastones de 5 a 7 cm. Hornee los bizcochos más o menos 20 minutos; retírelos de la charola y déjelos enfriar en una rejilla.

- **A small ad** - *Un pequeño anuncio*

The Reform Club, Pall Mall
requires
CONFERENCE & BANQUETING CO-ORDINATOR
A good salary will be offered for experience and self-motivation, the ability to evaluate client requirements, co-ordinate and communicate, combined with good typing skills.
If you wish to join our warm and friendly team please call
Fiona Warrington on 01-930 9374
RVCT18 761

to require: *necesitar*; requirements: *necesidades*; to join a team: *hacerse miembro de un equipo;* friendly: *simpático, amigable.*

UNIDAD 9

THE RESTAURANT
EL RESTAURANTE

A • **DIALOGUES** / *DIÁLOGOS*

B • **RECORDS** / *DOCUMENTOS*

B1. **Definitions** - *Definiciones*

B2. **In England, the Loo of the Year Award**
En Inglaterra, Óscar al sanitario del año

B3. **Key sentences** - *Frases modelo*

B4. **Vocabulary** - *Vocabulario*

B5. **Additional vocabulary** - *Vocabulario adicional*

- **Cutlery, flatware and glassware**
- *Cubiertos, vajilla y cristalería*

C • **EXERCISES** / *EJERCICIOS Y SOLUCIONES*

D • **FINAL TIPS**

9

The restaurant

A1. DIALOGUE

HW. = Head Waiter **W.** = Waiter **WS.** = Wine Steward
L. Lady **G.** = Gentleman

Having lunch at the Red Lion Hotel (GB)

HW. — Good morning, Madam, good morning, Sir, would you like to sit by the window?

L. — I'd rather not[1], I hate sitting in the sun during a meal, it gives me a headache; how about that table, over there?

HW. — I'm afraid it's already reserved but you can have the one next to it... Here's the menu, I'll let you have a look at it. The waiter will be with you in a minute to take your order.

W. — Have you made up your minds? Would you care to order, Sir?

G. — Yes, as a matter of fact, we'd like to know more about some of the courses. What is, for instance, "Magret de canard au madiran"?

W. — It's breast of duck in a red wine sauce; our chef uses duck stock, wine, butter and seasoning for the sauce.

L. — What about "Filets de sole à la ciboulette"?

W. — It's Dover Sole with a chive sauce.

L. — Both sound very interesting, but I think I'd like to try the duck, I've had[2] Dover Sole before.

G. — All right, we'll both have duck but well cooked, if possible, and avocado to start with. What sort of wine do you recommend?

W. — Here's the wine list, but I'll call the wine waiter for you.

WS. — Good morning, Madam, good morning, Sir, can I help you choose your wine?

G. — What do you advise with the duck? I like Burgundy myself.

WS. — Red is a must, of course, but I would rather recommend claret, a Medoc would suit your duck beautifully.

G. — Let's have[3] a bottle of Medoc, then, and mineral water as well; plain, please: we don't like sparkling water.

---

1. En este caso, **sit** está sobreentendido.
2. **have** tiene con frecuencia el sentido de *tomar* (alimentos, bebidas, etc).
3. **let's have**: imperativo (**let** + pronombre personal; se utiliza en 1a. y 3a. persona).

9 El restaurante

A1. DIÁLOGO

C. = Capitán **M.** = Mesero **S.** = Sommelier
D. = Dama **CA.** = Caballero

Comida en el hotel León Rojo

C. — Buenos días, señora, buenos días, señor, ¿les gustaría sentarse cerca de la ventana?

D. — Mejor no; detesto estar sentada en el sol durante la comida, me da dolor de cabeza; ¿qué tal aquella mesa?

C. — Creo que ya está reservada, pero pueden sentarse en la de junto... Les dejo la carta para que la vean. El mesero vendrá a tomarles la orden en un minuto.

M. — ¿Ya eligieron? ¿Desea que le tome la orden, señor?

CA. — Sí, en realidad quisiéramos saber algo más sobre ciertos platillos. Por ejemplo, ¿qué es el "Magret de pato al madiran"?

M. — Es pechuga de pato en salsa de vino tinto; nuestro chef utiliza consomé de pato, vino, mantequilla y sazonadores para la salsa.

D. — ¿Y el "filete de lenguado con cebollines"?

M. — Es un lenguado de Dover[1] con salsa de cebollines.

D. — Ambos se antojan[2], pero creo que me gustaría probar el pato, ya he comido el lenguado de Dover.

CA. — Muy bien, tomaremos dos patos, pero bien cocidos, si es posible, y para empezar, aguacate[3]. ¿Qué vino nos recomienda?

M. — Aquí está la lista de vinos, pero voy a llamar al sommelier.

S. — Buenas tardes, señora, buenas tardes, señor, ¿puedo ayudarles a elegir el vino?

CA. — ¿Qué nos aconseja para el pato? A mí me gusta mucho el Borgoña.

S. — Tiene que ser tinto, por supuesto, pero le recomendaría más bien un Burdeos, un Medoc sería perfecto para el pato.

CA. — Tomaremos entonces el Medoc, y también agua mineral; sin gas, por favor, no nos gusta la gaseosa.

---

1. En Inglaterra, el lenguado se pesca sobre todo en la región de Dover.
2. **to sound**: *parecer, al oído;* **to look**: *parecer, a la vista.*
3. **avocado** (*aguacate, palta*): colectivo, igual que **fruit**, para *frutas.*

The restaurant

A2. DIALOGUE

H. = Hostess **W.** = Waiter **WM.** = Woman **M.** = Man

Lunch at the Western Sizzlin (US)

H. — Good morning, how are you today?
WM: — Fine, thank you.
H. — Party[1] of two?
M. — Two, thank you.
H. — Do you prefer smoking or non-smoking?
WM. — Oh, non-smoking, please, I'm allergic to cigarette smoke.
H. — If you will follow me, please... How about this table?
M. — This is great, thank you very much.
H. — Mark will be your waiter and he will be with you in a minute. Here are your menus, enjoy your meal...
W. — Good morning, my name is Mark[2] and I'll be your waiter today. Our special, today, is called "the Stagecoach". With that, you get a New York strip, your choice of baked potatoes or French fries, and Texas toast.
M. — That sounds good to me. How about you, honey?
WM. — I'm not very hungry, I think I'll just have the salad bar[3].
W. — All right, and how would you like your steak cooked, Sir?
M. — Well-done, thank you. Every time I order a medium steak, it ends up being rare.
W. — Do you prefer a baked potato or French fries with your meal?
M. — Baked potato, please.
W. — Would you like sour cream or butter with it?
M. — Both, please.
W. — And what would you like to drink?
M. — Two iced teas[4], please.
W. — Thank you. Madam, you may go to the salad bar whenever you like, the plates are already there, I'll bring your teas right away.
WM. — Thank you.

---

1. **party:** *grupo.*
2. Los americanos son muy informales en cuanto a las relaciones sociales, y con frecuencia utilizan el nombre de pila sin preocuparse por las relaciones jerárquicas.
3. Buffet de diferentes ensaladas que permite servirse una comida completa; hay, por ejemplo, pescado frío, quesos y frutas.
4. En este tipo de restaurantes no se sirven bebidas alcohólicas sino coca cola, refrescos, café, etc.

9 El restaurante

A2. DIÁLOGO

R. = Recepcionista **M.** = Mesero **D.** = Dama **C.** = Caballero

Comida en el Western Sizzlin[1]

R. — Buenos días, ¿cómo les va?
D. — Muy bien, gracias.
R. — ¿Dos personas?
C. — Sí, por favor.
R. — ¿Sección de fumar o de no fumar?[2]
D. — De no fumar, por favor, soy alérgica al humo de los cigarrillos.
R. — Por aquí, por favor... ¿le gusta esta mesa?
C. — Perfecta, muchas gracias.
R. — Mark los va a atender, vendrá en un momento. Aquí está el menú. ¡Buen provecho![3]
M. — Buenos días, mi nombre es Mark; yo voy a atenderlos el día de hoy. El plato del día es "la diligencia", que incluye un filete New York[4] con papa al horno o papas fritas, a elegir y pan tostado con mantequilla.[5]
C. — Eso se me antoja, ¿y a ti, querida?
D. — Yo no tengo mucha hambre, creo que sólo tomaré el buffet de ensalada.
M. — Muy bien, ¿cómo le gusta la carne, señor?
C. — Bien cocida, por favor. Siempre que pido un filete término medio, me lo sirven rojo.[6]
M. — ¿Prefiere papa al horno o papas fritas con su platillo?
C. — Papa al horno, por favor.
S. — ¿Con crema agria o mantequilla?
C. — De las dos, por favor.
M. — ¿Y de tomar?
C. — Té helado para los dos, por favor.
M. — Gracias. Señora, puede pasar al buffet de ensaladas cuando guste; ahí encontrará platos. Enseguida les traigo el té.
D. — Gracias.

---

1. Se trata de un "steak house", donde se sirve principalmente carne asada.
2. Los norteamericanos son muy puntillosos respecto de la protección de quienes no fuman, y las leyes, que varían según los estados, llegan a ser hasta represivas con los fumadores.
3. No hay equivalente exacto en inglés para la expresión *¡buen provecho!*
4. **New York**: corte de carne no muy suave, pero con mucho sabor.
5. **Texas toast**: rebanada gruesa de pan de miga, al horno, con mantequilla fundida.
6. **to end up**: *acabar por ser.*

B1. Definitions

• **Restaurant staff:** the **restaurant manager** is responsible for all the restaurant service and all the people connected with it. The **maître d'** (GB: **head waiter**) supervises service, receives guests and seats them. The **captain** (GB: **station head waiter**) is in charge of a group of tables. The **waiter** or **waitress** serves the patrons and performs side work. The **bus boy** (GB: **assistant waiter**) clears away dirty dishes and replaces used tablecloths; he can assist by replenishing cart and buffet tables. The **wine steward** (GB: **wine waiter**) orders, receives, stores, issues and serves wines.

• **Different types of service:**
— **Gueridon service:** food is prepared from a side table or cart; it enables the waiter to show such skills as flaming or carving.
— **French service:** food is prepared on dishes and passed for the customers to help themselves.
— **Silver (English) service:** food is served by the waiter with spoon and fork from flats, etc.
— **Plate service:** the most common and the simplest of services; food is assembled on plates and garnished in the kitchen.

• **Table layout:** silver should be arranged in the order in which it is going to be used, starting from the outside and going towards the plate. Glasses are placed on the right of the plate.

B2. In England, the Loo of the Year Award

The way a restaurant's toilets are kept often shows how the establishment is run. Last year's winner's are simply spotless: In the men's room, there are bottles of Perrier, glasses to drink the water from, razors, shaving brushes, shaving cream, after-shave, deodorant, a hair brush, a clothes brush, a jar of pot pourri[1] and piles of freshly laundered towels[2]. The ladies' decor is soft and feminine with patterned wallpaper, chintz "cosies" for the spare rolls of toilet paper and festooned curtains. Both loos have mahogany toilet seats.

Adapted from **Caterer & Hotelkeeper,** December 17, 1987.

1. **pot pourri:** *flores secas y aromáticas.*
2. Literalmente: *recién lavadas.*

B1. Definiciones

• **Personal del restaurante:** el *director del restaurante* es responsable de todo el servicio del restaurante y de todas las personas que tienen relación con él. El *maitre* vigila el servicio, recibe a los clientes y les asigna su lugar. El *capitán* es responsable de un grupo de mesas. El *mesero* o la *mesera* sirve a los clientes y realiza las tareas relacionadas con el servicio. El *ayudante* retira los platos sucios y cambia los manteles usados; también puede ayudar a resurtir los carros y los buffets. El *sommelier* ordena, recibe, almacena, saca y sirve los vinos.

• **Diferentes tipos de servicio:**
— **Servicio en la mesa:** los platos se preparan en un carro o mesa de servicio, lo cual permite que el mesero muestre su talento para flamear o trinchar, por ejemplo.
— **Servicio a la francesa:** los platillos se preparan en platones y son presentados al cliente para que éste se sirva.
— **Servicio a la inglesa:** los platillos son servidos de un platón, con cuchillo y tenedor, por el mesero.
— **Servicio en platos:** es el más común y sencillo; los alimentos se presentan en platos preparados en la cocina.

• **Disposición de la mesa:** los cubiertos se colocan en el orden en que serán utilizados, del exterior hacia el plato. Los vasos se colocan a la derecha de éste.

B2. En Inglaterra, el Óscar a los sanitarios del año

La manera de cuidar los sanitarios de un restaurante demuestra con frecuencia cómo es administrado el establecimiento. Los del ganador del año pasado están simplemente impecables. En los de caballeros hay agua embotellada, vasos para beber el agua, navajas, brochas y crema de afeitar, loción para después de afeitarse, desodorante, un cepillo para el cabello, un cepillo para ropa, un tarro de *pot pourri*, y montones de toallas limpias. En los de damas, la decoración es suave y femenina: papel tapiz decorado, cubiertas de raso para los rollos de papel higiénico de reserva y cortinas con festones. En ambos casos, los asientos son de caoba.

B3. FRASES MODELO

1. *¿Qué me recomendaría para empezar?*
2. *¿Cómo le gusta la carne, bien cocida?*
3. *¿Para quién es el patito?*
4. *¿Cómo se dice "scallops" en español*[1] *?*
5. *¿Qué verduras sirven con el rosbif?*
6. *¿Qué le sirvo de postre, tarta de manzana o helado?*
7. *¿Le traigo el platón de quesos o el carrito de postres?*
8. *Ambos son quesos de la región, pero éste es de leche de cabra y el otro de leche de vaca, y se sirve más "maduro".*
9. *¿Cuál es la diferencia entre el Stilton y el Cheshire azul?*
10. *El Stilton, que es el queso inglés más famoso, es más cremoso que el Cheshire azul.*
11. *¿Desea probar el vino, señor?*
12. *Este delicioso oporto fechado iría muy bien con su queso.*
13. *Nos esforzamos por ofrecer buenos vinos durante toda la comida.*
14. *En el hotel Cavendish, los clientes toman el café en el salón pequeño o en el grande.*
15. *La reputación del hotel se hizo gracias a los platillos de pescado.*
16. *Además del pescado crudo, el menú incluye platillos japoneses famosos, o poco conocidos.*
17. *El año pasado hubo un aumento del 30% en los precios de un restaurante medio en el Reino Unido.*
18. *La cocina a la barbacoa se ha hecho muy popular entre los británicos.*
19. *En los Estados Unidos, los expertos piensan que los platillos italianos a base de pastas seguirán siendo populares.*
20. *La estrategia de la empresa ha sido siempre ofrecer a los clientes calidad y precio, y no sólo un ambiente especial.*

---

1. **scallops:** *vieira, venera.*

El restaurante

B3. KEY SENTENCES

1. What would you advise for a starter?
2. How do you like your meat, well-done?
3. Who's having the duckling?
4. What's the Spanish for "scallops"?
5. What sort of vegetables do you serve with the roast beef?
6. What would you like for dessert, apple pie or ice cream?
7. Would you like to choose from the cheese board or the dessert cart?
8. Both are local cheeses but this one is made of goat milk, while the other is made of cow milk and is served more mature.
9. What's the difference between Stilton and blue Cheshire?
10. Stilton, the most celebrated of British cheeses, is more creamy than blue Cheshire.
11. Would you care to taste the wine, Sir?
12. This lovely vintage port would go well with your cheese.
13. We concentrate on selling fine wines throughout the meal.
14. At the Cavendish hotel, guests have coffee in the lounge or in the drawing room.
15. The hotel's reputation has been made on fish dishes.
16. Apart from the raw fish, the menu offers familiar and not so familiar Japanese food.
17. Last year saw a 30% rise in the price of an average restaurant in the UK.
18. Barbecue style cooking has become firmly established with the British public.
19. In the US, experts expect the popularity of Italian food and pasta based dishes to continue.
20. The company's strategy has always been to offer customers good value for their money, not just simply a fancy atmosphere.

meat: *la carne*
rare: *roja* medium: *término medio*
well-done: *bien cocida*

B4. VOCABULARY

apple pie	*tarta* (torta) *de manzana*
avocado	*aguacate, palta*
baked	*horneado*
to be in charge of	*estar a cargo de*
to be responsible for	*ser responsable de*
bitter	*amargo*
breast [brest]	*pechuga*
buffet (table)	*buffet*
Burgundy	*Borgoña*
busboy (GB: assistant waiter)	*ayudante de mesero*
captain (GB: station head waiter)	*capitán de meseros*
to carve	*trinchar, cortar*
carving table	*tabla de cortar*
cheese board	*platón de quesos*
chef [s^{h}ef]	*chef*
chive [ts^{h}ɑiv]	*cebollines*
claret	*Burdeos, vino clarete*
course [ko:rs]	*platillo* (del menú)
dessert [dize:rt]	*postre*
dish	*plato*
to flame [fleim]	*flamear*
flat	*plano, cosa plana*
fork	*tenedor*
to garnish	*surtir*
goat cheese	*queso de cabra*
to help oneself	*servirse*
hot	*condimentado, picante*
ice-cream	*helado*
layout	*disposición*
loo (GB, familiar) [lu:]	*excusado*
maître d' (GB: head waiter)	*capitán*
mature	*maduro, a punto, "cocido", afinado* (queso)
meat [mi:t]	*carne*
medium	*término medio* (carne)
menu [menyu]	*menú*

Cómo llamar a los baños

GB	the loo *(familiar)*	US	the john *(entre hombres)*
	the toilets		the bathroom
	the lavatory		the restroom
	the gents		the men's room
	the ladies		the ladies' room
			the powder room *(mujeres)*

9 El restaurante

B4. VOCABULARIO

mineral water	*agua mineral*
order	*orden*
to order	*ordenar*
pasta	*pasta*
patron [peitrən]	*cliente*
peppery	*sazonado con pimienta*
plain water	*agua natural*
rare [reər]	*roja* (carne)
raw [ro:]	*crudo*
to replenish	*resurtir*
to run a restaurant	*dirigir un restaurante*
salty	*salado* (platillo, sabor)
scallops	*vieira, venera*
seasoning	*aderezo*
shaving brush	*brocha de afeitar*
side table	*trinchador*
skill	*habilidad*
sole	*lenguado*
sour [sauər]	*ácido, agrio*
sparkling	*gaseoso(a)* (agua con gas)
special	*plato del día*
spoon	*cuchara*
spotless	*impecable*
staff	*personal*
starter	*entremeses*
stock	*caldo*
to store	*almacenar*
to suit [su:t]	*convenir a*
sweet	*dulce, azucarado* *suave* (vino)
tablecloth	*mantel*
to taste	*probar*
trolley, cart	*carro*
vegetable	*verdura*
vintage	*cosecha*
waiter	*mesero*
waitress	*mesera*
wallpaper	*papel tapiz*
to wash (GB: to launder)	*lavar* (ropa blanca)
well done	*bien cocido*
wine list	*lista de vinos*
wine steward (GB: wine waiter, butler)	*sommelier*
winner	*ganador*

	US	GB
ayudante de mesero	busboy	assistant waiter
maître d'hôtel	maître d'	head waiter
capitán de meseros	captain	station head waiter
sommelier	wine steward	wine waiter, butler
papas fritas	French fries	chips
quitar la mesa	to bus	to clear off
cuenta	check	bill

Cutlery, flatware and glassware (ver página 284)
Cuchillería, vajilla y cristalería

beer mug	*tarro cervecero*
bottle opener	*destapador*
bread basket	*canasta para pan*
bread plate	*plato de pan*
butter dish	*mantequillero*
can opener	*abrelatas*
candlestick	*candelero*
cheeseboard	*platón de quesos*
china [tsʰɑinə]	*porcelana*
cocktail shaker	*cubilete doble, coctelera*
coffee pot	*cafetera*
cognac snifter	*copa coñaquera*
cordial glass [ko:rdiəl]	*copa licorera*
corkscrew	*sacacorchos*
crockery	*cerámica*
cream pitcher	*jarra para leche*
crumb scoop [krœm sku:p]	*recogedor de migas*
cup	*taza*
decanter	*jarra*
dessert [dize:rt] plate	*plato de postre*
dessert spoon	*cuchara de postre*
dish warmer	*calentador de platos*
dumbwaiter [dœmweitr]	*consola*
egg cup	*huevera*
fish knife [nɑif]	*cuchillo de pescado*
fish fork	*tenedor de pescado*
fruit bowl	*plato de fruta*
ice bucket	*hielera*
knife rest	*porta cuchillo*
knife sharpener	*afilador*
ladle [leidl]	*cucharón*
lemon squeezer	*exprimidor de limones*
lobster pick	*tenedor de langosta*
marrow scoop, marrow spoon	*cuchara para tuétano*[1]
measuring cup	*taza medidora*

1. En la gastronomía británica, el tuétano de res es un *platillo muy apreciado* (**savoury**).

B5. VOCABULARIO ADICIONAL

Cuchillería, vajilla y cristalería (cont.)

meat plate	*plato extendido*
nutcracker	*cascanueces*
oyster fork [oistr fo:rk]	*tenedor para ostras*
pepper mill	*pimentero*
pie dish	*plato de pastel*
punch cup	*vaso de ponche*
salad bowl	*ensaladera*
salt cellar	*salero*
sauce boat	*salsera*
saucer	*plato para taza*
sideboard [sɑid bo:rd]	*buffet*
silver	*platería*
soup plate	*plato sopero*
soup spoon	*cuchara sopera*
soup tureen [təri:n]	*sopera*
sugar bowl	*azucarera*
sugar tong	*pinzas para azúcar*
stemmed glass	*copa*
straw [stro:]	*popote*
table mat	*base de plato, individual*
tablecloth [teiblkloθ]	*mantel*
tall glass	*copa champañera ("flauta" o "tulipán")*
tea ball	*bola para té*
tea caddy	*caja para té*
tea cosy	*cubre tetera*
tea pot	*tetera*
teaspoon	*cuchara para té*
tea strainer	*colador para té*
toast rack	*porta tostadas*
toothpick	*palillo de dientes*
tumbler	*vaso*
wine glass	*copa para vino*

The restaurant

C. EJERCICIOS

I. Imaginar las preguntas que corresponden a las respuestas siguientes (revisar los diálogos y utilizar la expresión ***I'd rather*** en la forma que convenga, y los elementos que aparecen entre paréntesis):

1. I'd rather have it medium rare (steak, rare, medium rare).
2. We'd rather choose from the dessert cart (cheeseboard, dessert cart).
3. We'd rather sit away from it (by the window, away from it).
4. I'd rather not decide on the wine myself (choose yourself, ask the wine waiter's advice).
5. We'd rather wait for the children (order now, wait for the children).

II. Reemplazar el fragmento en cursiva con un imperativo (ver nota 3 del diálogo A1):

1. *He wants to do* the ordering.
2. *We want to try* duck in wine sauce.
3. *She wants to ask* the wine waiter for advice.
4. *They want to have* a look at the wine list first.
5. *We want to order* now.

III. Traducir (revisar los diálogos y las frases modelo):

1. *No me gusta el oporto, ¿y si tomamos una copa de jerez?*
2. *Esta mesa es para cuatro, pero puede ocupar la más pequeña que está junto.*
3. *¿Quieren ordenar ahora, o regreso un poco más tarde?*
4. *¿Puedo ayudarle a elegir el queso? El platón está diseñado para que los clientes se sirvan.*
5. *Ambos lados del restaurante ya están reservados.*

9 El restaurante

C. SOLUCIONES

I. Imaginar las preguntas que corresponden a las respuestas:

1. Would you rather have your steak rare or medium rare?
2. Would you rather choose from the cheeseboard or the dessert cart?
3. Would you rather sit by the window or away from it?
4. Would you rather choose the wine yourself or ask the wine waiter's advice?
5. Would you rather order now or wait for the children?

II. Reemplazar el fragmento en cursivas con un imperativo:

1. Let him do the ordering!
2. Let us try duck in wine sauce!
3. Let her ask the wine waiter for advice!
4. Let them have a look at the wine list first!
5. Let us order now!

III. Traducir:

1. I don't like port, what about having a glass of sherry?
2. This table is for four people, but you can have the small one[1] next to it.
3. Would you care to order now or shall I come back later?
4. Can I help you choose your cheese? The cheeseboard is designed for the customers to help[2] themselves.
5. Both sides of the restaurant are already reserved.

tastes - *sabores*

bitter	*amargo*	salty	*salado*
hot	*picante, condimentado*	sour	*agrio, ácido*
peppery	*picante* (sazonado con pimienta)	sweet	*dulce*

1. **one** apoya al adjetivo cuando no queremos repetir el nombre.
2. Observe la oración infinitiva: **for... to...**

An advertisement for a vegetarian restaurant in the US

Publicidad de un restaurante vegetariano en los Estados Unidos

MUD PIE - vegetarian restaurant

est.[1] 1972

Not for vegetarians only!

Come enjoy eating your way around the world with our 8 page menu.

Wine and Beer.

872-9435

2549 Lyndale Ave. So.

5 minutes from downtown Mpls[2]

Some of the items on the menu of a top class New York restaurant

Soups Cream of chicken with sweet corn
Chili bean Mussel and saffron

Appetizers Fresh asparagus spears
Mousse of smoked trout Cooked marinated shrimp

Entrées Sauteed filet of sole Charbroiled strip steak
Baked chicken with lemon and honey sauce

Salad Potato salad
Green bean salad Fresh fruit salad

Desserts Strawberry shortcake
New York style cheesecake Baked Alaska

Fragmento del menú de un restaurante neoyorquino de primera categoría

Sopas *Crema de pollo con elote*
Chícharos con pimiento *Mejillones y azafrán*

Entremeses *Puntas de espárragos frescos*
Mousse de trucha ahumada *Camarones marinados cocidos*

Platillos *Filete de lenguado salteado*
Filete al carbón *Pollo asado con salsa de limón y miel*

Ensaladas *Ensalada de papas*
Ensalada de ejotes *Ensalada de frutas frescas*

Postres *Pastel de fresa*
Pastel de queso al estilo de Nueva York *Omelette noruego*

---

1. **est.**: **established**: *establecido.*
2. **Mpls.**: Minneapolis.

UNIDAD 10

DRINKS, BARS AND PUBS
BEBIDAS, BARES Y PUBS

A • **DIALOGUES** / *DIÁLOGOS*

B • **RECORDS** / *DOCUMENTOS*

B1. **Definitions** - *Definiciones*

B2. **Key sentences** - *Frases modelo*

B3. **Vocabulary** - *Vocabulario*

C • **EXERCISES** / *EJERCICIOS Y SOLUCIONES*

D • **FINAL TIPS**

10 Drinks, bars and pubs

A. DIALOGUES

A1. A drink at the bar of a New Orleans hotel (US)

B. = Bartender **S.** = Sam **D.** = Dave

B. — Good evening, Gentlemen, what will you have?
S. — I want straight bourbon with two ice cubes.
D. — I'd rather have a cocktail myself, what do you suggest?
B. — Why not try a drink that has been a favorite with Southerners for years, Mint Julep?
D. — That's a terrific idea, how do you mix it?
B. — First, I crush fresh mint in sparkling water, then I pack the glass with cracked ice and add bourbon.
D. — OK, we'll have one bourbon and one Mint Julep.
B. — Here you are, Gentlemen, do you want to pay now or shall I charge it to your account?
D. — Please do that, room 402. Cheers, Sam!

A2. A pint at the Anchor (GB)

J. = John **P.** = Peter **PO.** = Pub owner

J. — Let's go into the Anchor, it's one of the most famous of London's riverside pubs[1]...
P. — Those beams do[2] look old! And I like the beer pumps.
J. — Actually, the present building is 18th century, it was rebuilt after the 1666 fire[3].
PO. — Yes, please?
J. — A pint of bitter and a pint of lager and can we have something to eat as well?
PO. — If you want to eat a proper meal, you'll have to[4] go to the restaurant upstairs, we only serve snacks at the bar.
J. — What do you think of a good old ploughman's lunch, Peter?
P. — That will suit me fine.

---

1. El **pub** (**public house**) es el único lugar, fuera de los restaurantes y los bares de los hoteles, donde se puede beber alcohol. Se bebe *cerveza de barril* (**draught beer**). Los *clientes asiduos* (**regulars**) juegan a los *dardos* (**darts**) y al *billar* (**snooker**).
2. Forma de insistencia: el auxiliar en afirmativo permite reforzar la afirmación, ver p. 62, nota 3.
3. Este famoso incendio destruyó gran parte de Londres.
4. **have to** expresa la idea de necesidad en todos los tiempos.

10 Bebidas, bares y pubs

A. DIÁLOGOS

A1. Una copa en el bar de un hotel de Nueva Orleans

B. = Barman **S.** = Sam **D.** = David

B. — Buenas tardes señores, ¿qué quieren beber?
S. — Yo quiero un bourbon[1] seco con dos cubos de hielo.
D. — Yo preferiría un coctel, ¿qué me propone?
B. — ¿Por qué no prueba el Mint Julep[2]?, es uno de los cocteles preferidos por la gente del Sur desde hace años.
D. — Muy buena idea. ¿Cómo lo prepara usted?
B. — Primero machaco la hierbabuena fresca en el agua mineral; después, lleno el vaso de hielo frappé y añado el bourbon.
D. — Muy bien, tomaremos un bourbon y un Mint Julep.
B. — Aquí están sus bebidas, ¿pagan ahora o lo pongo a su cuenta?
D. — Sí, por favor, cuarto 402. ¡Salud, Sam!

A2. Una cerveza en El Ancla

J. = John **P.** = Peter **E.** = Encargado

J. — Vamos a El Ancla, uno de los pubs de la orilla del Támesis más conocidos de Londres...
P. — ¡Las vigas de veras parecen viejas! Y me encantan las bombas de cerveza.
J. — De hecho, la construcción actual es del siglo XVIII. Fue reconstruida después del incendio de 1666.
E. — ¿Qué les sirvo?
J. — Un tarro de negra y uno de clara. ¿También podemos comer algo?
E. — Si quieren una comida en forma, tendrán que ir al restaurante del primer piso. En el bar sólo servimos platillos sencillos.
J. — ¿Se te antoja un almuerzo campesino[3], Peter?
P. — Me parece perfecto.

---

1. Whisky americano de maíz (**corn**). El whisky escocés y el irlandés se obtienen (**to brew**) de la *cebada* (**barley**), y son de *malta pura* (**single malt**) o *mezclas* (**blend**) de alcohol de malta pura y alcoholes de otros granos. En Tennessee, el **whisky** se obtiene del *centeno* (**rye whisky**).
2. Los propietarios de las plantaciones lo bebían por la noche en la terraza de sus mansiones de columnas.
3. Literalmente, *almuerzo de campesino*; comida rápida tradicional de ensalada, queso, pan, *verduras en vinagre* (**pickles**).

Drinks, bars and pubs

B1. DEFINITIONS

• **Wines:** they should be stored in a below ground level cellar; if not, a well insulated room will suffice provided the temperature remains reasonably constant.

The best temperature range for dispensing white wine is between 40°F and 50°F (5°C - 10°C). Light reds such as Beaujolais benefit from being slightly chilled (10°C - 12°C). Medium bodied reds can be served straight from the bottle. Bigger reds all need to breathe and should be poured with the maximum bubbling into a decanter. Experts like red wine between 15°C and 18°C, but customers prefer the prevailing room temperature.

• **Vintage**: the age or year of a particular wine, usually implying one of good or outstanding quality. Used to mean the crop of a vineyard or district in a single season.

• **Wine tasting:** consists of assessing the quality of a wine and determining its origin and age. An expert wine taster first looks at a wine, considering its color and clarity, then smells it, considering its fragrance and bouquet, and finally tastes it.

• **Wine merchant:** a middlemen who buys wine from wine growers and sells it to private customers and restaurants.

• **Beer**: in Britain, 82% of the beer drunk is consumed on license (in a pub or bar licensed to sell alcoholic drinks) and is sold bottled or on draught.

The four types of beer are **lager,** pale, often bottled and imported, **ale,** pale and brewed locally, **bitter** and **stout**. Britain's six big national brewers (Allied, Bass, Courage, Whitbread, Scottish and Newcastle, Grand Metropolitan) control 75% of public houses.

• **Licensing laws: in the US,** the laws concerning alcoholic beverages often differ from state to state. There is a minimum drinking age in all states which ranges from 18 years old to 21 years old. Any bar or restaurant selling or serving alcoholic beverages must be licensed to do so.

In **Great Britain,** alcoholic drinks can only be drunk in establishments "licensed for the sale of alcoholic liquors". In 1987, a new law was passed allowing pubs and hotel bars to stay open from 11 a.m. to 11 p.m.

10 Bebidas, bares y pubs

B1. DEFINICIONES

• **Vinos:** deben almacenarse en una cava, en el subsuelo; si no, una habitación bien aislada será suficiente siempre que la temperatura se mantenga razonablemente constante.

La mejor temperatura para servir el vino blanco es entre 5° y 10°. Los vinos tintos ligeros como el Beaujolais mejoran cuando se sirven ligeramente frescos (10° - 12°). Los vinos tintos sin demasiado cuerpo pueden servirse directamente de la botella. Los grandes vinos tintos[1] necesitan respirar y deben servirse con el máximo de burbujeo en una jarra. Los expertos prefieren beber el vino tinto entre 15° y 18°, pero los clientes lo prefieren a temperatura ambiente.

• **Cosecha:** edad o año de un vino específico; se sobreentiende en general que es un vino de buena o excelente calidad. Antes, este término hacía referencia a la cosecha de un viñedo o de una región en una sola estación.

• **Degustación de vinos:** consiste en evaluar la calidad de un vino y determinar su origen y edad. Un degustador experto primero observa el vino, estudiando su color y su nitidez; después lo huele para estudiar su perfume y bouquet, y por último, lo prueba.

• **Vendedor de vinos:** intermediario que compra vinos a los viticultores y los vende a particulares y restaurantes.

• **Cerveza:** en la Gran Bretaña, el 82% de la cerveza se bebe y consume en establecimientos autorizados para vender bebidas alcohólicas, y se vende embotellada o servida a presión. Hay cuatro tipos de cerveza: *lager*, rubia, muchas veces embotellada y de importación; *ale de fabricación local*, también rubia; *amarga* y *oscura*. Los seis grandes cerveceros británicos (Allied, Bass, Courage, Whitbread, Scottish & Newcastle, Grand Metropolitan) controlan el 75% de los pubs.

• **Leyes sobre el consumo de alcohol:** en los ***Estados Unidos***, las leyes respecto de las bebidas alcohólicas varían de estado a estado. En todos los estados hay una edad mínima para beber alcohol, que varía entre 18 y 21 años. Cualquier bar o restaurante que venda o sirva alcohol debe estar autorizado para ello.

En ***Gran Bretaña***, sólo se pueden consumir bebidas alcohólicas en establecimientos "autorizados para la venta de bebidas alcohólicas". En 1987 se aprobó una nueva ley que permite que los pubs y bares de los hoteles permanezcan abiertos de las 11 a las 23 horas.

---

1. En este caso se trata sólo de los vinos tintos muy jóvenes.

10 Drinks, bars and pubs

B2. FRASES MODELO

1. *¡Me toca la primera ronda!*
2. *¡Fondos!*
3. *¿Qué se te antoja tomar?*
4. *Es cortesía de la casa.*
5. *¿Quiere más hielo en su bebida?*
6. *¿Quiere agua mineral o agua natural para su whisky?*
7. *Tengo una manera personal de preparar este coctel.*
8. *Sólo vendemos cerveza de barril.*
9. *Enséñeme la etiqueta. ¡Ah, es un Burdeos famoso!, yo lo prefiero al Borgoña.*
10. *¿Prefiere beber el mismo vino con toda la comida?*
11. *No conozco ningún rosado seco, ¿y usted?*
12. *¿Recomendaría un vino tinto con el pescado?*
13. *Este vino se lleva muy bien con la caza.*
14. *Sospecho que este vino sabe un poco a corcho.*
15. *Los vinos dulces están de moda otra vez.*
16. *¿Qué diferencia hay entre un Sauternes y un Montbazillac?*
17. *Antes el Sauternes se consideraba como un vino para los postres. Ahora se ofrece frecuentemente con el foie gras.*
18. *Durante mucho tiempo los vinos preferidos eran los secos, como el Chablis.*
19. *Como sus márgenes de utilidad son limitados, pocos viticultores pueden permitirse producir un vino de calidad en esta región.*
20. *Esta marca de cerveza se sirve fría, en botella, y con un pedazo de lima en el gollete.*

10 Bebidas, bares y pubs

B2. KEY SENTENCES

1. The first round's on me!
2. Bottoms up!
3. What do you feel like drinking?
4. This is on the house.
5. Do you want some more ice in your drink?
6. Would you like to have your whisky with soda or plain water?
7. I have a personal way of mixing this cocktail.
8. We only sell beer on draught.
9. Let me have a look at the label! Ah! A well-known claret; personally I prefer claret to Burgundy.
10. Do you prefer to stick to the same wine throughout the meal?
11. I've never heard of good dry rosé, have you?
12. Would you recommend red wine with fish?
13. This wine will do nicely with the venison.
14. I suspect that this wine is slightly corked.
15. Sweet wines are back in fashion.
16. What's the difference between a Sauternes and a Montbazillac?
17. Sauternes used to be considered as a dessert wine. Nowadays, it is often offered with foie gras.
18. For a long time the demand was for dryer wines like Chablis.
19. With limited profit margins, few growers can afford to produce a quality wine in this district.
20. This brand of beer is served chilled in the bottle with a chunk of lime jammed in the neck.

Nombres de vinos

En inglés, los nombres de los vinos llevan *mayúscula* (**capital**) cuando se trata del nombre de una región (ej.: **Beaujolais**) y *minúscula* (**small print**), si se trata de un nombre genérico (ej: **claret**).

10 Drinks, bars and pubs

B3. VOCABULARY

to assess [əses]	*evaluar*
alcoholic [ækə'hɒlic] beverage	*bebida alcohólica*
bar owner (US), publican (GB)	*encargado de pub, patrón*
barley	*cebada*
beam [bi:m]	*viga*
beer [biər]	*cerveza*
to benefit from	*aprovechar algo, tener interés*
bitter	*cerveza amarga*
to bottle	*embotellar*
bottom	*fondo* (de botella)
bouquet	*bouquet*
bourbon [bə:rbən]	*bourbon*
to breathe [bri:đ]	*respirar, aerear* (vino)
brand	*marca*
to brew [bru:]	*fabricar cerveza*
brewer	*cervecero*
bubble	*burbuja*
Burgundy	*Borgoña* (vino)
cellar	*cava*
cheers! [tsʰi:rz]	*¡salud!*
to chill	*enfriar*
chunk	*pedazo*
claret	*Burdeos* (vino)
cocktail [kokteil]	*coctel*
to consume [kənsyu:m]	*consumir*
cork [kork]	*corcho*
corked	*abuchonado, que sabe a corcho*
corn	*maíz* (US), *trigo* (GB)
crop	*cosecha*
dark (US), stout (GB)	*cerveza oscura*
darts [da:rts]	*dardos*
to decant	*decantar*
decanter	*jarra*
to dispense	*servir*
draft (US), draught [drɑ:ft] (GB)	*a presión*
dry	*seco*
fashion	*moda*
fragrance	*perfume*
full-bodied	*con cuerpo*
ice	*hielo*
cracked ice	*hielo frappé*
ice cube	*cubo de hielo*
insulated	*aislado*
to jam	*forzar*
label [leibl]	*etiqueta*
lager [lɑ:gr]	*lager, cerveza rubia*
law [lo:]	*ley*

B3. VOCABULARIO

to license	*autorizar*
licensed (US), on license (GB)	*lugar en el que se puede consumir alcohol*
licensed to sell alcoholic beverages	*autorizado para vender bebidas alcohólicas* (ver licence IV)
lime [lɑim]	*lima*
liquor [likr]	*licor*
corn (US), maize [meiz] (GB)	*maíz*
malt [mo:lt]	*malta*
medium-bodied	*con cierto cuerpo*
mint	*hierbabuena*
middleman	*intermediario*
to mix	*mezclar, hacer* (un coctel)
not licensed (US), off license (GB)	*lugar en el que no se puede adquirir alcohol*
on request	*sobre pedido*
pint [pɑint]	*pinta* (0.57 l)
plain water	*agua natural*
pool (US), snooker (GB)	*billar inglés*
to pour	*servir* (líquido)
prevailing	*predominante*
profit margin	*margen de utilidad*
range	*gama*
to recommend	*recomendar*
regular	*cliente regular*
round	*ronda, convidada*
rye [rɑi]	*centeno*
to sell	*vender*
single malt	*malta pura*
soda water	*agua gaseosa*
Southerner [sœđərnr]	*sureño*
sparkling water	*agua gaseosa*
to store	*almacenar*
straight	*solo* (sin mezcla), *seco*
sweet wine	*vino dulce*
tap (US), beer pump (GB)	*bomba de cerveza*
to taste [teist]	*probar*
vine [vɑin]	*viña*
vineyard [vinyərd]	*viñedo*
vintage [vintidʒ]	*cosecha*
wine [wɑin]	*vino*
wine grower	*viticultor*
wine list	*lista de vinos*
wine merchant	*vendedor de vinos*

C. EJERCICIOS

I. En las oraciones siguientes, remplazar la parte en cursiva con una forma de insistencia (ver nota 2 del diálogo):

1. I *appreciate* chilled white wine *very much.*
2. I *am certain I asked* for a rare steak.
3. This duck *certainly looks* good.
4. We *absolutely recommend* these wine merchants.
5. Decanting *undoubtedly improves* the quality of full-bodied reds.

II. Reemplazar la expresión *to be necessary to* con *have to* (ver nota 4 del diálogo):

1. One of the guests said the wine was corked, was it necessary for me to bring another bottle?
2. Is it necessary to decant the wine before we serve it?
3. It will be necessary for the wine steward to offer a good selection of wines.
4. It will be necessary for the bottle to be opened straight away.
5. It is necessary for the bartender to mix cocktails on request.

III. Traducir (revisar diálogos, documentos y frases modelo):

1. *¿Le parece bien un Borgoña con la carne?*
2. *Este vino es uno de los más famosos del país.*
3. *Tomaré un bourbon seco.*
4. *No puedo permitirme un vino de tan alta calidad.*
5. *Los vinos no deben necesariamente almacenarse en una cava, siempre que la habitación esté bien aislada.*

10 Bebidas, bares y pubs

C. SOLUCIONES

I. Reemplazar la parte que aparece en cursiva con una forma de insistencia:

1. I do appreciate chilled white wine.
2. I did ask for a rare steak.
3. This duck does looks good.
4. We do recommend these wine merchants.
5. Decanting does improve the quality of full-bodied reds.

II. Reemplazar *to be necessary to* con *have to*:

1. One of the guests said the wine was corked, did I have to bring another bottle?
2. Do we have to decant the wine before we serve it?
3. The wine steward will have to offer a good selection of wines.
4. The bottle will have to be opened straight away.
5. The bartender has to mix cocktails on request.

III. Traducir:

1. Will a Burgundy with the meat suit you?
2. This wine is one of the most famous in the country.
3. I'll have a straight bourbon.
4. I can't afford a wine of such a high quality.
5. Wines do not have to be stored in a cellar, provided the room is well-insulated.

■ COCKTAILS

An American favorite: Whisky sour[1]

1 jigger[2] bourbon or rye whisky
1/2 jigger fresh lemon juice - 1 tspn[3] sugar
Shake with cracked ice, strain into glass, add orange slice on rim of glass and cherry. / *Agitar con hielo frappé, servir en un vaso, poner una rebanada de naranja en el borde del vaso, y una cereza.*

A British favorite: Bloody Mary[4]

2 jiggers tomato juice, dash[5] Worchestershire sauce
1 jigger vodka - 1/3 jigger lemon juice
Salt and pepper to taste, shake with cracked ice and strain into 6-oz[6] glass. / *Sal y pimienta al gusto, agitar con hielo frappé y servir en un vaso de 18 cl.*

An anecdote about Californian wines

(heard from an old lady in St Helena, Napa Valley)

"Wanna know the secret of choosing Californian wine? I'll tell ya... A priest told me. He used to make the communion stuff, know more about wine than any of these new guys... What this priest said was, go for the odd years, you can't go wrong... Remember, son, odd years." Actually, priests planted vineyards in the area in the early 19th century. They preserved vineyards there during the Prohibition[7], as they needed wine for their sacraments.

"¿Quieres conocer el secreto para elegir adecuadamente un vino californiano? Voy a decírtelo... un sacerdote me lo dijo. Él fabricaba lo de la comunión, sabía más de vinos que cualquiera de esos tipos nuevos... Oye lo que ese sacerdote decía, escoge los años nones, no te equivocarás... Recuérdalo hijo, los años nones."

En efecto, los monjes plantaron viñedos en la región a principios del siglo XIX, y los conservaron en la época de la prohibición, pues necesitaban vino para los sacramentos.

---

1. **sour** [saur]: *ácido, agrio.*
2. **jigger**: medida de estaño, más o menos 4.5 cl.
3. **tspn**: **teaspoon**: *cucharadita.*
4. "*María la sangrienta*", apodo de la reina María Tudor.
5. **dash**: *chorrito.*
6. **oz**: onza = aproximadamente 3 cl.
7. **prohibition**: periodo durante el cual el consumo de alcohol estuvo reglamentado en los Estados Unidos (1919-1933).

UNIDAD 11

NEW TRENDS IN EATING HABITS AND CATERING

NUEVAS TENDENCIAS EN LA ALIMENTACIÓN Y LA RESTAURACIÓN

A • **DIALOGUE** / *DIÁLOGO*

B • **RECORDS** / *DOCUMENTOS*

B1. **Franchising in the food industry**
El sistema de franquicias en la industria alimentaria

B2. **Eating habits in Great-Britain**
Costumbres alimenticias en Gran Bretaña

B3. **In the US, desserts are the new craze**
En los Estados Unidos, los postres son la nueva locura

B4. **Key sentences** - *Frases modelo*

B5. **Vocabulary** - *Vocabulario*

C • **EXERCISES** / *EJERCICIOS Y SOLUCIONES*

D • **FINAL TIPS**

11 New trends in eating habits

A. DIALOGUE

J. = Journalist **P.** = Greg Pulsen

Interviewing a specialist

Greg Pulsen is the chief executive of a hospitality research center at a well-known American university.

J. — Mr Pulsen, how can you account for the evolution of catering since World War II?

P. — Before World War II, eating out was oriented towards the well-to-do and dominated by hotels and fine restaurants. Since then, the trend has been for more people to eat away from home[1] because they work too far from their homes and also because they have better incomes. So, now, eating out is no longer reserved for a limited few.

J. — This new trend, then, is responsible for the creation of fast food restaurants?

P. — Yes, customers nowadays are much more budget-conscious than they used to be[2] and, as a consequence, a new type of establishment has evolved for people who want to eat quickly and cheaply. These new establishments include hamburger restaurants, pizza parlors, pancake houses and ethnic restaurants, as well as cafés, snack-bars and cafeterias.

The 80s saw the emergence of the so-called "theme restaurant" which specializes in a certain type of food.

J. — Don't you think that such restaurant concepts have limited life spans?

P. — I do, and companies like McDonald's are successful because they are always redefining their product mix, to avoid the customer[3] getting tired of the same food.

J. — Does the fact that an increasing number of women have careers influence our eating habits?

P. — It does in some ways; for example, the demand for[4] convenience food is higher, whether frozen or[5] vacuum-packed from the supermarket, or fresh and taken out from a variety of outlets. Home delivery and takeaways are increasingly popular with[4] modern households.

---

1. Observe la construcción infinitiva: **for... to...**
2. **used to** + infinitivo: indica una situación pasada.
3. **to avoid** + complemento + **ing**: *impedir que.*
4. Observar el uso de las diferentes preposiciones.
5. **whether... or...**: indica una alternativa.

11 Nuevas tendencias en la alimentación

A. DIÁLOGO

P. = Periodista **G.** = Greg Pulsen

Entrevista con un especialista (US)

Greg Pulsen es responsable de un centro de investigación sobre la hotelería en una conocida universidad americana.

P. — Señor Pulsen, ¿cómo explica la evolución de los restaurantes desde la Segunda Guerra Mundial?

G. — Antes de la Segunda Guerra Mundial, las comidas en restaurantes eran para los ricos, y eran el feudo de los hoteles y grandes restaurantes. Desde entonces, cada vez es mayor el número de personas que comen fuera de casa porque trabajan demasiado lejos de ella, y también porque tienen mejores ingresos. Por eso ahora la comida en un restaurante ya no es privilegio de unos cuantos.

P. — Entonces, ¿a esta nueva tendencia se deben los restaurantes de comida rápida?

G. — Sí, ahora a los clientes les preocupa más que antes su presupuesto, y por lo tanto, surgió un nuevo tipo de establecimiento para quienes desean comer rápidamente y a bajo costo. Estos nuevos establecimientos incluyen restaurantes de hamburguesas, pizzerías, creperías y restaurantes típicos, así como cafés, snack-bars y cafeterías.

En los años 80 nacieron los llamados "restaurantes especializados", que sirven sólo cierto tipo de alimentos.

P. — ¿No cree usted que ese tipo de conceptos alimentarios tienen una vida limitada?

G. — Sí, y compañías como McDonald's tienen éxito porque modifican sin cesar su gama de productos para evitar que el consumidor se aburra.

P. — ¿El hecho de que cada vez sea mayor el número de mujeres que trabajan influye en nuestros hábitos de alimentación?

G. — Sí, en cierta medida; por ejemplo, la demanda de alimentos listos para consumirse es mayor, ya sea que se adquieran congelados o al vacío en el supermercado o frescos en muchos puntos de venta. La entrega a domicilio y la venta para llevar son cada vez más apreciadas en los hogares modernos.

B1. Franchising in the food industry

Franchising did not originate in the food-service business but has been a major factor in it since the late 1950s.
The basic franchise formula uses the principles of mass merchandising: low prices, high volume and tight controls.
Franchise companies usually specialize in one particular type of food: hamburgers are still the most widely franchised item.

B2. Eating habits in Great-Britain

Recent polls show that most British people are trying to eat a better diet, the revolution being stronger in middle-class than working-class households.
They have cut down on fatty foods: grilling, steaming and poaching have become much more popular than frying. The consumption of skimmed milk and low-fat margarines is up. They eat more fruit and vegetables and the popularity of red meat has declined. Surveys also reveal that people feel more guilty about eating certain types of food and have lost confidence in the quality of the food they buy.

B3. In the US, desserts are the new craze

In US restaurants, twice as many customers order desserts as ten years ago.
Since desserts are based on inexpensive ingredients and can be prepared in advance, they offer a higher profit percentage. To increase sales, restaurateurs have put the emphasis on decoration and display, placing their desserts on a rolling cart or table near the entrance. American favorites are cheesecake, apple pies, fruit tarts and chocolate everything. Take-away food places and bakeries are also benefiting from this new craze.

B1. El sistema de franquicias en la industria alimentaria

El sistema de franquicias no se originó en los servicios de restaurantes, pero desde finales de los años 50 ha llegado a ser un factor esencial en ellos.
La fórmula básica de las franquicias utiliza los principios de la venta en grandes cantidades: precios bajos, volúmenes importantes, controles estrictos.
Las compañías se especializan en general en un tipo específico de alimentos. Las hamburguesas siguen siendo el artículo más vendido de esta manera.

B2. Los hábitos alimenticios en Gran Bretaña

Sondeos recientes muestran que la mayor parte de los británicos tratan de llevar una dieta más sana, siendo más fuerte la revolución en los hogares de clase media que en los obreros. Se ha reducido el consumo de alimentos grasos; actualmente es más común asar a la parrilla o cocer al vapor, o escalfar, que freír. Se ha incrementado el consumo de leche descremada y de margarinas con pocas grasas. Se comen más frutas y verduras, y la carne roja ya no es tan apreciada. Los estudios muestran también que la gente se siente más culpable por consumir cierto tipo de alimentos y ha perdido la confianza en la calidad de los que adquiere.

B3. En los Estados Unidos, los postres son la nueva locura

En los restaurantes americanos, dos veces más clientes que hace diez años piden postre. Como los postres llevan ingredientes poco costosos y pueden prepararse de antemano, dejan un margen de utilidad mayor. Para incrementar las ventas, los restauranteros dan más importancia a la decoración y la presentación, colocando sus postres en un carrito o mesa cerca de la entrada. Los postres preferidos de los americanos son pastel de queso, pay de manzana, tartas de frutas, y todo lo que lleva chocolate. Los vendedores de alimentos para llevar y las panaderías también sacan provecho de esta nueva moda.

11 New trends in eating habits

B4. FRASES MODELO

1. *La carne de res vuelve a estar de moda.*
2. *En América han vuelto a los alimentos regionales y cocinados en casa.*
3. *Siempre que pueda usar el término "fresco" en su menú, ¡hágalo!*
4. *En los últimos diez años casi se ha duplicado el consumo de camarón.*
5. *La costumbre parece ser el elemento determinante en lo que es probable que los americanos ordenen en un restaurante.*
6. *Uno de cada dos adultos se interesa mucho por las ensaladas.*
7. *Muchos consumidores han reducido la ingestión de sal y azúcar.*
8. *En cuanto al consumo de frutas y verduras, los hombres parecen estar bastante rezagados respecto de las mujeres.*
9. *3% de los británicos son totalmente vegetarianos.*
10. *En los Estados Unidos, más del 30% de los gastos en alimentos son por comidas en restaurantes.*
11. *En Asia, el auge de los restaurantes de comida rápida ha dado lugar a un incremento en el número de niños con exceso de peso.*
12. *Las "zonas de restaurantes" se han convertido en un componente habitual de los nuevos centros comerciales británicos.*
13. *Muchos restaurantes de comida rápida utilizan vajilla desechable.*
14. *La competencia es feroz por las zonas de servicio de las carreteras.*
15. *Los restauranteros invierten millones de dólares para la construcción de nuevas unidades o en la renovación de las que ya existen en las principales carreteras.*
16. *Una tercera parte de los establecimientos de McDonald's son actualmente restaurantes para automovilistas, y se encuentran en las afueras de las ciudades.*
17. *Durante el año pasado, cerca del 80% de los ingleses compraron alimentos para llevar, el 20% cuando menos una vez a la semana.*
18. *En las tiendas inglesas de "fish and chip", el consumidor adquiere un pedazo de pescado y papas fritas en el mostrador.*

11 Nuevas tendencias en la alimentación

B4. KEY SENTENCES

1. Beef is coming back into fashion.
2. In America there is a return to regional and home-cooked food.
3. Whenever you can use the word "fresh" in your menus, use it!
4. The consumption of shrimp has nearly doubled in the past ten years.
5. Familiarity seems to be the key to what Americans are likely to order in restaurants.
6. One out of two adults expresses a strong interest in salad.
7. A lot of consumers have cut down on salt and sugar.
8. As far as fruit and vegetable consumption is concerned, men seem to be lagging well behind women.
9. 3% of the British are fully vegetarians.
10. In the US, more than 30% of food expenses are devoted to eating out.
11. In Asia, the explosion of fast food outlets has been followed by a rise in the number of overweight children.
12. Food areas are becoming a regular feature of Britain's new shopping centers.
13. Many fast food outlets rely on disposable tableware.
14. Competition for highway service areas is fierce.
15. Caterers are investing millions of dollars to build new outlets or upgrade existing ones along major roads.
16. A third of all openings by McDonald's are now drive-thrus, with out of town locations.
17. About 80% of British people used takeaways last year, with 20% using them at least once a week.
18. In British fish and chip shops, the customer buys a piece of fried fish and chips over the counter.

Pasado	**Presente**
formerly - *antes*	nowadays - *en esta época*
in those days - *en esa época*	these days - *en nuestros días*
back in the 70s - *en los años 70*	at the present time - *actualmente*

"Those were the days!" – "*¡Qué días aquellos!*"

11 New trends in eating habits

B5. VOCABULARY

to account for	*dar cuenta de, explicar*
to avoid	*evitar*
to benefit from	*beneficiarse de*
budget-conscious	*consciente de su presupuesto*
calorie intake	*consumo de calorías*
career [kəriər]	*carrera*
competition	*competencia*
complete vegetarian (US), vegan (GB)	*vegetariano*
confidence	*confianza*
consumption	*consumo*
convenience food	*alimentos listos para consumirse*
craze	*locura, moda*
to cut down on	*reducir el consumo de*
demand for	*demanda por*
to develop	*desarrollarse*
diet [daiət]	*dieta*
diet-conscious	*preocupado por su dieta*
display	*presentación*
disposable	*desechable*
drive-thru (US), drive-through (GB)	*restaurante para automovilistas*
to eat out	*comer en un restaurante*
eating habit	*costumbre alimenticia*
emergence	*aparición*
establishment	*establecimiento*
ethnic restaurant	*restaurante típico*
fast food	*comida rápida*
fat	*grasa*
fatty	*graso*
feature	*característica*
fed up with (to be)	*estar harto de*
food area (US), food court (GB)	*zona de restaurantes*
food industry	*industria alimentaria*
franchising	*sistema de franquicias*
frozen	*congelado*
to fry [frai]	*freír*
to grill	*cocer en parrilla*
guilty	*culpable*
highway (US), motorway (GB)	*carretera*
highway (motorway) service station	*zona de servicio en las carreteras*
to have access to	*tener acceso a*
home delivery	*entrega a domicilio*
hospitality	*hospitalidad*
household	*hogar*
income	*ingresos*

11 Nuevas tendencias en la alimentación

B5. VOCABULARIO

increasingly	*cada vez más*
item	*artículo*
to lag behind	*estar rezagado*
life span	*promedio de vida*
to merchandise	*poner en el mercado*
middle class	*clase media*
to originate	*surgir*
on the premises	*en el lugar*
outlet	*punto de venta*
overweight	*peso excesivo*
to poach [pouts^h]	*escalfar*
poll	*sondeo*
popular with	*apreciado por*
product mix	*gama de productos*
profit	*utilidad*
profit-conscious	*preocupado por las utilidades*
research [rise:rts^h]	*investigación*
rolling cart	*mesa rodante*
sale [seil]	*venta*
shopping center, mall (US) shopping development (GB)	*centro comercial*
shrimp	*camarón*
skim (GB: skimmed) milk (US)	*leche descremada*
so called	*llamado, conocido como*
to specialize in	*especializarse en*
to steam	*cocer al vapor*
survey	*estudio, escrutinio*
take-out (US), take-away (GB)	*venta para llevar*
theme [θi:m] restaurant	*restaurante especializado*
trend	*tendencia*
to upgrade	*mejorar*
vacuum-packed (US), vacuum-bagged (GB)	*al vacío*
vegetarian	*vegetariano*
to watch	*supervisar*
well-to-do	*rico*
working class	*clase obrera*
to wrap	*envolver*

11 New trends in eating habits

C. EJERCICIOS

I. Completar las oraciones con *used to* o *to be used to + ing*[1], en la forma negativa o no, y en el tiempo conveniente:

1. Dining out . . . . (be) reserved for the upper classes.
2. I'll have a soft drink, I . . . . (drink).
3. Americans . . . . (eat) in fast food outlets for several decades.
4. Fish and chip shops . . . . (be) popular mostly among the working class.
5. This caterer . . . . (deliver) only to regular customers; now anybody can ask to be delivered at home.

II. Completar con una de las preposiciones siguientes: *with, for, from, in, of*:

1. The demand . . . . .convenience food is rising.
2. Home delivery is popular . . . . working women.
3. The British are increasingly fed up . . . . fried food.
4. The pace of modern life accounts . . . . our new eating habits.
5. Most people eat away . . . . home at lunch time.
6. Ethnic restaurants specialize . . . . exotic dishes.
7. The food industry has benefited . . . . the new trends.
8. This shop offers a wide range . . . . fish.

III. Traducir:

1. *La tendencia actual es que cada vez más personas coman fuera de casa* (oración infinitiva).
2. *Actualmente, los consumidores se preocupan más por su presupuesto y su dieta* (adjetivos compuestos).
3. *Los restaurantes de comida rápida, como las creperías, son una opción frente a los restaurantes de hamburguesas.*
4. *Muchas personas han reducido su consumo de azúcar y sal.*
5. *A uno de cada cuatro adultos le gusta comer una sopa en el restaurante.*

---

1. **used to** + infinitivo expresa una situación pasada al respecto del presente. Sólo se emplea en esta forma.
to be used to + ing puede utilizarse en todos los tiempos, e indica que se tiene la costumbre de hacer algo.

11 Nuevas tendencias en la alimentación

C. SOLUCIONES

I. Completar con *used to* o con *to be used to*:

1. Dining out *used to be* reserved for the upper classes.
2. I'll have a soft drink, *I'm not used to drinking.*
3. Americans *have been used to eating* in fast food outlets for several decades.
4. Fish and chip shops *used to be* popular mostly among the working class.
5. This caterer *used to deliver* only to regular customers; now anybody can ask to be delivered at home.

II. Completar con alguna de las preposiciones propuestas:

1. The demand *for* convenience food is rising.
2. Home delivery is popular *with* working women.
3. The British are increasingly fed up *with* fried food.
4. The pace of modern life accounts *for* our new eating habits.
5. Most people eat away *from* home at lunch time.
6. Ethnic restaurants specialize *in* exotic dishes.
7. The food industry has benefited *from* the new trends.
8. This shop offers a wide range *of* fish.

III. Traducir:

1. The trend is for more people to eat away from home.
2. Consumers these days are more budget-conscious and diet-conscious.
3. Fast-food outlets such as pancake houses provide an alternative to hamburger restaurants.
4. Many people cut down on their consumption of sugar and salt.
5. One out of four adults likes to eat soup in the restaurant.

The "Beefeaters" of the Tower of London

The Tower is, in some parts, the oldest building in London. The "white tower" dates back to 1067 when William, Duke of Normandy, decided to settle in London after his invasion of England. It was mostly used as a prison with such famous prisoners as the Burghers of Calais.

The yeomen of the guard are still dressed in the Tudor[1] uniform, red or blue, according to the circumstances, with a round hat and the initials of the sovereign (ER = Elizabeth Regina) up on their breasts. The reason why they are called "Beefeaters" is still the subject of a controversy. However it may well be because they had the opportunity to eat beef, which was not common diet in those days.

Los "comedores de reses" de la Torre de Londres

La Torre de Londres es, en parte, el edificio más antiguo de Londres. La "torre blanca" data de 1067, fecha en que William, Duque de Normandía, decidió instalarse en Londres después de su invasión de Inglaterra. Se utilizaba sobre todo como prisión, con prisioneros tan famosos como los burgueses de Calais.

Los alabarderos de la guardia real siguen usando el uniforme Tudor, rojo o azul, según las circunstancias, con sombrero redondo y las iniciales de la soberana en el pecho (...). La razón por la que se les llama "comedores de res" aún es motivo de controversia, aunque podría ser porque tenían oportunidad de comer res, que no era un alimento usual en aquella época.

A few traditional sayings about food:

— The world is my oyster.
El mundo me pertenece[2] (oyster - *ostra*)

— Half a loaf is better than no bread.
Más vale pájaro en mano que ciento volando[3] (loaf - *hogaza*)

— What is sauce for the goose is sauce for the gander.
Lo que es bueno para uno es bueno para el otro[4]
(goose - *oca*; gander - *ganso*)

---

1. The Tudors reigned over England from 1485 to 1603. The most famous sovereigns were Henry VIII and Elizabeth I.
2. Literalmente: "*El mundo es mi ostra.*"
3. Literalmente: "*Media hogaza es mejor que ningún pan.*"
4. Literalmente: "*Lo que es salsa para la oca lo es para el ganso.*"

UNIDAD 12

THE KITCHEN
LA COCINA

A • **DIALOGUE** / *DIÁLOGO*

B • **RECORDS** / *DOCUMENTOS*

B1. **Kitchen staff** - *Personal de cocina*

B2. **Kitchen equipment** - *Equipo de cocina*

B3. **Kitchen planning** - *Organización de la cocina*

B4. **Key sentences** - *Frases modelo*

B5. **Vocabulary** - *Vocabulario*

B6. **Additional vocabulary**
Vocabulario adicional

Kitchen utensils and appliances
Utensilios y aparatos de cocina

C • **EXERCISES** / *EJERCICIOS Y SOLUCIONES*

D • **FINAL TIPS**

12

The kitchen

A. DIALOGUE

J. = Journalist **S.** = Pierre Salter

Interviewing a chef

An American journalist is interviewing the chef of one of the most popular restaurants in New York.

J. — Mr Salter, you were born and trained in France. What made you decide to take up a job in the New World?

S. — When I was offered[1] the job of chef, I couldn't speak English, so I decided to stay for a year or two to learn the language. Later on I was given[1] the opportunity to become sole proprietor. I have run the restaurant for 20 years since then[2].

J. — A lot of chefs nowadays are treated like movie stars or artists while you are always in your restaurant cooking.

S. — I'm not interested in traveling and promoting cookbooks. I feel I would be cheating people who come to our restaurant. A few years ago[2], they offered me a lot of money to go on television and advertise a cake mix but I would have felt[3] dishonest about doing it even if it meant making a lot of money. Besides I believe cooks are craftsmen and not artists. We have to be ready twice a day, at noon and 6 o'clock, no matter what.

J. — People have had a lot of trends thrown at them, including American regional cooking. Do you think there is now a revived interest in French basics?

S. — Well, I think there always was interest. Of course there is a certain evolution: I was a little influenced by *cuisine nouvelle* as I am by the current trend in health consciousness. However, I always keep things simple: I wouldn't mix raspberries with herrings and I think the main emphasis should be put on fresh ingredients. I don't believe in creations; cooking took 2,000 years to come to the point where it is.

---

1. Los verbos como **give**, **offer**, **show**, **teach**. etc., tienen dos sujetos pasivos posibles; el más utilizado es el complemento de atribución.
2. **for** y **ago** expresan duración en el tiempo; **since**, un momento preciso (ver notas de los ejercicios).
3. Condicional pasado (**would** + **have** + participio pasado).

12 La cocina

A. DIÁLOGO

P. = Periodista **S.** = Pierre Salter

Entrevista con un chef

Un periodista americano entrevista al chef de uno de los restaurantes más conocidos de Nueva York.

P. — Señor Salter, usted nació en Francia y ahí estudió, ¿por qué se decidió a trabajar en el Nuevo Mundo?

S. — Cuando me ofrecieron este puesto de chef, yo no hablaba inglés, así que decidí quedarme uno o dos años para aprender la lengua. Después tuve la oportunidad de convertirme en el único propietario.
Desde ese día, hace 20 años, dirijo este restaurante.

P. — En la actualidad a muchos chefs se les trata como estrellas de cine o artistas, pero usted está siempre en su restaurante, cocinando.

S. — No me interesa viajar y promover libros de cocina. Tendría la impresión de engañar a quienes vienen a nuestro restaurante. Hace unos años me ofrecieron mucho dinero por hacer televisión y promover un preparado para pastel, pero me hubiera parecido deshonesto hacerlo, aunque hubiera significado ganar mucho dinero. Además, yo pienso que los cocineros son artesanos y no artistas. Tenemos que estar listos dos veces al día, a las 12 y a las 6 de la tarde, sin importar las circunstancias.

P. — A la gente se le tratan de imponer muchas modas, incluyendo la cocina regional norteamericana. ¿Cree que ahora ha renacido el interés por la cocina francesa básica?

S. — Bueno, creo que siempre ha habido interés. Claro que ha habido cierta evolución: yo fui influenciado por la *nueva cocina,* igual que por la tendencia actual a la preocupación por la salud. Sin embargo, siempre soy muy sencillo: nunca mezclaría frambuesas con arenques, y creo que debe subrayarse la importancia de los ingredientes frescos. No creo en las creaciones; fueron necesarios 2000 años para que la cocina llegara a ser lo que es.

12 The kitchen

B. RECORDS

B1. Kitchen staff

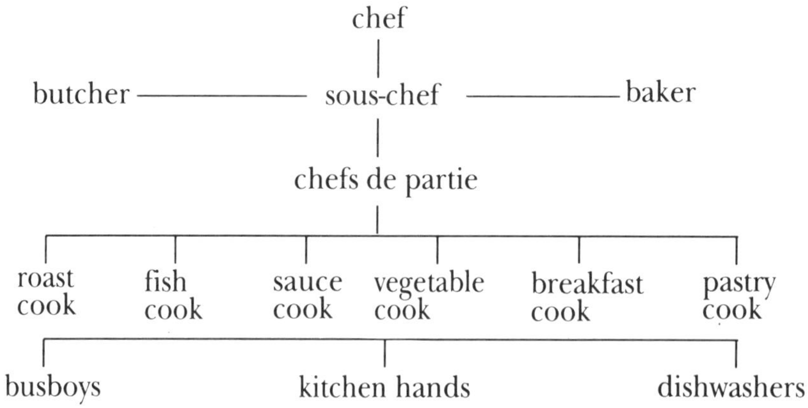

B2. Kitchen equipment

• An average-sized kitchen will include tables and counters where cooks and busboys can work and stoves and ranges on which the actual cooking is done.

• There will be equipment such as machines for peeling, slicing, grinding and mixing. Ovens will be used for baking and ranges for grilling and frying. More sophisticated equipment will include convection ovens, microwave ovens, steam injection ovens, and steam cookers.

• Among kitchen utensils are carving knives, ladles, peelers, can openers, bottle openers, whisks, graters, sieves, strainers, mincers, mixers, saucepans, frying pans, pots, lids, deep fryers, kettles, dishes, grill racks, grates, griddles, carving boards. There may be a pantry, a larder, with refrigerators and freezers, a vegetable preparation area and a washing up area with dishwashers and bins.

B3. Kitchen planning (ver página 291)

The kitchen must be adjacent to the dining room and convenient for delivery from back door to store to kitchen. The vegetable store, storeroom and dry stores should face east or north.
Floors must be hard-wearing, easy to clean, non slippery and non absorbent to grease. Hoods should be fixed exactly over the equipment area so that staff are not working in a pocket of hot air.

12

La cocina

B. DOCUMENTOS

B1. Personal de cocina

chef

carnicero — segundo chef — panadero

chefs de sección

rosticero | pescadero | salsero | legumbrero | cafetero | pastelero

dependientes | ayudantes de cocina | lavaplatos

B2. Equipo de cocina

• Una cocina mediana incluirá mesas y puestos de trabajo donde puedan trabajar cocineros y dependientes, además de las estufas y los hornos donde se guisa.

• También habrá instrumentos como peladoras, cortadoras, molinos y mezcladoras. Los hornos se utilizarán para cocer y las parrillas para asar y freír. Los equipos más elaborados incluirán hornos de convección y de microondas, hornos y calderas de vapor.

• Entre los utensilios de cocina encontramos cuchillos para cortar, cucharones, cuchillos peladores, abrelatas, exprimidores de limones, batidores, ralladores, tamiz, coladores, tablas de picar, mezcladoras, cacerolas, sartenes, marmitas, tapaderas, freidoras, hervidores, platos, parrillas, asadores, planchas para cocinar, tablas para cortar. Puede haber antecocina y despensa con refrigeradores y congeladores, zona de preparación de verduras y zona de lavado con lavavajillas y cubos de basura.

B3. Organización de la cocina

La cocina debe estar contigua al comedor y prevista de tal manera que los productos que se entregan por la parte trasera lleguen fácilmente a la despensa y la cocina. La legumbrera, la alacena y la despensa de abarrotes deben estar orientados al oriente o al norte. Los pisos deben ser resistentes, fáciles de limpiar y antiderrapantes, y no absorber la grasa. Las campanas deben cubrir exactamente el área de cocimiento para que el personal no trabaje en un lugar demasiado caliente.

The kitchen

B4. FRASES MODELO

1. *¡Necesito un sirloin, término medio!*
2. *¡Lo preparo!*
3. *¡Voy con caliente!*
4. *¡Sale!*
5. *¡Lista la orden!*
6. *¡Llévatela!*
7. *Los platillos de pescado deben llevar limón.*
8. *Los pescados se deshuesan frente al cliente.*
9. *Necesito más perejil picado y cebolla en cubos.*
10. *Precaliente el horno 10 minutos antes de colocar el platillo.*
11. *Es necesario descongelar el congelador.*
12. *Necesito que alguien descargue el lavavajillas de inmediato.*
13. *En una cocina bien diseñada es indispensable que productos y platillos se desplacen rápidamente y con toda seguridad en un circuito que sea lo más corto posible.*
14. *En la medida de lo posible, la cocción y la preparación deben estar separadas.*
15. *La humedad excesiva en una cocina reduce la energía del personal, daña la decoración y hace que los pisos estén resbalosos y peligrosos.*
16. *Las cámaras frías proporcionan más espacio, y con menos esquinas y recovecos, son más fáciles de limpiar.*
17. *Para poder atender hasta 350 personas en el restaurante y los salones de banquetes, el personal se incrementó de 16 a 42 miembros.*
18. *Las rosticerías, donde buena parte de los alimentos se hace en público, tuvieron mucho éxito en los años 70, pero aún siguen siendo del gusto del público.*
19. *En las pizzerías es posible ver cómo el chef manipula la masa para la pizza cerca del horno.*
20. *Los chefs japoneses especializados en sushi están a la vista de los clientes que quieran verlos partir hábilmente el pescado crudo.*

12

La cocina

B4. KEY SENTENCES

1. I need one sirloin, medium!
2. On the fire!
3. Get out!
4. Nothing before! / Rush!
5. Your order is up!
6. Pick up!
7. Fish dishes should be garnished with lemon.
8. The fish will be boned in front of the guests.
9. I need more chopped parsley and diced onions.
10. Preheat the oven ten minutes before you place the dish inside.
11. The freezer needs defrosting.
12. I need someone to unload the dishwasher at once.
13. The essence of any kitchen layout is the ability to move materials and meals quickly and safely along the shortest possible route.
14. Cooking and preparation should be kept separate as far as possible.
15. Excessive moisture in a kitchen saps staff energy, damages decor and makes floors slippery and dangerous.
16. Walk-in refrigerators provide more space and, with fewer nooks and crannies, are easier to clean.
17. To cope with the restaurants plus banqueting for up to 350, the staff has grown from 16 to 42.
18. Carveries, with much of the cooking on display, boomed in the 70s but are still going strong.
19. In pizzerias, chefs can be seen throwing pizza dough near the oven.
20. Japanese sushi chefs stand in view of customers who want to see them skilfully slicing raw fish.

12 The kitchen

B5. VOCABULARY

to bake [beik]	*hornear*
baker	*panadero*
basics	*técnicas de base*
to bone	*deshuesar el pescado*
bottle opener	*destapador de botellas*
bratt pan	*marmita fija*
breakfast cook	*cafetero*
broth	*caldo*
busboy (US), commis (GB)	*dependiente*
butcher	*carnicero*
can (GB : tin) opener	*abrelatas*
to cheat [ts^{h}i:t]	*engañar*
chef [s^{h}ef]	*chef*
to chop	*cortar*
convection oven	*horno de convección*
cook	*cocinero*
cookbook	*libro de cocina*
counter	*mostrador*
craftsman	*artesano*
current	*actual*
deep freezer	*congelador*
deep fryer	*freidora*
to defrost (US), to deice (GB)	*descongelar*
delivery	*entrega*
to dice [dɑis]	*cortar en cubos*
dish	*plato*
dishwasher	*lavavajillas*
dough [dou]	*masa para pan*
to fit	*adaptarse*
freezer	*congelador*
to fry [frɑi]	*freír*
frying pan	*sartén para freír*
garbage can (GB: bin)	*cubo de basura*
to garnish	*adornar*
grate [greit]	*asador* (horno)
grater	*rallar*
griddle	*plancha de cocción, plancha*
to grill	*asar*
grill rack	*parrilla*
to grind [grɑind]	*moler*
hard-wearing	*resistente*
herring (US), kippers (GB)	*arenque*
hood [hud]	*campana*
extractor hood	*campana con extractor*
kettle	*hervidor*

12 La cocina

B5. VOCABULARIO

kitchen	*cocina*
kitchen hands	*ayudantes de cocina*
ladle [leidl]	*cucharón*
larder	*despensa*
layout	*disposición*
lid	*tapadera*
material	*producto, material*
microwave oven	*horno de microondas*
mincer	*picadora*
to mix	*mezclar*
moisture	*humedad*
mop	*jerga, trapeador*
onion	*cebolla*
oven [œvn]	*horno*
pantry	*antecocina*
parsley	*perejil*
pastry cook	*pastelero*
to peel [pi:l]	*pelar*
peeler	*cuchillo pelador*
pot	*marmita*
proprietor	*propietario*
to preheat	*precalentar*
range	*hornilla*
raspberry	*frambuesa*
refrigerator, fridge	*refrigerador*
roast cook	*rosticero*
sauce cook	*salsero*
saucepan	*cacerola*
to shell	*desenvainar* (chícharos)
sieve [si:v]	*tamiz*
sirloin	*sirloin*
skilful	*hábil*
to slice	*rebanar*
slippery	*resbaloso*
steam cooker	*vaporera*
steam injection oven	*horno de inyección*
store	*almacén*
storeroom (US), dry store (GB)	*despensa de abarrotes*
stove	*estufa*
truffle	*trufa*
to unload	*descargar*
vegetable cook	*legumbrero*
vegetable store	*almacén de verduras*
to wash up	*lavar la vajilla*
whisk	*batidor*

12 The kitchen

B6. VOCABULARIO ESPECIALIZADO

Kitchen utensils and appliances

Utensilios y aparatos de cocina

basting spoon [beistiŋ spu:n]	*cuchara para rociar el asado*
bottle opener	*abridor de botellas*
can (GB: tin) opener	*abrelatas*
carving knife	*cuchillo para picar*
colander	*colador*
cold room	*cámara fría*
convection oven	*horno de convección*
counter	*mostrador, plan de trabajo*
deep freezer	*congelador*
deep fryer	*freidora*
dishwasher	*lavavajillas*
draining board	*escurridor*
dripping pan	*grasera*
Dutch oven (US), bratt pan (GB)	*marmita fija*
filter	*filtro*
freezer	*congelador*
frying pan	*sartén para freír*
garbage can (US), garbage bin (GB)	*cubo de basura*
grate	*parrilla*
grater [greitr]	*rallador*
grill (US), gridiron (GB)	*parrilla*
griddle	*plancha de cocción, plancha*
hood [hud]	*campana*
hotplate	*calentador*
kettle	*hervidor*
knife sharpener	*afilador*
ladle [leidl]	*cucharón*
lid	*tapadera*
microwave oven	*horno de microondas*
mincer	*picador*
mixer	*batidora, licuadora*
nozzle [nozl]	*duya*
oven [œvn]	*horno*
pan	*cacerola*
pastry (GB: forcing) bag	*duya*
pastry trimmer	*cortador de pastelería*
peeler	*cuchillo pelador*

Utensilios y aparatos de cocina (cont.)

plate warmer	*calentador de platos*
pointed strainer	*colador*
pot	*marmita*
pail [peil]	*balde*
rack	*rejilla*
range	*horno*
refrigerator [rifridʒəreitr]	*refrigerador*
rolling pin	*rodillo de pastelería*
round strainer	*colador fino*
service hatch	*compuerta de servicio*
sieve [si:v]	*tamiz*
sink	*fregadero*
steam cooker	*vaporera*
steam injection oven	*horno de inyección*
stove	*estufa*
tap (GB)	*llave de agua*
timer [tɑimr]	*minutero*
toaster	*tostador*
waste bag	*bolsa de desperdicios*
whisk	*batidor*

12 The kitchen

C. EJERCICIOS

I. Completar las oraciones con los verbos que aparecen entre paréntesis, en pretérito o present perfect[1]:

1. This floor needs mopping, it (not be mopped) for two days.
2. Since the kitchen was upgraded, much time (be saved) every day.
3. The hotel (spend) $ 1.2 million on new kitchen equipment last year.
4. The present owner (buy) the establishment 10 years ago.
5. Much has been forgotten about the basics of cooking, since nouvelle cuisine (appear).

II. Completar las oraciones con *for, since* o *ago* en el lugar requerido[2]:

1. I have preheated the oven five minutes.
2. I switched on the oven five minutes.
3. I preheated the oven five minutes, before I placed the cake inside.
4. The remodeling of the kitchen, work has been more efficient.
5. We have not used truffles in our cooking the 70s.

III. Traducir tomando en cuenta las indicaciones que aparecen entre paréntesis:

1. *Nací en el Reino Unido y desde entonces, nunca he salido.*
2. *Me ofrecieron el puesto de pastelero en uno de los mejores restaurantes de la ciudad* (pasiva).
3. *La tendencia actual es volver a las técnicas básicas de la cocina francesa.*
4. *Depende del tiempo que vaya a pasar haciéndolo* (how).
5. *Hay que poner énfasis en la frescura de los ingredientes* (pasiva).

---

1. El *pretérito* se utiliza para acciones pasadas; el *present perfect* se utiliza cuando la acción se prolonga hasta el presente.
2. **since** indica el momento en que empezó la acción; **ago** el periodo transcurrido desde que finalizó la acción; **for** la duración de la acción (puede emplearse en cualquier tiempo).

12 La cocina

C. SOLUCIONES

I. Completar las oraciones con los verbos que aparecen entre paréntesis:

1. This floor needs mopping, it has not been mopped for two days.
2. Since the kitchen was upgraded, much time has been saved every day.
3. The hotel spent $ 1.2 million on new kitchen equipment last year.
4. The present owner bought the establishment 10 years ago.
5. Much has been forgotten about the basics of cooking, since nouvelle cuisine appeared.

II. Completar las oraciones con *for*, *since* o *ago*:

1. I have preheated the oven for five minutes.
2. I switched on the oven five minutes ago.
3. I preheated the oven for five minutes before I placed the cake inside.
4. Since the remodeling of the kitchen, work has been more efficient.
5. We have not used truffles in our cooking since the 70s.

III. Traducir:

1. I was born in the United Kingdom and have not left it since then.
2. I was offered a job as a pastry cook in one of the best restaurants in the town.
3. The current trend is to go back to French basics.
4. It depends on how long you are going to spend doing it.
5. The emphasis has to be put on the freshness of the ingredients.

A few sayings - *Algunos proverbios*

— Too many cooks spoil the broth
Demasiados participantes perjudican la obra [1]
— What's cooking?
¿Qué se está maquinando?
— His goose is cooked!
¡Ya verá lo que le espera! [2]
— It's as easy as shelling peas!
¡Tan fácil como decir buenos días! [3]

A "tongue twister" - *Un trabalenguas*

Peter Piper picked a peck of pickled pepper.
A peck of pickled pepper Peter Piper picked;
If Peter Piper pecked a pick of pickled pepper,
Where is the peck of pickled pepper Peter Piper picked?

Peter Piper cogió un pedazo de pimiento en vinagre. Un pedazo de pimiento en vinagre Peter Piper cogió; si Peter Piper cogió un pedazo de pimiento en vinagre, ¿dónde está el pedazo de pimiento en vinagre que Peter Piper cogió?

Now, your turn!...
¡Le toca!...

1. Literalmente: *demasiados cocineros arruinan al caldo.*
2. Literalmente: *su ganso ya se coció.*,
3. Literalmente: *es tan fácil como pelar chícharos.*

UNIDAD 13

FOOD PROCESSING AND COOKING
COCCIÓN Y PREPARACIÓN DE LOS ALIMENTOS

A • **DIALOGUE** / *DIÁLOGO*

B • **RECORDS** / *DOCUMENTOS*

B1. **Definitions** - *Definiciones*

B2. **Key sentences** - *Frases modelo*

B3. **Vocabulary** - *Vocabulario*

C • **EXERCISES** / *EJERCICIOS Y SOLUCIONES*

D • **FINAL TIPS**

13 Food processing and cooking

A. DIALOGUE

J. = Journalist **D.** = John Droog

Interviewing a hospital's manager of catering services (GB)

J. — Mr Droog, the District Health Authority has just invested £ 3 million in the flash-freeze plant based in the hospital. How many meals do you produce a day?

D. — The unit produces 10,000 meals per week. First, the storage area: the bulk storeroom has two deep freezes kept at–18°C, mainly containing meat and fish and three cold rooms, two at 4°C for dairy produce, while the other is maintained at a slightly higher temperature for thawing.
The next area is the preparation area.

J. — I can see the staff are wearing red neckerchiefs.

D. — Yes, this is color coding. The floor is red too, while in the production and the packaging section, the color code is blue; this is part of our stringent hygiene standards. The area is split into four distinct sections: raw meat, raw poultry, raw fish and fresh fruit and vegetables. There is also an area for pastry preparation and a diet bay for special diets. Let's go into the production area, now!

J. — What are those huge containers?

D. — Dutch ovens, used for stews, they can hold 25 gallons. There are also high pressure steamers for vegetables, combination ovens for roasts and pastry and fryers for saute potatoes.

J. — What happens to the food once it is cooked?

D. — Well, it is taken into the packaging department over there. The cooked food is packaged in ovenable boards, the lids are sealed down automatically and labelled for content, stacked into carts and pushed into blast chillers. These machines bring up to 350 lb of food down to 0-3°C in roughly 50 minutes. Food is then stored at 3°C until the day when it is regenerated.

J. — How long can the food be stored?

D. — Storage life should not exceed 5 days including both the day of cooking and the day of consumption. The DHSS[1] guidelines are very strict on this point.

---

1. Siglas en inglés de Departamento de Salud y Seguridad Social (Department of Health and Social Security).

13 Cocción y preparación de los alimentos

A. DIÁLOGO

P. = Periodista **D.** = John Droog

Entrevista con el responsable de los servicios de alimentación de un hospital

P. — Señor Droog, los servicios de salud de la región acaban de invertir tres millones de libras en la nueva unidad de producción refrigerada del hospital. ¿Cuántas comidas preparan al día?

D. — La unidad produce 10 000 comidas por semana. Primero, la zona de almacenamiento: el almacén tiene dos congeladores de –18° en los que se guarda principalmente carne y pescado, y tres cámaras frías, dos a 4° para productos lácteos y una que se mantiene a una temperatura ligeramente superior para la descongelación. La zona siguiente es la de preparación.

P. — Veo que el personal lleva pañuelos rojos.

D. — Sí, es un código. También el piso es rojo, mientras que en los sectores de producción y envoltura, el código es azul. Esto forma parte de nuestras estrictas normas de higiene. La zona se divide en cuatro sectores distintos: carne cruda, aves crudas, pescado crudo, y frutas y verduras frescas. También hay una zona para la preparación de pasteles y una cocina dietética para los regímenes especiales. Pasemos ahora a la zona de producción.

P. — ¿Qué son esos enormes recipientes?

D. — Son marmitas fijas que se utilizan para cocción lenta; pueden contener hasta 100 litros. También hay marmitas de vapor para las verduras; hornos combinados para los asados y la pastelería, y freidoras para las papas salteadas.

P. — ¿Qué pasa con los alimentos ya cocinados?

D. — Pues pasan a la zona de empacado, allá. Los alimentos ya cocinados se empacan en charolas que pueden meterse al horno; las cubiertas se sellan automáticamente y se etiquetan de acuerdo con el contenido; se colocan en carros y pasan a las células de refrigeración rápida. Estos aparatos reducen la temperatura de hasta 170 Kg de alimentos a 0-3°, en 50 minutos. A continuación, los alimentos se conservan a 3° hasta el día en que vuelven a calentarse.

P. — ¿Cuánto tiempo se conservan los alimentos tratados de esa manera?

D. — El tiempo de almacenamiento no deberá exceder cinco días, incluyendo el de congelación y el de consumo. Las normas del Ministerio de Salud son muy estrictas a este respecto.

13 Food processing and cooking

B1. DEFINITIONS

■ Cooking methods

- **Baking:** cooking in an oven. Cakes are baked.
- **Roasting:** Cooking before a fire on a spit or cooking in an oven. Joints of meat are roasted.
- **Grilling:** cooking over a quick fire on a grill. Meats are grilled.
- **Frying:** cooking in fat; in deep fat frying, the food is immersed in the fat; in sauteing, only a little fat is used.
- **Braising:** the meat is first browned in fat, then covered and cooked in a small amount of liquid or its own juice.
- **Stewing:** the meat is cooked slowly in liquid; the food should simmer and not boil.
- **Poaching:** cooking in a liquid just below boiling point; eggs and fish are often poached.
- **Steaming:** cooking in steam; vegetables are often steamed.

■ Preparation techniques

- **Flash-freeze:** the food is cooked, then chilled down to 0-3°C and stored at a low temperature (see dialogue).
- **Vacuum-packing:** food is put in a pouch, the air is drawn out and the bag is heat-sealed; the absence of air eliminates the problems of dehydration and shrinkage. An extension on the method is to replace the removed air with gas.
- **Deep-freezing:** deep-frozen food can be stored for a long time and can be cooked from frozen or defrosted first. It can only be used for a restricted range of dishes as it often alters the texture and taste of the food.
- **Dehydrating:** food is turned into a dry mix. Soups are often dehydrated.
- **Canning:** food is cooked and hermetically sealed in metal containers.
- **Bottling:** a traditional way of preserving fruit in jars.

13 Cocción y preparación de los alimentos

B1. DEFINICIONES

■ Métodos de cocción

• **Hornear**: cocción en horno. Los pasteles se hornean.

• **Rostizar:** cocción en brocheta al fuego o al horno. Las carnes se rostizan.

• **Asar:** cocción a fuego directo sobre una parrilla. Las carnes se asan.

• **Freír:** cocción en un cuerpo graso; cuando se cuece en abundante grasa, los alimentos se sumergen en el cuerpo graso; para saltear se utiliza poca grasa.

• **Cocer a fuego lento:** la carne se dora primero en un cuerpo graso; después se cubre y cuece con poco líquido o en su propio jugo.

• **Estofar:** la carne se cuece lentamente en un poco de líquido. Los alimentos deben cocerse lentamente, no hervir.

• **Escalfar**: cocción en un líquido a punto de ebullición. Con frecuencia, los huevos y el pescado son escalfados.

• **Cocer al vapor**: generalmente las verduras se cuecen al vapor.

■ Técnicas de preparación

• **Congelación previa cocción:** los alimentos se cuecen, se refrigeran a 0-3° y se conservan a baja temperatura (ver diálogo).

• **Al vacío:** los alimentos se envasan en plástico, se extrae el aire y se termosella el paquete. La ausencia de aire elimina los problemas de deshidratación y de pérdida de volumen. Una variante es reemplazar el aire que se extrae con un gas.

• **Congelación profunda:** los alimentos así congelados pueden ser almacenados durante mucho tiempo y pueden ser cocinados congelados o previamente descongelados. Este sistema puede ser usado para una gama restringida de productos, pues frecuentemente altera la textura y el sabor de los alimentos.

• **Deshidratación:** los alimentos se convierten en productos secos. Las sopas deshidratadas son muy comunes.

• **Enlatado:** los alimentos se cuecen y envasan en recipientes metálicos que se cierran herméticamente.

• **Embotellado:** método tradicional de conservación de frutas en tarros.

13 Food processing and cooking

B2. FRASES MODELO

1. *Mezcle el contenido del paquete con agua y vierta en una cacerola.*
2. *Vacíe el contenido en una cacerola y caliéntelo a fuego lento; remueva de cuando en cuando.*
3. *Vacíe el contenido que no haya utilizado, tápelo y guárdelo en lugar fresco.*
4. *En lugar fresco, este paquete se conserva durante 24 horas.*
5. *Una vez que se abre el empaque de aluminio, se pierde el vacío y el paquete se suaviza y puede doblarse.*
6. *Para conservar el máximo de frescura una vez abierto, doble herméticamente la envoltura de aluminio y conserve en lugar fresco.*
7. *Una vez descongelado, no se congele de nuevo y utilícese dentro de las 24 horas siguientes.*
8. *El pescado se limpia y filetea apenas se pesca.*
9. *El salmón fresco se sala en seco, se deja en salazón 12 horas, se enjuaga y se coloca en rejillas para ser ahumado en frío.*
10. *Se estima que los restauranteros gastan 22 millones de dólares al año en sopas instantáneas, la mayoría de las cuales son deshidratadas.*
11. *La refrigeración debe empezar inmediatamente después de la cocció y de que se distribuyan las porciones.*
12. *El grosor de los alimentos no debe ser de más de 5 cm.*
13. *Si la temperatura rebasa los 5°, los alimentos deben ser consumidos en las 12 horas siguientes.*
14. *Si la temperatura rebasa los 10 °, los alimentos deben ser desechados.*
15. *La cocción al vapor garantiza una mejor conservación de los elementos nutritivos y del sabor.*
16. *Todos los artículos deben llevar una etiqueta con la fecha de caducidad.*
17. *El sistema proporciona un empaque hermético, higiénico y fácil de manipular.*
18. *Determine de antemano el tiempo de puesta al vacío y de sellado adecuado para el tipo de alimento.*
19. *Coloque la bolsa que contiene los alimentos en el compartimiento, con la parte abierta sobre la barra selladora.*

B2. KEY SENTENCES

1. Mix the contents of the packet into water and pour into a pan.
2. Empty the contents into a saucepan and heat gently, stirring occasionally.
3. Empty the unused contents, cover and keep cool.
4. This pack will keep fresh for 24 hours if stored in a cool place.
5. Once the foil is cut open, the vacuum is released and the pack becomes soft and pliable.
6. To retain maximum freshness after opening, fold the foil over tightly to seal and store in the refrigerator.
7. When the contents are thawed, do not refreeze; use within 24 hours.
8. The fish is cleaned and filleted as soon as it is caught.
9. Fresh salmon is dry salted, left for 12 hours to cure, rinsed, then put on racks to be cold smoked.
10. Caterers are estimated to spend 22 million dollars a year on ready-made soups, of which most are dehydrated.
11. Chilling should begin as soon as possible after completion of cooking and portioning.
12. Food thickness should not exceed 2 inches.
13. If the temperature exceeds 5°C, food should be consumed within 12 hours.
14. If the temperature exceeds 10°C, the food should be discarded.
15. Steam cooking means better nutrient and taste retention.
16. All items should be labelled with their expiration dates.
17. The system produces an air-tight package which is hygienic and easy to handle.
18. Pre-set vacuum and sealing times to suit the food to be packed.
19. Place the food in pouch into the chamber with the open end located on the sealing bar.

B3. VOCABULARY

to bake [beik]	*hornear*
blast chiller	*célula de refrigeración rápida*
to boil	*hervir*
to braise	*cocer a fuego lento*
bratt pan	*marmita fija*
to brown	*dorar* (carne)
bulk storeroom (US), store (GB)	*despensa*
to can	*enlatar*
cart (US), trolley (GB)	*carro (de servicio)*
to chill	*enfriar*
to chop [tsʰop]	*cortar*
cold room	*cámara fría*
combination oven	*horno combinado*
to consist of	*componerse de*
to consist in (doing)	*consistir en, hacer*
consumption	*consumo*
container	*recipiente*
content	*contenido*
to cure [kyur]	*salar y ahumar*
dairy produce	*productos lácteos*
deep fat	*freír en abundante grasa*
to deep freeze (froze, frozen)	*congelar profundamente*
to defrost	*descongelar*
to dehydrate	*deshidratar*
dehydration	*deshidratación*
diet [dɑiət] bay	*cocina dietética*
to discard	*desechar*
to exceed	*rebasar*
flash-freeze (US), cookchill (GB) unit	*unidad de producción cocción-refrigeración*
food [fu:d]	*alimentos*
food poisoning	*intoxicación por alimentos*
frier	*freidora*
to fry	*freír*
gallon	*3.6 litros* (US), *4.5 litros* (GB)
glaze	*glaseado*
grill (US), gridiron (GB)	*asador*
to grill	*asar*
guidelines	*instrucciones*
to heat seal	*termosellar*
hospital	*hospital*
hygiene standard	*normas de higiene*
instant	*de preparación rápida, instantánea*

jar [dʒɑ:r]	*tarro*
joint [dʒɔint] of meat	*corte de carne*
to label	*etiquetar*
lb (= pound)	*libra* (= 450 g)
leaf	*hoja*
lid	*tapadera*
manufacturer	*fabricante*
to market	*comercializar*
to moisten [moisn]	*humedecer*
neckerchief	*pañuelo (de cuello)*
nutrient	*elemento nutritivo, nutriente*
ovenable boards	*charolas para horno*
packing, packaging	*empacado*
to poach [poutsʰ]	*escalfar*
pouch [pɑutsʰ]	*bolsa*
poultry	*ave de corral*
to produce	*producir*
production unit	*unidad de producción*
to puncture [pœŋktsʰr]	*perforar*
raw [ro:]	*crudo*
to reduce	*reducir*
to regenerate	*volver a temperatura ambiente*
to roast [roust]	*asar*
to salt [so:lt]	*salar*
to saute	*saltear*
to seal [si:l]	*sellar*
to season [si:zn]	*sazonar*
shallot	*chalote*
shrinkage	*reducción, pérdida de volumen*
to simmer	*cocer lentamente, hervir a fuego lento*
to smoke	*ahumar*
spit	*brocheta*
to steam	*cocer al vapor*
steamer	*vaporera*
to stew	*estofar*
storage area	*zona de almacenamiento*
to store	*almacenar*
stock	*caldo* (de salsa)
stringent	*estricto*
to sweat [swet]	*hacer sudar*
to thaw [θo:]	*descongelar*
vacuum [vɑ:kyum] packing	*empacado al vacío*

13 Food processing and cooking

C. EJERCICIOS

I. Transformar las dos oraciones en una sola con el present perfect, simple o progresivo[1]. Utilizar el sujeto entre paréntesis:

1. Chefs use vacuum preparation. They began to use it ten years ago (chefs...).
2. Flash-freezing is used in the UK. It started being used more than ten years ago (flash-freezing...).
3. The water is boiling. It began boiling five minutes ago (the water...).
4. The stew is simmering. It began simmering two hours ago (the stew...).
5. The new product is marketed in Europe. They began it six months ago (the new product...).

II. Transformar las oraciones siguientes con el verbo *to consist in*:

1. In flash-freezing, you cook and then chill the food down to 3°C.
2. In vacuum-packing, you cook and then pack the food in oxygen free pouches.
3. In dehydration, you turn the food into a dry mix.
4. In canning, you seal the food in metal containers.
5. In bottling, you preserve fruit and vegetables in jars.

III. Traducir:

1. *La sociedad acaba de invertir dos millones de dólares en una nueva unidad de producción.*
2. *¿Cuántas comidas preparan a la semana?*
3. *También utilizamos la codificación por colores en la zona de empaque.*
4. *¿Cuánto tiempo lleva sellar la bolsa con todos los ingredientes en su interior?*
5. *Se estima que el empacado al vacío conserva mejor el sabor de los alimentos que la congelación.*

---

1. Para el empleo del present perfect y del pretérito, ver los ejercicios de la unidad 12. Se utilizará el present perfect progresivo, en la voz activa, para cualquier acción que esté realmente en curso.

I. Transformar las dos oraciones en una sola:

1. Chefs have used vacuum preparation for ten years.
2. Flash-freezing has been used in the UK for more than ten years.
3. The water has been boiling for five minutes.
4. The stew has been simmering for two hours.
5. The new product has been marketed in Europe for six months.

II. Transformar las oraciones con *to consist in:*

1. Flash-freezing consists in cooking and then chilling the food down to 3°C.
2. Vacuum-packing consists in cooking and then packing the food in oxygen free pouches.
3. Dehydration consists in turning the food into a dry mix.
4. Canning consists in sealing the food in metal containers.
5. Bottling consists in preserving fruit and vegetables in jars.

III. Traducir:

1. The company has just invested two million[1] dollars in a new production unit.
2. How many meals do you produce a week?
3. We also use color-coding in the packaging department (We use color-coding... too).
4. How long does it take to seal the pouch with all the ingredients inside?
5. Vacuum packing is estimated to preserve the taste of food better than deep freezing.

18-8°C	**8-0°C**	**0-3°C**	**3-6°C**
to deep-freeze *sobrecongelar*	to freeze *congelar*	to chill *refrigerar*	to cool *enfriar*

1. Nunca se pone **million**, **thousand**, **hundred**, etc., en plural, excepto en el caso de **millions of...**

■ A recipe that can be vacuum-packed

Turbot filled with crab and fresh herbs with a red wine sauce

60 g crab meat	20 cl red wine
15 g herbs	5 cl fish stock
2 cl cream	5 cl veal stock
2 cl white wine	60 g spinach, seasoned and sauteed in butter
120 g turbot	
20 g celery, chopped	1 leaf basil
1 shallot, chopped	1 sprig dill
50 g butter	1 leaf tarragon

Combine crab meat with herbs, a little cream and white wine to moisten. Make an incision on side of turbot and fill with crab meat mixture. Place turbot in a cooking pouch without seasoning. Set machine to vacuum 4 and seal at 8. Steam at 75°C for 10-12 minutes. Sweat celery and shallots in a little of the butter, add red wine and reduce to a glaze, add fish stock and veal stock. Reduce, pass and monté with butter. Place spinach on the plate, arrange fish on top. Spoon sauce around the fish. Place fresh herbs on fish.

Rodaballo relleno de cangrejo y finas hierbas en salsa de vino tinto

60 g de carne de cangrejo	*20 cl de vino tino*
15 g de hierbas finas	*5 cl de consomé de pescado*
2 cl de crema	*5 cl de consomé de ternera*
2 cl de vino blanco	*60 g de espinacas sazonadas y salteadas en mantequilla*
120 g de rodaballo	
20 g de apio picado	*1 hoja de albahaca*
1 chalote picado	*1 ramito de eneldo*
50 g de mantequilla	*1 hoja de estragón*

Mezclar el cangrejo con las hierbas finas, un poco de crema y vino blanco para humedecer. Hacer una incisión en un lado del rodaballo y rellenar con la mezcla de carne de cangrejo. Poner el pescado en una bolsa para hornear, sin sazonadores. Poner el aparato de vacío en 4 y sellar en 8. Cocinar al vapor a 75° durante 10 o 12 minutos. Hacer sudar el apio y los chalotes en un poco de mantequilla, agregar el vino tinto y dejar reducir, agregar el consomé de pescado y el de ternera. Reducir, colar y batir con la mantequilla. Poner las espinacas en el plato, colocar el pescado encima. Verter la salsa en torno al pescado y colocar las hierbas finas encima.

UNIDAD 14

HYGIENE AND NUTRITION
HIGIENE Y NUTRICIÓN

14 Hygiene and nutrition

A. DIALOGUE

C. = Chef **B.** = Busboy

Hygiene guidelines

A young busboy has just been recruited and the chef de partie is briefing him on kitchen hygiene.

C. — As you know, food poisoning is a constant worry for caterers and we are very strict here on hygiene standards.

So I'm going to tell you briefly what we expect of our staff, as far as hygiene is concerned. First of all, I hope you are not a cigarette addict[1], as smoking is prohibited in all food preparation areas.

B. — That's a real piece of luck for me, I've just stopped smoking and I find it hard sometimes to refrain from smoking with smokers around.

C. — Then, we ask you to keep your nails short and clean, to wash your hair frequently and to keep it[2] covered when at work. You'll have to wash your hands throughout the working day, before handling food, after handling raw food, after handling refuse, after blowing your nose and after using the toilet.

B. — That goes without saying!

C. — Never scratch your ears, rub your eyes, sniff or sneeze in the kitchen. Never pick your nose. Sore throats and skin infections should be reported so as to prevent germs spreading[3] to others.

B. — Suppose I burn or cut my fingers?

C. — In case of minor injury, we have a first aid box. Robert Jones is in charge of it, he will show you the contents and how to use it. It is essential that you keep cuts and burns covered with a waterproof dressing.

B. — What about clothing?

C. — We provide you with[4] a clean uniform everyday; you should never wear it outside the food premises even if you are just popping over the road to the bank or taking a breath of fresh air. All these measures prevent contamination.

B. — I'll do my best to comply with the regulations, sir.

---

1. **to be addicted to**: *ser adicto a*; ver **drug addict**.
2. **hair**: *cabello, palabra singular;* **hairs**: *pelos.*
3. **to prevent + ing** o **to prevent from + ing**.
4. **to provide someone with**: *proporcionar algo a alguien.*

14 Higiene y nutrición

A. DIÁLOGO

C. = Chef **A.** = Ayudante

Normas de higiene

Un joven ayudante de cocina acaba de ser contratado, y el chef de sección le da instrucciones respecto de la higiene en la cocina.

C. — Como ya sabes, la intoxicación por alimentos es una preocupación constante de los restauranteros, y aquí somos muy estrictos respecto de las normas de higiene.

Así que voy a explicarte brevemente lo que esperamos de nuestro personal en materia de higiene. Primero, espero que no seas adicto al cigarro, pues está prohibido fumar en todos los locales en que se preparan los alimentos.

A — Qué suerte, acabo de dejar de fumar y a veces me cuesta trabajo no hacerlo si hay fumadores cerca de mí.

C. — También te pedimos que traigas las uñas cortas y limpias, que te laves el cabello con frecuencia y te lo cubras mientras trabajas. Tendrás que lavarte las manos durante la jornada de trabajo, antes de manipular alimentos, después de manipular alimentos crudos, después de manipular desechos, después de sonarte, y después de ir al baño.

A. — ¡Ni falta hace que me lo diga!

C. — Nunca te rasques las orejas ni te talles los ojos, ni resoples ni estornudes en la cocina. Nunca te metas los dedos a la nariz. Debes avisar si tienes la garganta irritada o una infección en la piel, para evitar que los microbios sean transmitidos a otros.

A. — ¿Y si me quemo o me corto los dedos?

C. — Para las heridas leves tenemos un botiquín. Robert Jones es el responsable; te enseñará lo que contiene y cómo se usa. Es indispensable que las quemaduras y las cortadas se cubran con material impermeable.

A. — ¿Y la ropa?

C. — Te daremos uniforme limpio todos los días. Cuando lo traigas puesto, no salgas, ni siquiera al banco que está en la otra acera o a tomar un poco de aire. Todas estas medidas impiden la contaminación.

A. — Haré todo lo posible por respetar el reglamento, señor.

B1. Cleaning premises

• Floors need washing everyday with a clean mop, hot water and an appropriate detergent.
• Walls, ceilings and windows need washing with detergent every few weeks.
• Drains and waste disposals need sluicing with disinfectant everyday.
• Ventilation units need to be cleaned every few months to ensure efficiency.
• Areas where garbage is kept should be washed with a disinfectant. If the garbage is stored outside, the area should be hosed down regularly and kept tidy. The lid should always be kept on the garbage cans.

B2. Causes of food poisoning

Bacteria, also known as germs, are to be found in raw food, humans, animals and birds, insects (flies, cockroaches), soil and dust. They are killed by thorough cooking, by heat processing (canning, pasteurization).
The three most common are:
— Salmonella, responsible for 80% of the reported outbreaks.
— Clostridium Perfringens (15%).
— Staphylococcus Aureus (5%).
These germs are microscopic and therefore cannot be seen with the naked eye.

B3. Americans and cholesterol

Following the advice of the US government's National Cholesterol Education Program, Americans have purged their refrigerators of fatty foods, convinced that eating light can prevent heart disease. Food manufacturers are attracting customers by calling their products "Cholesterol free". Unfortunately, heart disease is a hideously complex phenomenon and diet is just one of a panoply of risk factors which also include heredity, smoking, high blood pressure and obesity. Besides, cholesterol is produced naturally in the body and is vital to the functioning of human cells.

14 Higiene y nutrición

B. DOCUMENTOS

B1. Limpieza de los locales

• Los pisos deben ser lavados todos los días con una jerga limpia, agua caliente y un detergente apropiado.

• Los muros, los techos y las ventanas deben ser lavados con detergente cada dos o tres semanas.

• Las tuberías y los trituradores de desperdicios deben ser limpiados con desinfectante todos los días.

• Las unidades de ventilación deben limpiarse cada dos o tres meses para que funcionen bien.

• Los lugares en que se almacenan los desperdicios deben ser desinfectados. Si están en el exterior, deben ser lavados con manguera regularmente y estar bien ordenados. Los cubos de basura deben estar tapados siempre.

B2. Causas de las intoxicaciones con alimentos

Las bacterias, también llamadas microbios, se encuentran en los alimentos crudos, el hombre, los animales y las aves; en los insectos (moscas, cucarachas), en la suciedad y en el polvo. Son destruidas por la cocción minuciosa, por el calor (enlatado, pasteurización).
Las tres bacterias más comunes son:
— Salmonela: responsable del 80% de los casos reportados
— Clostridium perfingens (15%)
— Estafilococo dorado (5%)
Estos gérmenes son microscópicos, y por lo tanto, no pueden verse a simple vista.

B3. Los norteamericanos y el colesterol

Siguiendo los consejos del Programa Nacional de Educación sobre el Colesterol del gobierno norteamericano, los estadounidenses han eliminado de sus refrigeradores los alimentos grasos, convencidos de que la comida ligera puede evitar los padecimientos cardiacos. Los fabricantes de productos alimenticios atraen a sus clientes etiquetando sus productos "sin colesterol". Desgraciadamente, los males cardiacos son un fenómeno complejísimo, y la dieta no es más que uno de los elementos de toda una gama de factores de riesgo, que también incluyen la herencia, el tabaquismo, la presión arterial y la obesidad. Además, el colesterol es producido por el cuerpo de manera natural, y es vital para el funcionamiento de las células humanas.

14 Hygiene and nutrition

B4. FRASES MODELO

1. *Prohibido escupir.*
2. *Prohibido fumar dentro del local.*
3. *Prohibido introducir animales en las áreas de preparación de los alimentos.*
4. *No dejar restos de comida en la cocina durante la noche.*
5. *Eliminar todo resto de comida antes de lavar.*
6. *Si es necesario pulir algún artículo, hacerlo una vez que haya secado.*
7. *Al usar el lavavajillas, seguir las instrucciones del fabricante para el enjuagado previo, el lavado y el enjuagado.*
8. *Las tablas de picar deben ser raspadas después de usarlas.*
9. *Tapar los orificios, pues los roedores, ratas y ratones, pueden introducirse hasta por los espacios más pequeños.*
10. *Cubrir y guardar los alimentos para protegerlos de insectos, moscas, cucarachas, hormigas, etc.*
11. *De ser necesario, pedir ayuda a alguna compañía dedicada al control de pestes.*
12. *Conocido restaurante será demandado por no respetar las normas de higiene.*
13. *En Gran Bretaña, las enfermedades cardiacas provocan una de cada cuatro muertes.*
14. *Siempre que sea posible, utilice aceites vegetales en lugar de grasas animales.*
15. *Si todos fuéramos más cuidadosos podrían evitarse muchas muertes.*
16. *En los expendios de productos dietéticos se puede comprar pan de harina de granos molidos con piedra.*
17. *Los platillos bajos en calorías son diseñados para satisfacer tanto al cliente que se preocupa por su salud, como al que se preocupa por su dieta.*
18. *El consumo de la carne de res se ha reducido en un 13% en los últimos diez años, sobre todo porque a los consumidores les preocupa el exceso de grasa, de colesterol y de calorías.*
19. *Investigadores norteamericanos han descubierto que la somnolencia está relacionada con los regímenes ricos en calorías y pobres en proteínas.*

Higiene y nutrición

B4. KEY SENTENCES

1. No spitting.
2. Smoking is prohibited on the premises.
3. No pets are allowed in food preparation areas.
4. Do not leave food scraps in the food rooms at night.
5. Scrape off any food residue before washing up.
6. If any article requires polishing, this should be done after it has dried.
7. When using the dishwasher, follow the manufacturer's instructions for pre-rinsing, washing and rinsing.
8. Chopping boards should be scraped down at the end of each session.
9. Block up entry points as rodents, mice and rats, can get through even the smallest gap.
10. Cover and store food correctly to protect it from insects, flies, cockroaches, ants, etc.
11. If necessary, seek assistance from a pest control company.
12. The famous restaurant will be prosecuted for breaking hygiene laws.
13. Heart disease causes one in every four deaths in Britain.
14. Use vegetable oils rather than animal fats whenever possible.
15. If everyone took more care, many of the deaths could be prevented.
16. In health-food shops, you can buy bread made from stone ground flour.
17. Low-calorie dishes are designed to suit the health-conscious as well as the diet-conscious patron.
18. Beef consumption has declined by 13% during the past decade, largely because of consumer worries about excess fat, cholesterol and calories.
19. American researchers conducted studies in which they found a link between high carbohydrate, low-protein diets and drowsiness.

14 Hygiene and nutrition

B5. VOCABULARY

addict [ədikt]	*adicto*
allergy	*alergia*
ant [ɑnt]	*hormiga*
asthma	*asma*
bacterium (*pl.* bacteria)	*bacteria*
to ban	*prohibir*
to bite (bit, bit) [bait] one's nails	*comerse las uñas*
to blow (blew, blown) one's nose	*sonarse*
blood [blœd] pressure	*presión arterial*
to brief	*dar instrucciones*
to burn (burnt, burnt)	*quemar*
calorie	*caloría*
carbohydrate [kɑrbouhɑidrət]	*carbohidrato*
cell	*célula*
chopping board	*tabla de picar*
clean	*limpio*
cockroach [kokroutsʰ]	*cucaracha*
contents	*contenido*
to cut (cut, cut)	*cortar*
disinfectant [disinfektənt]	*desinfectante*
detergent [ditərdʒənt]	*detergente*
diet [dɑiət]	*dieta*
drain	*drenaje*
dressing	*vendaje*
drowsiness [drɑuzinəs]	*somnolencia*
dust	*polvo*
ear [iə]	*oreja*
fatty	*graso*
first-aid box	*botiquín*
floor	*piso*
fly	*mosca*
food poisoning	*intoxicación con alimentos*
garbage can	*cubo de basura*
germ [dʒe:rm]	*microbio*
guidelines	*normas, instrucciones*
hair [heər]	*cabello*
hairs	*pelos*
to handle	*manipular*
heart [hɑrt] disease	*padecimiento cardiaco*
health	*salud*
health food	*productos dietéticos*
hives [hɑivz]	*urticaria*
hose	*manguera*

B5. VOCABULARIO

to hose down	*lavar con manguera*
hygiene [haidʒi:n]	*higiene*
immune system	*sistema inmunológico*
injury [indʒəri]	*herida*
lid	*tapadera*
measure [meʒər]	*medida*
mop	*jerga, trapeador*
mouse (*pl.* mice)	*ratón*
nail	*uña*
obesity	*obesidad*
outbreak	*erupción, caso* (enfermedad)
pest	*parásitos, plaga*
pet	*mascota familiar*
to pick one's nose	*meterse los dedos en la nariz*
to polish	*pulir*
premises	*local*
to prevent	*impedir, evitar*
protein	*proteína*
to provide	*proporcionar*
rat [rat]	*rata*
raw [ro:]	*crudo*
to refrain from	*abstenerse de*
refuse [refyu:s]	*desechos*
regulation	*reglamento*
to report	*reportar*
rodent	*roedor*
to rub	*frotar*
scrap	*restos*
to scrape [skreip] off	*rascar* (con una espátula)
to scratch	*rascar* (con los dedos)
skin infection	*infección en la piel*
to sluice [slu:s]	*lavar con mucha agua*
to sneeze [sni:z]	*estornudar*
to sniff	*resoplar*
soil	*suciedad, mugre; suelo*
sore throat [θrout]	*garganta irritada*
to spit (spit, spit)	*escupir*
to spread (spread, spread) [spred]	*difundir, difundirse*
stone-ground (to grind, ground, ground)	*molido en un molino de piedra*
tidy	*ordenado*
to wash up	*lavar la vajilla*
waste disposal	*triturador de desechos*
waterproof	*impermeable*

14 Hygiene and nutrition

C. EJERCICIOS

I. Expresar las prohibiciones correspondientes con ***never*** (ej.: ***never answer back!***):

1. You mustn't bite your nails!
2. You mustn't pick your nose!
3. You mustn't scratch your ears!
4. You mustn't blow your nose!
5. You mustn't smoke in the kitchen!

II. Completar las oraciones siguientes con los elementos que aparecen entre paréntesis. Atención a la construcción del verbo (ver diálogo):

1. The firm... (its employees / working clothes / to provide).
2. Strict hygiene... (contamination / to spread / to prevent).
3. Any restaurant must... (hygiene regulations / to comply).
4. The catering manager will tell you who... (special diets / to be in charge of).
5. In public areas, everyone should... (to smoke / to refrain).

III. Traducir:

1. *La ley prohíbe la presencia de mascotas en los locales de preparación de los alimentos.*
2. *Tienes el cabello demasiado largo, van a tener que cortártelo.*
3. *Hacemos cuanto podemos para evitar la propagación de los microbios.*
4. *Los inspectores descubrieron que una de cada cinco cocinas no respetaba los reglamentos de higiene.*
5. *El consumo de pan se redujo de manera espectacular en los últimos diez años.*

Prohibiciones

No admittance!	*¡Prohibida la entrada!*
No litter!	*¡Prohibido tirar basura!*
No smoking!	*¡Prohibido fumar!*
No dogs allowed	*¡Prohibido introducir perros!*
Parking prohibited	*¡Prohibido estacionarse!*

14 Higiene y nutrición

C. SOLUCIONES

I. Expresar las prohibiciones:

1. Never bite your nails!
2. Never pick your nose!
3. Never scratch your ears!
4. Never blow your nose!
5. Never smoke in the kitchen!

II. Completar con los elementos que aparecen entre paréntesis:

1. The firm provides its employees with working clothes.
2. Strict hygiene prevents contamination from spreading.
3. Any restaurant must comply with hygiene regulations.
4. The catering manager will tell you who is in charge of special diets.
5. In public areas, everyone should refrain from smoking.

III. Traducir:

1. The law bans pets[1] from food preparation areas.
2. Your hair is too long, you will have to have it cut[2].
3. We do our best to prevent germs[1] from spreading.
4. The inspectors[1] found out that one in five kitchens did not comply with hygiene regulations.
5. The consumption of bread has fallen dramatically in the past ten years.

---

1. Cuando se trata de una categoría (mascotas, microbios...), no se utiliza el artículo **the**. Cuando se trata de elementos bien definidos (los inspectores que hicieron la investigación y no todos los inspectores de higiene), sí se utiliza.
2. *mandar hacer* : **have** + participio pasado (cuando el complemento sufre la acción, en este caso, el cabello es cortado; **to cut**, **cut**, **cut**).

■ **Safety with**

LIFTING and CARRYING

Lifting goods that are too heavy or lifting incorrectly can cause injury.

Make sure that you lift and carry correctly by observing the following basic rules.

★ Never attempt to lift a load that is too heavy.
★ Maintain an upright position whenever possible.
★ Always keep a straight back.
★ Distribute the weight evenly.
★ Keep the load near to the body.
★ If necessary, use protective gloves or apron to prevent injury from splinters, nails and other hazards.
★ Make sure that you can see both what you are doing and where you are going.
★ Use special lifting gear when necessary.

If it's Too Big or Too Heavy - GET HELP!

Normas de seguridad para levantar y cargar

Cargar o levantar inadecuadamente objetos demasiado pesados, puede provocar lesiones. Asegúrese de levantarlos y cargarlos adecuadamente y de seguir las normas básicas siguientes:

- *Nunca trate de levantar cargas demasiado pesadas.*
- *Manténgase lo más erguido posible.*
- *Mantenga siempre la espalda recta.*
- *Reparta el peso de manera uniforme.*
- *Mantenga la carga cerca del cuerpo.*
- *De ser necesario, utilice guantes o un delantal protector para evitar lesiones con astillas, clavos, o cualquier otro elemento peligroso.*
- *Asegúrese de que ve tanto lo que hace, como a dónde se dirige.*
- *De ser necesario, utilice equipo especial de carga.*
  Si es demasiado grande o demasiado pesada, ¡pida ayuda!

UNIDAD 15

INDUSTRIAL AND INSTITUTIONAL CATERING
COMEDORES INDUSTRIALES E INSTITUCIONALES

15 Industrial and institutional catering

A. DIALOGUE

I. = Interviewer **R.** = Frances Reynolds

Introducing a new vending system

Frances Reynolds is the catering manager at a famous biscuit-making company.

I. — Mrs Reynolds, you introduced a new vending system in the night catering service for staff two months ago. Now that this testing period is over, do you consider this has been a success?

R. — I can't deny the fact that, initially, night workers objected to what they felt was a "robotization" of their restaurant. After a while, though, they agreed that the new system was a definite improvement over the old one.

I. — What originally made you decide to rethink the night catering service?

R. — Although the company subsidizes its staff catering facilities, the service had been running at a loss and the problem was becoming more acute because of a continuing reduction in[1] the number of people working nights[2]. The alternative would have been to close down the service but this would have been bad for the company's reputation.

I. — Could you describe the new system?

R. — It took me two years' research[3] to finally choose six machines with revolving shelves to dispense meals, snacks and sandwiches, two hot drink units[4] and ten microwave ovens enabling customers to reheat their meals. On the day of service, the flash-frozen food is plated, cling-wrapped and labelled with price, reheating time and sell-by date.

I. — I expect this has greatly reduced the expenses.

R. — Yes, it has been reduced by[1] 40%, thus justifying the initial investment. Two chefs are responsible for[1] food production during the daytime while two workers keep the machines stocked up at night. In addition the system is flexible enough to allow for ever-changing numbers on the night shift.

I. — Thank you for answering my questions and well-done, Mrs Reynolds!

---

1. Observe el uso de las diferentes preposiciones.
2. **to work nights**: significado adverbial.
3. Este posesivo poco usual expresa duración y distancia (ej., **a two miles' walk**).
4. En las palabras compuestas, sólo la última lleva la marca del plural.

15 Comedores industriales e institucionales

A. DIÁLOGO

E. = Entrevistador **R.** = Frances Reynolds

Instalación de un nuevo sistema de distribución automática

Frances Reynolds es la gerente de alimentos de conocida fábrica de galletas.

E. — Sra. Reynolds, hace dos meses que instalaron el nuevo sistema de distribución automática de alimentos para el turno de noche. Ahora que ya terminó la etapa de prueba, ¿piensa que ha sido un éxito?

R. — No puedo negar que en un principio los empleados del turno de noche se opusieron porque lo consideraban una "robotización" del comedor, pero después de cierto tiempo reconocieron que el nuevo sistema era una mejora substancial con respecto al anterior.

E. — ¿Por qué, en un principio, se decidieron a modificar el sistema del comedor de noche?

R. — Si bien la empresa subvenciona el comedor de su personal, el servicio presentaba pérdidas; el problema se acentuaba por la continua reducción del número de personas que trabajan por la noche. La alternativa hubiera sido cancelar el servicio, pero esto hubiera dañado la reputación de la empresa.

E. — ¿Podría describir el nuevo sistema?

R. — Me llevó dos años de investigación decidirme finalmente por seis aparatos de estantes giratorios que distribuyen comidas, bocadillos y sandwiches; dos distribuidores de bebidas calientes y diez hornos de microondas para que los clientes calienten sus alimentos. El día del servicio, los platillos congelados se ponen en platos, se envuelven con un material protector y se etiquetan con el precio, el tiempo de calentamiento y la fecha de caducidad.

E. — Supongo que con esto se redujeron mucho los costos.

R. — Sí, en un 40%, lo cual justifica la inversión inicial. Durante el día, dos cocineros son responsables de preparar los alimentos, y durante la noche, dos trabajadores surten las máquinas. Por otra parte, el sistema es suficientemente flexible como para tomar en consideración los constantes cambios en el número de empleados del turno de noche.

E. — Muchas gracias por responder a mis preguntas, y felicidades, Sra. Reynolds.

B1. Definitions

• **Industrial catering:** Serves industries' employees. Staff restaurants are often run with self-service counters. The food service can be run by the companies themselves or contracted out.

• **Institutional catering:** Dining facilities in schools, colleges, hospitals, hostels and other institutions. To be kept running, some services have had to be subsidized.

• **Commissaries:** Central production kitchens. The objective is to systematize and industrialize the preparation of food aimed at different units. Costs are reduced and quality control increased.

B2. Food at the Bar (GB)

When the Old Bailey, the central criminal court in London, was built in 1907, no provision was made for catering for the public. But in 1972, a new wing was opened which houses the Lord Mayor's and Sheriffs'[1] dining room, where the 19 judges take lunch, the Bar Mess[2] for barristers, and two further restaurants to serve jurors and other "civilian" visitors, such as witnesses and the families of men and women on trial. Contract caterer Ring & Brymer has catered at the Old Bailey for more than 20 years.

Adapted from **Caterer and Hotelkeeper,** October 1987.

B3. Food-service equipment

Seen at a Food-service Exhibition in Las Vegas:
A countertop ice-dispenser. May be filled manually or will accept an ice-maker. For up to 600 lb. of automatic ice production a day. Options include water valve and up to 8 fast-flow beverage valves.

1. El lord Mayor es alcalde de la Ciudad de Londres (City).
La alcaldía incluye, entre otros miembros, a dos jefes de policía (sheriffs), y dependen de ella la policia, las escuelas, los mercados, los puentes, etc.
2. Del antiguo francés *mes* (platillos).

15 Comedores industriales e institucionales

B. DOCUMENTOS

B1. Definiciones

• **Comedores de empresas:** Son para los empleados de las empresas. Estos comedores muchas veces son de autoservicio. Pueden ser administrados por la empresa misma, o por un contratista.

• **Comedores de instituciones:** Servicio de alimentos en escuelas, universidades, hospitales, albergues para jóvenes y otras instituciones. Para que puedan funcionar, algunos deben ser subvencionados.

• **Cocinas centrales:** Su objetivo es sistematizar e industrializar la preparación de alimentos para diferentes unidades. Los costos se reducen y se incrementa el control de calidad.

B2. Alimentación en el Tribunal (GB)

Cuando en 1907 se construyó el Old Bailey[1], tribunal central de lo criminal de Londres, nada fue dispuesto para la alimentación del público; pero en 1972, se construyó una nueva ala que incluye, por una parte, el comedor del Alcalde y de los Sheriffes, que es donde almuerzan los 19 jueces, y por otra, el comedor de la barra para los abogados, y otros dos para los jurados y visitantes "civiles", como testigos y familiares de los detenidos. La compañía Ring & Brymer sirve los alimentos del Old Bailey desde hace más de 20 años.

B3. Equipo para restaurantes

Visto en una exposición de equipo para restaurantes, en Las Vegas: Surtidor de cubos de hielo para mostrador. Se llena manualmente o se le adapta una máquina para fabricar hielo. Para una producción automática de más de 300 Kg de cubos de hielo diarios. Ofrece diferentes opciones, una válvula para agua, y hasta 8 para despacho rápido de bebidas.

1. En la época medieval, el término **bailey** significaba *muro de recinto*; en este caso se trata del recinto de la City.

B4. FRASES MODELO

1. *Los tres cocineros cubren tres turnos diarios.*
2. *Las comidas se sirven al público bajo el sistema de autoservicio.*
3. *Los alimentos deben servirse en carros con calentador.*
4. *Las máquinas distribuidoras funcionan las 24 horas.*
5. *El precio de los alimentos se calcula para que se cubran los costos.*
6. *El volumen de negocios del restaurante se ha incrementado en un 25%.*
7. *En el curso del año se instalará un sistema de cafetería libre.*
8. *Los alimentos que entregan los contratistas se conservan en compartimientos refrigerados.*
9. *El personal prefiere el sistema más individualizado y flexible de buffet, en el que pueden servirse ellos mismos.*
10. *Un buen comedor para el personal puede ser una prestación interesante.*
11. *Los restaurantes de los hospitales han acentuado las actividades lucrativas.*
12. *Con la colaboración de un nutriólogo, el gerente del comedor diseñó un menú con códigos de color para una alimentación sana.*
13. *Los platillos se codifican con cuadros de color que indican los alimentos bajos en sal, en grasas y en azúcares, o ricos en fibra.*
14. *En el barco, un mostrador de servicio une la cámara de oficiales con la cocina principal.*
15. *A los alumnos no les importa hacer cola mientras puedan oir música.*
16. *Hace meses que los contratos con el sector privado son un tema delicado en Gran Bretaña.*
17. *El sector de alimentos de beneficencia está en gran medida a la merced de políticas gubernamentales y del presupuesto de las empresas.*
18. *El sector institucional corre el riesgo de verse afectado por las reducciones de presupuesto impuestas por el gobierno.*
19. *Subestimar la cantidad necesaria restringe la gama de alimentos disponibles, mientras que sobrestimarla es fuente de despilfarro.*
20. *No sirve de nada crecer si no mantiene satisfecho al cliente.*

B4. KEY SENTENCES

1. The three cooks work three shifts a day.
2. The public is catered for on a self-service basis.
3. The food has to be served from heated carts.
4. Vending machines can provide 24-hour service.
5. Food is priced to cover costs.
6. The restaurant's turnover has grown by 25%.
7. A free flow cafeteria arrangement is due to be installed later this year.
8. Meals delivered by contractors are stored in refrigerated compartments.
9. Staff prefer the more personal and flexible buffet service from which they can help themselves.
10. A good staff restaurant can be a valuable fringe benefit.
11. Hospital caterers have put the emphasis on profit-making activities.
12. With the help of a dietician, the catering manager has compiled a color-coded menu for healthy eating.
13. Each dish is marked with colored squares which represent low-salt, low-fat, low-sugar or high-fiber items.
14. On the ship, a serving counter connects the mess to the main gallery.
15. School children don't mind standing in line as long as there is music for them to listen to.
16. In Great Britain, private tendering has been an emotive issue for months.
17. The welfare catering sector is largely at the mercy of government policies and industry's budget.
18. The institutional area is likely to be affected by government spending cutbacks.
19. Underestimating the quantities needed restricts the range of meals available while overstating causes waste.
20. There's no point in expanding if you don't keep your customers happy.

15 Industrial and institutional catering

B5. VOCABULARY

to bite	*morder*
cart (US), trolley (GB)	*carro (de servicio)*
to cater to	*servir alimentos* (o dar servicio) *a*
catering service	*servicio de alimentos*
to chew [tsʰu:]	*masticar*
to clingwrap	*envolver con un material protector*
to close down	*cerrar* (fábrica, restaurante)
commissary	*cocina central*
to contract out	*subcontratar*
contract caterer	*contratista de alimentación*
dietician [dɑietisʰən]	*nutriólogo*
to dispense	*distribuir*
dispenser	*distribuidor*
exhibition	*exposición, feria*
to foster	*fomentar*
fringe benefit	*prestaciones*
gallery	*cocina de barco, de avión*
growth	*aumento, crecimiento*
ice-dispenser	*surtidor de cubos de hielo*
industrial catering	*comedor industrial*
to install [instɑl]	*instalar*
institutional catering	*comedor institucional*
to help oneself	*servirse*
high-fiber	*rico en fibra*
to label [leibl]	*etiquetar*
layer [leir]	*capa*
low-fat	*bajo en grasa*
low-salt	*bajo en sal*
low-sugar	*bajo en azúcar*
to object to	*oponerse a*
to overstate	*sobrevalorar*
plant	*fábrica*
to plate	*colocar en un plato*
profit-making	*con fines de lucro*
to reheat	*recalentar*
to remodel	*renovar, remodelar*
revenue (GB: turnover)	*volumen de negocios*
revolving	*giratorio* (p.ej. estante)
to run at a loss	*funcionar con pérdidas, tener déficit*
schoolchildren	*alumnos, escolares*
self-service counter	*mostrador de autoservicio*
sell-by date	*fecha de caducidad*
shelf (*pl.* shelves)	*estante*

B5. VOCABULARIO

to spill	*tirar*
shift	*turno, equipo de trabajo*
slice	*rebanada*
to slice	*rebanar*
staff	*personal*
to stock up	*surtir*
to subsidize [sœbsidɑiz]	*subsidiar*
supplier	*proveedor*
to tender	*ofrecer* (un contrato)
to underestimate	*subestimar*
vending system	*venta automática*
vending machine	*distribuidor automático*
waste	*despilfarro, desperdicio*
welfare	*beneficencia* (con fines sociales)

Aumento/Disminución

to increase	to decrease
to rise	to fall
to go up	to go down
to grow	

to fall **by** 10%
an increase **in** price
an increase **of** 10%

15 Industrial and institutional catering

C. EJERCICIOS

I. Completar las oraciones en pluperfect progressive con los elementos que aparecen entre paréntesis[1]:

1. When they decided to remodel the staff restaurant, the service (to run at a loss).
2. Since 1970, the same caterer (to cater) for the company.
3. Before they turned to outside contractors, they (to have problems) covering the costs.
4. Before the new act, the government (to subsidize) school catering.
5. Since the robotization of the plant, the number of workers (to fall) steadily.

II. Completar con una de las preposiciones siguientes: *of, in, by*:

1. The company's turnover increased ..... 10% last year.
2. We are expecting a growth ..... 5% next year.
3. The increase ..... the number of workers has forced the management to reconsider its policy.
4. Since we changed suppliers, the costs have fallen ..... 5%.
5. The growth ..... profits will foster new investments.

III. Traducir:

1. *Instalamos un nuevo surtidor de hielo hace dos semanas.*
2. *En un principio el personal se oponía al nuevo sistema.*
3. *Hubiéramos cerrado la fábrica de incrementarse las pérdidas.*
4. *A los alumnos no les importa hacer cola.*
5. *Se sirven comidas al público las 24 horas.*

---

1. Pluperfect progressive: **had** + **been** + verbo + **ing**; en esta frase se traduciría con un imperfecto (transposición a un contexto pasado del present perfect).

15 Comedores industriales e institucionales

C. SOLUCIONES

1. Completar las oraciones con un pluperfect progressive:

1. When they decided to remodel the staff restaurant, the service had been running at a loss.
2. Since 1970, the same caterer has been catering for the company.
3. Before they turned to outside contractors, they had been having problems covering the costs.
4. Before the new act, the government had been subsidizing school catering.
5. Since the robotization of the plant, the number of workers had been falling steadily.

II. Completar con una preposición:

1. The company's turnover increased *by* 10% last year.
2. We are expecting a growth *of* 5% next year.
3. The increase *in* the number of workers has forced the management to reconsider its policy.
4. Since we changed suppliers, the costs have fallen *by* 5%.
5. The growth *in* profits will foster new investments.

III. Traducir:

1. We installed a new ice-dispenser two weeks ago.
2. Originally, the staff objected to the new system.
3. We would have closed the plant down if the losses had increased.
4. Schoolchildren don't mind (don't object to) standing in line.
5. The public is catered for 24 hours a day.

A few sayings - *Algunos refranes*

What you mustn't do - *Lo que no hay que hacer:*

— Bite off more than you can chew.
El que mucho abarca poco aprieta[1].

— Bite the hand that feeds you.
Morder la mano que nos alimenta.

— Cry over spilt milk.
Tapar el pozo después de ahogado el niño [2].

— Spill the beans.
Vender la mecha[3].

What you can't do - *Lo que no puede hacerse:*

— Have your cake and eat it.
Quien da el consejo da el tostón[4].

What's a "sandwich"?

Two slices of bread originally with a layer of sliced meat (usually beef or ham) and later any comestible placed between.

Named after John Montagu, 4th Earl of Sandwich (1718 - 1792), who was so keen on gambling that he refused to stop at meal times. He once spent twenty-four hours at the gambling table with no other food than beef sandwiches.

Dos rebanadas de pan entre las cuales originalmente había una rebanada de carne (en general res o jamón), y más tarde cualquier tipo de alimento.

El nombre viene de John Montagu, 4o. conde de Sandwich (1718-1792), a quien le gustaban tanto los juegos de azar, que se negaba a dejar de jugar a la hora de comer. Una vez se pasó veinticuatro horas a la mesa de juego sin más alimento que sandwiches de carne de res.

---

1. Literalmente: *morder más de lo que se puede masticar.*
2. Literalmente: *llorar por la leche regada.*
3. Literalmente: *tirar los frijoles.*
4. Literalmente: *guardar el pastel y comérselo.*

UNIDAD 16

TRAVEL CATERING
LA ALIMENTACIÓN EN LOS TRANSPORTES

16 Travel catering

A. DIALOGUE

F. = Flight attendant[1] **M.** = Martha **R.** = Ron[2]

In-flight catering

On board a plane en route for LA[3].

F. — Good morning, Ladies and Gentlemen, Captain Pierce and his crew welcome you aboard flight 406 to Los Angeles. Our flight will last 3 hours and 40 minutes and during that time, we will be at your disposal, should you need[4] any help or information. Beverages and a hot meal will be served soon.

M. — Well, I'm glad this is a direct flight. Remember when we flew to Mexico and we had to stop over in Las Vegas? It's such a waste of time[5] and there is nothing to do but sit and wait.

R. — Here comes the stewardess with the refreshments, I'm dying for a drink! What would you like? A whisky and soda, as usual?

M. — Yes, please!

F. — What would you care to drink?

R. — Two whiskies and sodas... Do we have to pay for these?

F. — No, sir, in economy class, alcoholic beverages, except champagne, are complimentary...

R. — Here comes the food, bring your folding tray down, Martha.

M. — This is a nice meal! Steak and hot vegetables, I wonder how they manage to keep all this at the right temperature.

R. — The food is placed in special insulated containers and transported on carts before being loaded aboard the plane's galley.

M. — Very efficient, indeed. Well, let's relax and enjoy our meal!

---

1. Menos "sexista" que **stewardess**.
2. Diminutivo de Ronald. Los norteamericanos prefieren los diminutivos a los nombres completos: **Bill** por **William**, **Jack** por **John**, **etc**.
3. LA [elei]: Los Ángeles.
4. En este caso, **should** es auxiliar de subjuntivo y expresa una hipótesis (en caso de que).
5. Compare el orden de las palabras con el orden español (*una pérdida de tiempo tal*).

16 La alimentación en los transportes

A. DIÁLOGO

S. = Sobrecargo **M.** = Martha **R.** = Ron

Alimentación durante un vuelo

En un vuelo a Los Ángeles.

S. — Buenos días, damas y caballeros. El capitán Pierce y su tripulación les dan la bienvenida a bordo de su vuelo 406 con destino a Los Ángeles. Nuestro vuelo tendrá una duración de 3 h 40 min, y en ese tiempo nosotros estaremos a su disposición si necesitan ayuda o información. En unos minutos les serviremos bebidas y una comida caliente.

M. — Qué bueno que este vuelo es directo. ¿Te acuerdas de cuando fuimos a México y tuvimos que hacer escala en Las Vegas? Se pierde mucho tiempo, y no hay nada que hacer, más que esperar sentado.

R. — Aquí viene la sobrecargo con las bebidas, tengo muchas ganas de tomar algo. ¿Tú qué quieres? ¿Un whisky con soda, como siempre?

M. — Sí, por favor.

S. — ¿Qué quieren tomar?

R. — Dos whiskeys con soda, ¿tenemos que pagarlos?

S. — No señor, en clase turista las bebidas alcohólicas, excepto el Champaña, son de cortesía.

R. — Ya viene la comida. Martha, baja tu mesita.

M. — ¡Qué bueno se ve! Filete y verduras calientes. Me pregunto cómo le hacen para que todo se conserve a buena temperatura.

R. — Ponen la comida en compartimientos aislantes especiales y los llevan en carros antes de ponerlos a bordo de la cocina del avión.

M. — Qué eficientes, de veras. Bueno, pongámonos cómodos, ¡y buen provecho!

16 Travel catering

B. RECORDS

B1. Catering on the trains

British Rail is planning to turn its current catering losses to profit within the next ten years. Its main asset is a new upmarket service called Cuisine 2000. It includes such international fare as halibut fillet in Loire wine and saffron sauce and Viennese sponge crêpe. Thanks to flash-freezing, the food is parcooked before being loaded on board and finishes off in new kitchens with air-convection ovens. As on planes, travelers will soon be able to phone ahead to book a vegetarian or diet meal, giving a credit card number and 24 hours' notice.

B2. Catering on the ferries

On cross Channel ferries, it's a rush against the clock: they have to look after the needs of up to 1,300 people in 75 minutes. There is a lot of speed involved as, after an hour, people get ready to leave and drive off. In the ship's galley, the chief cook and his staff start their working day at 9:30 a.m., so they have less than an hour to prepare for the arrival of the first passengers for the 10:30 sailing. The joints of meat have been defrosted during the previous shift and so, as they get the breakfasts ready for the outward trip, the roasts are cooking for the lunches to be enjoyed on the return journey.

B3. Smoking on board planes

Please do not smoke in the no-smoking sections. For safety reasons, we insist that you refrain from smoking in the aisles and doorways. Smoking in the toilets is strictly forbidden. In smoking sections you may smoke only when seated and when the no-smoking signs are extinguished. Please avoid smoking pipes or cigars so as not to inconvenience your fellow passengers.

B1. La alimentación en los trenes

British Rail planea convertir en ganancias, en un plazo de diez años, las pérdidas que sufre actualmente su servicio de restaurantes. Su principal carta es un nuevo servicio de lujo llamado Cuisine 2000, que ofrece especialidades internacionales, como filete de rodaballo en salsa de vino del Loire y azafrán, y crepa vienesa. Gracias a su programa de cocción-congelación, los platillos se preparan parcialmente antes de ser llevados a bordo, y se terminan en cocinas recientemente equipadas con hornos de convección. Como en los aviones, pronto los viajeros podrán reservar de antemano por teléfono, con su número de tarjeta de crédito y 24 horas de anticipación, un menú vegetariano o dietético.

B2. La alimentación en los transbordadores

En los transbordadores que cruzan el Canal de la Mancha, se trata de una carrera contra reloj: se tienen que atender hasta 1300 personas en 75 minutos. Esto implica movilizarse con gran rapidez, pues al cabo de una hora, todos se preparan para descender en sus vehículos. En la cocina del barco, el cocinero en jefe y su equipo empiezan a trabajar a las 9:30, y tienen menos de una hora para prepararse para la llegada de los primeros pasajeros de la travesía de las 10:30. La carne se descongela en el turno anterior, y así, mientras preparan los desayunos para la ida, la carne se cuece para la comida que se servirá al regreso.

B3. Fumar a bordo de los aviones

Se suplica no fumar en la sección de no-fumadores. Por razones de seguridad, le suplicamos atentamente que no fume en los pasillos ni cerca de las puertas. Está estrictamente prohibido fumar en los baños. En las zonas donde está permitido fumar, sólo podrá hacerlo sentado y mientras los anuncios de "no fumar" estén apagados. Se suplica abstenerse de fumar pipa o puro para no molestar a los demás pasajeros.

B4. FRASES MODELO

1. *Preparen sus pases de abordar.*
2. *Abróchense los cinturones y apaguen sus cigarrillos.*
3. *El avión despegó puntualmente.*
4. *Favor de dirigirse a la zona de entrega de equipajes.*
5. *Por favor, señorita, quisiéramos ordenar unos cocteles.*
6. *Los alimentos se sirven lo más cerca posible de los horarios normales, tomando en cuenta la duración del vuelo y las diferencias de horario.*
7. *Se le servirá un menú especial por cuestiones médicas o religiosas si lo solicitó al hacer su reservación.*
8. *A los niños se les sirve el mismo menú que a los adultos, excepto si al hacer su reservación, usted pidió un menú especial para niños chicos.*
9. *El respaldo de los asientos debe estar en posición vertical al despegar y al aterrizar.*
10. *Aproveche su viaje para adquirir licores, tabaco, relojes, encendedores y perfumes en franquicia aduanera.*
11. *Algunas compañías aéreas ofrecen a sus pasajeros de "business class" un servicio de estacionamiento con choferes en el aeropuerto internacional de Heathrow.*
12. *El comedor principal del barco, localizado en el puente superior, puede atender a los 740 pasajeros al mismo tiempo.*
13. *Antes de que el barco hiciera su viaje inaugural, se preparó una comida y una cena de gala para personajes importantes, supervisadas por un famoso chef.*
14. *En la mayoría de los trenes, ya no se sirven los alimentos en un vagón restaurante, sino en los asientos de los pasajeros.*
15. *La comida se sirve en platos de aluminio dispuestos en una charola.*
16. *Se presentan diferentes ensaladas en un carrito.*
17. *Con el café o con una variedad de tés se sirven chocolates ingleses hechos a mano.*
18. *Muchos de los pasajeros viajan con viáticos.*
19. *A veces, a los clientes les parecen pequeñas las porciones.*

B4. KEY SENTENCES

1. Have your boarding passes ready!
2. Fasten your seat belts and extinguish your cigarettes.
3. The plane took off on schedule.
4. Please proceed to the baggage-claim area!
5. Excuse me, stewardess, we'd like to order cocktails.
6. Meals are served as normally as possible, taking into consideration flying times and time-zone differences.
7. A special diet, required for health or religious reasons, is served if ordered when you book your seat.
8. At meal times, a child enjoys the same food as adults unless a special meal for young children was required when you booked.
9. Seat backs must be in the upright position for all take-offs and landings.
10. Take advantage of your flight to buy spirits, tobacco, watches, lighters and perfumes duty-free.
11. Some airlines offer valet parking to their business class passengers at Heathrow airport.
12. The ship's main dining room on the upper deck can accommodate the 740 passengers at one sitting.
13. Before the ship began its maiden voyage[1], a gala luncheon and dinner for VIPS was prepared under a famous chef's supervision.
14. On most trains, passengers are no longer served in a dining car, but in their seats instead.
15. Food is served in foil dishes presented on trays.
16. A selection of salads is served from a cart.
17. English hand-made chocolates come with coffee or a choice of teas.
18. A large portion of travelers are on expense accounts.
19. Customers occasionally resent the small size of helpings.

---

1. **maiden**: *virginal*; los barcos son de género femenino.

16 Travel catering

B5. VOCABULARY

aboard [əbo:rd]	*a bordo de*
aisle [ɑil]	*corredor, pasillo*
announcement	*anuncio* (por altavoz)
asset	*carta, ventaja*
average	*promedio*
boarding pass	*pase de abordar*
baggage claim	*entrega de equipajes*
compartments	*compartimientos*
complimentary	*gratuito, de cortesía*
crew [kru:]	*tripulación* (barco, avión)
current	*actual*
deck	*puente de una nave*
upper: *superior*	lower: *inferior*
to defrost	*descongelar*
to delay	*retrasar*
diet [dɑiət]	*dieta*
dining car	*vagón restaurante*
doorway	*vano de la puerta, puerta*
efficient	*eficiente*
English Channel [tsʰɑnəl]	*Canal de la Mancha*
expense account	*cuenta de gastos, viáticos*
to extinguish	*extinguir*
fare [feər]	*tarifa, precio del billete*
to fasten [fɑ:sn]	*abrochar*
fellow passengers	*compañeros de viaje*
to finish off	*terminar* (cocción)
flight	*vuelo*
flight attendant	*sobrecargo*
to fly, flew, flown	*volar*
foil [foil]	*papel aluminio*
to forbid, forbade, forbidden	*prohibir*
galley	*cocina* (barco, avión)
halibut	*rodaballo*
helping	*porción*
herring (US), kipper (GB)	*arenque ahumado y salado*
to inconvenience	*incomodar*
insulated	*aislado, isotérmico*
joint [dzoint] of meat	*pedazo de carne para asar*
to land	*aterrizar*
to load	*cargar*
notice	*notificación, plazo*
on board	*a bordo*
on the average	*en promedio*

B5. VOCABULARIO

to overcook	*pasarse de cocido*
to parcook	*cocinarse a medias*
to refrain from	*abstenerse de*
refreshments	*bebidas*
to resent	*contrariarse*
roast	*asado*
route [ru:t]	*trayecto, ruta, itinerario*
to rush	*apresurarse*
safety	*seguridad*
saffron	*azafrán*
to sail	*navegar*
schedule (US: [skedyu:l] GB: [sʰedyu:l]	*horario*
seat belt	*cinturón de seguridad*
seated	*sentado*
seconds [sekəndz]	*segundo plato* (cuando se repite un plato)
speed	*velocidad*
stewardess	*azafata, sobrecargo* (fem.)
to stop over	*hacer escala*
stopover	*escala*
to take advantage of	*aprovechar, sacar provecho de*
to take off	*despegar*
time zone	*huso horario*
to travel	*viajar*
traveler	*viajero*
tray	*charola*
upmarket	*de lujo*
upright position	*posición vertical*
voyage [voyədz]	*viaje por mar, travesía*
waste	*pérdida, desperdicio*

Viajar

a trip	*un viaje* (desplazamiento)
a journey	*un viaje* (tiempo pasado en el transporte)
a voyage	*un viaje por mar*
travels	*los viajes* (se usa sobre todo en plural)
traveling	*los viajes* (actividad de viajar)
have you had a good trip?	*¿tuvo buen viaje?*

Travel catering

C. EJERCICIOS

I. Formular hipótesis reemplazando *suppose* con *should* (ver nota 4 del diálogo):

1. Suppose you need assistance, we are here to help you.
2. Suppose your child requires a special diet, you must request it when booking.
3. Suppose the departure is delayed, you will be informed by an announcement.
4. Suppose you find the helpings too small, you will be offered seconds at no extra cost.
5. Suppose the meat is overcooked, all you have to do is say so.

II. Reemplazar *really* con *such* y adaptar la oración (ver nota 5 del diálogo):

1. Really, it's a waste of time!
2. Really, it's a long flight!
3. Really, Captain Cook is a good pilot!
4. Really, it's a good idea!
5. Really, they gave us good advice!

III. Traducir:

1. *Bienvenido a bordo del vuelo 506 a Nueva York.*
2. *No hay nada que hacer en una escala.*
3. *Me muero de ganas de tomar algo.*
4. *Pronto los pasajeros podrán llamar con anticipación para solicitar un menú dietético.*
5. *Podrá reclinar* (to recline) *su asiento después del despegue del avión.*

16 La alimentación en los transportes

C. SOLUCIONES

I. Formular hipótesis reemplazando *suppose* con *should*:

1. Should you need assistance, we are here to help you.
2. Should your child require a special diet, you must request it when booking.
3. Should the departure be delayed, you will be informed by an announcement.
4. Should you find the helpings too small, you will be offered seconds at no extra cost.
5. Should the meat be overcooked, all you have to do is say so.

II. Reemplazar *really* con *such*:

1. It's such a waste of time!
2. It's such a long flight!
3. Captain Cook is such a good pilot!
4. It's such a good idea!
5. They gave us such good advice!

III. Traducir:

1. Welcome aboard flight 506 to New York!
2. There's nothing to do during a stopover.
3. I'm dying for a drink!
4. Passengers will soon be able to phone ahead to book a diet meal.
5. You may only recline your seat after the plane's takeoff.

16 Travel catering

D. FINAL TIPS

■ An advertisement - *Publicidad*

Tempted by Corsair?
A personal welcome. Your favorite seat by the window. A glass or two of the finest champagne. Before your beautifully served meal from what is fast recognized as one of the greatest cuisines in the world. Accompanied by fine wines from our country's most respected vineyards. It's like your own private restaurant in the air, one you visit every time you travel Navigator Class. With the airline from the country that made traveling fashionable. And the one that knows good food. Tempted?

¿Se le antoja Corsair?
Recepción personalizada. Su sitio preferido junto a la ventanilla. Una o dos copas del mejor champaña. Delante de su comida, espléndidamente servida, proveniente de la que es reconocida como una de las mejores cocinas del mundo. Acompañada con buenos vinos de los viñedos más apreciados de nuestro país. Es como su restaurante personal en el aire. El que frecuenta cada vez que viaja en Clase Navegante. Con la compañía aérea del país que puso de moda los viajes..Y la que sabe de buena cocina. ¿Se le antoja?

■ A quotation - *Una cita*

"This is one of the lessons of travel — that some of the strangest races dwell next door to you at home."

Robert Louis Stevenson[1]

Ésta es una de las lecciones de los viajes — que algunas de las razas más extrañas son vecinas nuestras en casa.

1. Escritor escocés (1850-1894) conocido por sus viajes y los relatos que hizo de ellos, en particular el que hizo por las Cevenas a lomo de mula

UNIDAD 17

PURCHASING AND STORAGE
ADQUISICIONES Y ALMACENAMIENTO

A • **DIALOGUE** / *DIÁLOGO*

B • **RECORDS** / *DOCUMENTOS*

B1. **The buyer** - *El comprador*
B2. **Suppliers** - *Los proveedores*
B3. **Meat purchases** - *Adquisición de carne*
B4. **Key sentences** - *Frases modelo*
B5. **Vocabulary** - *Vocabulario*
B6. **Additional vocabulary** - *Vocabulario adicional*

- **Groceries and spices** - *Abarrotes y especias*
- **Herbs** - *Hierbas aromáticas*
- **Vegetables** - *Verduras*
- **Fruits** - *Frutas*
- **Dairy products** - *Productos lácteos*
- **Poultry and game** - *Aves y caza*
- **Meat cuts and joints** - *Cortes de carne*
- **Fish and shell fish** - *Pescados y mariscos*

C • **EXERCISES** / *EJERCICIOS Y SOLUCIONES*

D • **FINAL TIPS**

17 Purchasing and storage

A. DIALOGUE

I. = Interviewer **C.** = Food & Beverage Manager

Interviewing the food & beverage manager of a big hotel

I. — Mr Downing, you are the food & beverage manager in this hotel, what are you responsible for[1] exactly?

C. — First, I work with the chef; together, we establish and fix portion sizes. I also forecast the number of covers on a weekly basis.

I. — I suppose you also[2] work in close cooperation with the purchasing agent?

C. — Yes, so that he can purchase in the most cost-effective manner, I need to do the costing and precosting of food and to check the profitability of the various products. I supervise the receiving and storing of food as well[2].

I. — Is stock control an important aspect of your job?

C. — It is, but I find the computerized stock-control system that was set up two years ago great help.

I. — To what extent is it an improvement over a manual system?

C. — First, it is time-saving. For example, we have access to a database of suppliers; this enables us to see quickly which suppliers are offering the best discounts at any particular time. Then, it is efficient: it monitors internal stock movements between departments within the hotel and handles stock inventory in all its aspects, from order processing and "goods in" to detailed reports on each of the cost and revenue centers in the hotel.

I. — On the whole, has this system brought about a significant improvement?

C. — Statistics show that computerized stock-control systems are enabling restaurant managers to improve gross food profit by[3] as much as five percentage points.

I. — Indeed!

---

1. A diferencia del español, la preposición se coloca generalmente al final de la pregunta y no antes del interrogativo; esto es válido para todos los verbos con preposición.
2. Para traducir la idea de "también", hay tres vocablos principales: **also**, **too**, **as well**; **also**, como la mayoría de los adverbios, se coloca antes del verbo en un tiempo simple, y entre el auxiliar y el verbo en los tiempos compuestos; **too y as well** se colocan al final de la frase.
3. Ver vocabulario de la unidad 15.

17 Adquisiciones y almacenamiento

A. DIÁLOGO

E. = Entrevistador **C.** = Supervisor de alimentos

Entrevista con el supervisor de alimentos de un gran hotel

E. — Sr. Downing, usted es el supervisor de alimentos de este hotel, ¿cuál es exactamente su responsabilidad?

C. — Primero, trabajo con el chef; juntos establecemos y determinamos el tamaño de las porciones. También pronostico el número de cubiertos cada semana.

E. — Supongo que también trabaja en estrecha relación con el responsable de las adquisiciones.

C. — Sí, para que él pueda trabajar en las mejores condiciones, necesito establecer y evaluar por anticipado el costo de los productos alimenticios, y verificar y establecer la rentabilidad de los diferentes productos. También superviso la recepción y almacenamiento de los mismos.

E. — ¿El control del almacenamiento es un aspecto importante de su trabajo?

C. — Sí, pero el sistema automatizado de control de inventarios que instalamos hace dos años es una gran ayuda.

E. — ¿En qué medida es una ventaja respecto de los sistemas manuales?

C. — Sobre todo, ahorra tiempo. Por ejemplo, tenemos acceso a una base de datos de proveedores; esto nos permite saber rápidamente qué proveedores nos ofrecen los mayores descuentos en un momento dado. Además, es eficiente: controla los movimientos internos de las existencias entre los diferentes servicios del hotel, y todos los aspectos del inventario de existencias, desde el procesamiento de las órdenes y la evaluación de los productos en existencia, hasta la redacción de informes detallados sobre cada una de las partidas de gastos e ingresos del hotel.

E. — ¿Este sistema representa una mejora tangible en general?

C. — Las estadísticas muestran que los sistemas automatizados de control de inventarios permiten que los gerentes de restaurantes incrementen las utilidades brutas de los productos alimentarios hasta en un cinco por ciento.

E. — ¡Notable!

17 Purchasing and storage

B. RECORDS

B1. The buyer (purchasing agent)

Successful purchasing consists in maintaining a balance between quantity, quality and cost. An efficient buyer anticipates delivery problems and preparation time, checks availability, seasonal advantages and disadvantages and allows for price fluctuations. He orders the right items in the right quantities for delivery to the right places at the right time. A key word in buying is "value for money".

B2. Suppliers

The buyer establishes and coordinates all the contacts with suppliers, he checks all buying orders and invoices.
Bulk purchasing means discount prices and can be achieved directly from local suppliers or through a purchasing company. Independently operated hotels have buying services and hotel chains supply subsidiaries.

B3. Meat purchases (ver páginas 278-281)

Considering the cost of meat, the buyer must take particular care when ordering it.
The English language uses different words to differentiate the animal and the meat[1]: **beef** for steer or ox meat, **mutton** for sheep meat, **veal** for calf meat, and **pork** for pig meat.
American/British methods for cutting up a beef carcass differ to a large extent from that of other countries. However, here are a few examples of beef cuts:
prime cuts: sirloin, fillet, rump, wing ribs;
medium cuts: top ribs and back ribs, topside;
coarse cuts: blade-bone, brisket;
offal: kidney, liver, heart, head, ears, tail.

1. Esto data de la época en que se hablaba francés en la corte y entre los nobles, y sajón entre los campesinos. Éstos utilizaban el término sajón para designar al animal y los nobles que consumían la carne utilizaban el término francés.

17 Adquisiciones y almacenamiento

B. DOCUMENTOS

B1. El comprador (responsable de las adquisiciones)

Una política exitosa de compras consiste en mantener un equilibrio entre calidad, cantidad y costos. Un comprador eficiente prevé los problemas de entrega y tiempo de preparación; verifica la disponibilidad, las ventajas y desventajas de cada temporada, y tiene en cuenta las variaciones de los precios. Pide los artículos adecuados, en cantidad adecuada, para que estén en el lugar adecuado en el momento adecuado. Una expresión clave para el comprador es "relación calidad-precio".

B2. Los proveedores

El comprador establece y coordina todos los contactos con los proveedores; verifica todos los pedidos y las facturas. Las adquisiciones por mayoreo significan precios de descuento y se pueden lograr directamente con los distribuidores locales o a través de una central de adquisiciones. Las cadenas voluntarias de hoteles tienen departamentos de compras y las cadenas integradas tienen filiales encargadas del abastecimiento.

B3. Las compras de carne

Considerando el costo de la carne, el comprador debe estar particularmente atento al pedirla.
La lengua inglesa utiliza términos diferentes para distinguir al animal en pie de la carne.
El método americano/británico para destazar la res difiere en gran medida del de otros países. No obstante, veamos algunos ejemplos de cortes de res:
cortes de primera: sirloin, filete, cadera, costillas;
cortes de segunda: entrecote, pierna;
cortes corrientes: espaldilla, pecho;
vísceras: riñones, hígado, corazón, cabeza, orejas, cola.

17 Purchasing and storage

B4. FRASES MODELO

1. *¿Cómo van los negocios?*
2. *¡Los negocios van bien! ¡Los negocios van mal!*
3. *Los buenos compradores buscan una relación entre calidad y precio.*
4. *En estos últimos años las ventas al menudeo no se han incrementado mucho.*
5. *Actualmente, los restauranteros son los principales clientes de las bodegas de venta directa.*
6. *Busque a los proveedores que puedan surtir productos de calidad o que ofrecen las mejores condiciones.*
7. *El mobiliario es lo más difícil de adquirir porque con frecuencia es diseñado para una utilización concreta.*
8. *Cuando se compra el vino a las grandes empresas, no se tiene acceso a los pequeños productores que no producen suficiente.*
9. *Tiene sentido construir una cava, pues los establecimientos necesitan guardar el vino en buenas condiciones.*
10. *Tener una reserva de vino protege contra los aumentos de precios y la escasez inesperada de ciertas cosechas.*
11. *Los botelleros modulares, más que los tradicionales de ladrillo, son la manera más eficiente para almacenar el vino.*
12. *Los botelleros modulares ahorran espacio, y al sacar una, no se mueven todas las botellas.*
13. *Es posible comprar verduras y frutas en la central de abastos, pero al comprar a un mayorista, se ahorra tiempo y gastos de transporte.*
14. *Cuando se compran manzanas, es necesario observar si no están golpeadas, ya que esto hace que la manzana se deteriore rápidamente.*
15. *Las peras se conservan bien en cámara fría, donde pueden subsistir durante meses.*
16. *En el caso del salmón ahumado de cría, el precio del filete entero sin rebanar es ligeramente inferior al del filete prerrebanado vuelto a colocar en la piel.*
17. *Quien compre o acepte un venado cazado ilegalmente, se expone a una multa de hasta 1000 libras.*
18. *El queso debe comprarse en cantidades que puedan consumirse en pocos días.*
19. *Es mejor dejar que el proveedor se encargue de la maduración de aquellos quesos que lo requieran.*

B3. KEY SENTENCES

1. How is business?
2. Business is brisk! Business is slack!
3. Value for money is the aim of all good buyers.
4. The retail market has not seen much growth in the past few years.
5. Caterers are now the top clients of cash-and-carry warehouses.
6. Look for suppliers that can supply superior produce or offer more favorable terms.
7. Furnishings are the most complicated items to purchase because they are often custom-designed.
8. Buying wine from larger companies cuts you off from small growers who don't produce enough.
9. It makes sense to build a cellar because establishments need to keep their wine in good condition.
10. Stocking wine guards against price increases and unexpected shortages of certain vintages.
11. Racks, rather than traditional brick bins, are the most efficient way of storing wine.
12. Racks are space-saving and neat and other bottles are not disturbed when a bottle is removed.
13. Vegetable and fruit can be bought from the central market but buying from a wholesaler saves time and transportation costs.
14. When buying apples, the first thing to look for is bruising, which makes the apple go off quickly.
15. Pears keep well in a cold store, where they will survive for months.
16. For farm-smoked salmon, prices are slightly lower for unsliced whole sides than for presliced sides laid back on the skin.
17. Anyone who receives or buys a deer taken illegally can be fined up to £ 1,000.
18. Cheese should be purchased in amounts which will be used up within a few days.
19. It is best to leave the maturing process, for those cheeses which require it, up to the supplier.

17 Purchasing and storage

B5. VOCABULARY

apple	*manzana*
available [əveiləbl]	*disponible*
back ribs	*entrecote*
beef	*carne de res*
bladebone	*espaldilla*
brisket	*pecho*
to bruise [bru:z]	*golpear, herir*
bulk buying (purchasing)	*compras al mayoreo*
to buy [bɑi]	*comprar*
buyer	*comprador*
calf [kɑlf]	*ternera, becerro*
carcass [kɑ:rkəs]	*res muerta*
cash-and-carry warehouse	*bodega de venta directa*
central market	*central de abastos*
coarse cuts	*cortes corrientes*
to computerize	*computarizar*
to cost	*costear*
custom-designed	*diseñado según un uso concreto*
data base	*base de datos*
deer [diər]	*venado*
to deliver	*entregar*
delivery	*entrega*
discount	*descuento*
ear [iər]	*oreja*
fillet	*filete*
food & beverage manager	*supervisor de alimentos*
fore ribs	*entrecote*
furnishings	*mobiliario*
garbage can (US), refuse bin (GB)	*cubo de basura*
gross profit	*utilidades brutas*
to handle	*manipular, controlar*
heart [hɑ:rt]	*corazón*
head [hed]	*cabeza*
invoice	*factura*
item	*artículo*
kidney	*riñón*
to keep	*conservar*
larder [lɑ:rdr]	*despensa*
liver	*hígado*
to mature [mətyuər]	*madurar* (fruto), *alcanzar su madurez* (queso)
meat cuts	*cortes de carne*
medium cuts	*cortes de segunda*
to monitor	*verificar el funcionamiento de*

B5. VOCABULARIO

mutton	*carnero*
offal	*vísceras*
to order	*ordenar*
order	*orden*
ox (GB)	*res, buey* (animal vivo)
pear [peər]	*pera*
pig	*puerco, cerdo*
pork	*carne de puerco*
to precost	*establecer previamente el costo de*
presliced	*prerrebanado*
prime cuts	*cortes de primera*
to process an order	*procesar una orden*
to purchase [pə:rtsʰəs]	*comprar*
purchase	*compra*
purchasing agent	*comprador*
purchasing company	*central de adquisiciones*
rack	*botellero modular*
to receive [risi:v]	*recibir*
retail market	*mercado al menudeo*
retailer	*detallista*
rump	*rabadilla, cadera, retazo*
seasonal	*estacional*
sheep [sʰi:p]	*oveja, borrego*
shortage	*escasez*
sirloin [sərloin]	*sirloin, corte de costilla de primera* (del costado)
stock control	*control de inventarios*
to store	*almacenar*
storage	*almacenamiento*
subsidiary [səbzidiəri]	*subsidiaria*
to supply	*surtir, abastecer*
supplier	*proveedor*
tail	*cola*
top ribs	*entrecote*
unsliced	*sin rebanar*
value for money	*relación calidad-precio*
veal [vi:l]	*carne de ternera*
walk-in freezer	*cámara fría*
wine cellar	*cava de vino*
wing ribs	*sirloin*
wholesaler [houlseilr]	*mayorista*
wholesale market	*central de abastos*
warehouse	*bodega*

17 Purchasing and storage

B6. ADDITIONAL VOCABULARY

Groceries and spices - *Abarrotes y especias*

aniseed	*semillas de anís*
baking powder	*polvo para hornear*
candied peel	*cáscaras* (peladuras) *confitadas*
caraway	*comino*
castor sugar	*azúcar en polvo*
cayenne pepper	*pimienta de Cayena*
cereals [siəriəlz]	*cereales*
chicory	*achicoria*
cinnamon [sinəmən]	*canela*
cloves	*clavo*
cocoa [kəukəua]	*cacao*
coffee [kofi]	*café*
coffee beans	*granos de café*
coriander	*cilantro*
corn flakes	*hojuelas de maíz*
currants	*1) uvas pasas de Corinto* *2) grosellas*
curry powder	*curry*
dried fruit	*frutas secas*
frying oil	*aceite para freír*
ginger [dʒindʒr]	*jengibre*
jelly [dʒeli]	*gelatina*
juniper	*enebro*
lump sugar	*azúcar granulada*
malt vinegar	*vinagre de malta*
mince meat	*frutas secas al cogñac*
mustard [mœstərd]	*mostaza*
noodles	*fideos, tallarines*
nutmeg	*nuez moscada*
oat flakes	*hojuelas de avena*
olive oil	*aceite de olivo*
paprika	*paprika*
pepper	*pimienta*
pepper corn	*grano de pimienta*
pickles	*conservas en vinagre*
pickled onions	*cebollas en vinagre*
pickled gherkins [gərkinz]	*pepinillos en vinagre*
poppy seeds	*semillas de adormidera*
powdered (GB: icing) sugar	*azúcar glas*
preserved foods	*conservas*
prune [pru:n]	*ciruela pasa*
raisins	*uvas pasas de Málaga*
rice [rɑis]	*arroz*
saffron	*azafrán*
salt [so:lt]	*sal*

Abarrotes y especias (cont.)

semolina	*sémola*
soybean oil	*aceite de soya*
spaghetti	*spaghetti*
starch [sta:rts^{h}]	*fécula*
sugar [s^{h}ugr]	*azúcar*
sultanas	*uvas pasas de Esmirna*
tapioca	*tapioca*
tea	*té*
vegetable oil	*aceite vegetal*
whole pepper	*pimienta entera*
wine vinegar	*vinagre de vino*
yeast [yist]	*levadura*

Herbs - *Hierbas aromáticas*

angelica	*angélica*
basil [bɑizl]	*albahaca*
bayleaf	*laurel*
celery seed	*semilla de apio*
chervil [ts^{h}ərvil]	*perifollo*
chives [ts^{h}ɑivz]	*cebollines*
dill	*eneldo*
fennel	*hinojo*
garlic [gɑrlik]	*ajo*
horseradish	*rábano picante*
marjoram	*mejorana*
mint	*hierbabuena*
oregano	*orégano*
parsley	*perejil*
rosemary	*romero*
sage [seidʒ]	*salvia*
sorrel	*acedera*
tarragon	*estragón*
thyme	*tomillo*

Vegetables - *Verduras*

artichoke [ɑrtits^{h}ouk]	*alcachofa*
asparagus [əspɑrəgəs]	*espárragos*
broad beans	*habas*
beetroot	*betabel*
broccoli	*brócoli*

Verduras (cont.)

Brussels sprouts	*col de Bruselas*
cabbage	*col*
carrot	*zanahoria*
cauliflower	*coliflor*
celery	*apio*
chicory	*achicoria*
cucumber [kju:kœmbr]	*pepino*
egg plant (GB: aubergine)	*berenjena*
endive	*endivia*
French beans	*ejotes*
green pepper	*pimiento verde*
leek [li:k]	*puerro*
lettuce [letəs]	*lechuga*
marrow	*1) especie de guisante* *2) tuétano*
mushroom	*champiñón*
onion	*cebolla*
pea [pi:]	*chícharo*
potato	*papa, patata*
pumpkin	*calabaza*
radish	*rábano*
runner beans	*habichuelas*
rutabaga (GB: swede [swi:d])	*colinabo*
oyster plant (GB: salsify [solsifí])	*salsifí*
shallot	*chalotes*
spinach [spinidʒ]	*espinaca*
sweet corn	*elote dulce*
tomato (US: [təmeitou]) GB: [təmɑ:tou)	*tomate*
turnip	*nabo*
watercress	*berro*
zucchini (GB: courgette)	*calabacita*

Fruit - *Frutas*

almond [ɑlmənd]	*almendra*
apple [ɑ:pl]	*manzana*
apricot [eiprikot]	*chabacano*
avocado [ɑvəkɑ:dou]	*aguacate*
banana [bənɑ:nə]	*plátano*
blackberries	*zarzamoras*
blackcurrants	*grosellas*
blueberries	*arándanos*
cashew nut	*nuez de acajú*
cherries [ts[h]eriz]	*cerezas*
clementine [klemәntɑin]	*clementina*

Frutas (cont.)

cranberries	*arándanos*
date [deit]	*dátil*
fig	*higo*
gooseberries	*grosella espinosa*
grapefruit	*toronja*
grapes	*uvas*
hazelnut	*avellana*
lemon	*limón*
lichee	*lichi*
lime	*lima*
mandarin	*mandarina*
mango	*mango*
medlar	*níspero*
melon [melən]	*melón*
mulberries	*moras*
nectarine	*nectarina*
olive	*aceituna*
orange [orəndʒ]	*naranja*
passion fruit [pas^{h}nfru:t]	*fruta de la pasión*
peach [pi:ts^h]	*durazno*
peanut	*cacahuate*
pear [peər]	*pera*
pecan (GB: pecan nut)	*nuez pacana o pacanera*
pineapple	*piña*
plum	*ciruela*
pomegranate [pomәgrɑnәt]	*granada*
quince	*membrillo*
raspberries	*frambuesas*
red currants	*grosellas rojas*
rhubarb [ru:bɑrb]	*ruibarbo*
strawberries	*fresas*
tangerine	*tangerina*
yellow plum (GB: greengage [gri:ngeidʒ])	*ciruela claudia*
walnut	*nuez* (de nogal, de Castilla)
watermelon	*sandía*
white currants	*grosellas blancas*
whortleberry	*una variedad de arándano*

Dairy products - *Productos lácteos*

boiled egg	*huevo tibio* (soft) *cocido, duro* (hard)
butter	*mantequilla*
cheese [ts^{h}i:z]	*queso*
cheese spread	*queso para untar*

Productos lácteos (cont.)

condensed milk	*leche condensada*
cream [kri:m]	*crema*
cream cheese	*queso crema*
curd	*cuajada*
curdled milk	*requesón*
dried milk	*leche en polvo*
egg	*huevo*
evaporated milk	*leche evaporada*
free-range eggs	*huevos de granja*
fresh (GB: newlaid) eggs	*huevos frescos*
fried eggs	*huevos fritos*
full cream milk	*leche entera*
goat cheese	*queso de cabra*
graded eggs	*huevos calibrados*
hard-boiled eggs	*huevos duros*
hard cheese	*queso duro*
mature cheese	*queso maduro*
omelette	*omelette*
pasteurized milk	*leche pasteurizada*
powdered milk	*leche en polvo*
salted butter	*mantequilla con sal*
scrambled eggs	*huevos revueltos*
shell	*cascarón*
semi-skimmed milk	*leche semidescremada*
skim (GB: skimmed) milk	*leche descremada*
soft-boiled eggs	*huevos tibios*
soft cheese	*queso suave*
soft cream cheese	*queso crema*
Ultra Heat Treatment	*tratamiento a alta temperatura*
white	*clara* (de huevo)
yolk	*yema* (de huevo)
whipping cream	*crema para batir*

Poultry and game - *Aves de corral y aves de caza*

capercaillye [kɑpəkeili]	*urogallo*
capon [keipən]	*capón*
chicken	*pollo*
cock	*gallo*
coot	*fúlica* (especie de pato marino)
curlew	*chorlito*
duck	*pato*

Aves de corral y aves de caza (cont.)

duckling	*patito*
fallow deer [fɑlou diər]	*gamo*
feathered game	*caza con plumas*
fowl [fɑul]	*ave*
free-range chicken	*pollo de granja*
furred game	*caza con piel*
goose (*pl.* geese)	*ganso*
grouse [grɑuz]	*urogallo rojo de Escocia*
guinea fowl	*gallineta, gallina de Guinea*
hare	*liebre*
hazel hen	*pollita cebada*
hen	*gallina*
lapwing	*avefría*
lark	*golondrina*
partridge	*perdiz*
pheasant	*faisán*
pigeon [pidʒən]	*pichón*
plover	*chorlito real*
quail [kweil]	*codorniz*
roe deer [rou diər]	*corzo*
snipe	*agachadiza*
teal	*cerceta*
thrush	*tordo*
turkey [tərki]	*pavo*
venison [venisən]	*carne de venado*
water fowl	*aves acuáticas*
wild boar	*jabalí*
wild duck	*pato salvaje*
wild rabbit	*conejo de monte*
woodcock	*becada, chocha, perdiz*
wood pigeon	*paloma torcaz*

Meat cuts and joints - *Cortes de carne*
(ver páginas 278-281)

bacon [beikən]	*tocino*
black pudding	*morcilla*
blood [blœd]	*sangre*
bone	*hueso*
brain	*sesos*
breast [brest]	*pecho*
cheek	*cachete*
chop [tsʰop]	*costilla*
crown of lamb	*brazuelo de cordero*
cutlet	*chuleta*

Cortes de carne (cont.)

fat	*graso, grasa*
fillet [filet]	*filete*
foot (*pl.* feet)	*pata*
frog	*rana*
frog legs	*ancas de rana*
gammon	*cuarto trasero de puerco ahumado*
ham	*jamón*
heart [hɑ:rt]	*corazón*
kidney	*riñón*
knuckle [nœkl]	*jarrete* (de ternera o cerdo), *codillo*
lamb [lɑm]	*carnero*
lard [lɑrd]	*tocino* (grasoso)
lean [li:n]	*magro*
leg	*pierna, chambarete*
liver	*hígado*
loin [loin]	*lomo, Rosbeef con entrecot, filete*
marrow	*tuétano*
mutton [mœtn]	*cordero*
offal [ofəl]	*vísceras*
prime back	*costillas* (de cerdo)
pork [pork]	*puerco*
rasher of bacon	*rebanada de tocino*
saddle	*lomo* (de carnero)
sausage [sosədʒ]	*salchicha*
shin	*ozobuco, chamorro*
shoulder	*hombro*
silver side	*pierna* (de res) *parte superior, bola*
small back	*filete* (de puerco), *espaldilla*
snails	*caracoles* (de tierra)
spleen [spli:n]	*bazo*
suet [suit]	*grasa, unto, manteca*
sweetbreads	*molleja de ternera*
tail	*cola, rabo*
tongue [tœŋ]	*lengua*
top rump	*cadera, falda*
top side	*bola* (de res), *pierna*
tripe [trɑip]	*tripas*
tripe sausage (GB: chitterlings [tsʰitərliŋz])	*embutido de menudencias*
veal [vi:l]	*ternera*

Fish and shellfish - *Pescados y mariscos*

anchovy [ɑntsʰəvi]	*anchoas*
bass	*lobina*
brill	*rodaballo*
carp	*carpa*

Pescados y mariscos (cont.)

cockle	*berberecho*
cod	*cabilla, bacalao*
clam	*almeja grande*
crab	*cangrejo*
crawfish	*langosta*
crayfish	*cangrejo de río*
cuttlefish	*jibia, calamar grande*
dab	*acedía, barbada*
dogfish	*lija, cazón*
eel [i:l]	*anguila*
flounder	*platija*
haddock	*abadejo*
hake [heik]	*merluza*
halibut [halibət]	*rodaballo*
herring	*arenque*
lobster	*langosta*
mackerel	*macarela*
mullet [moelət]	*mújol*
mussel	*mejillón*
oyster [oistr]	*ostra*
perch [pə:rts^{h}t]	*perca*
pike [paik]	*lucio*
pilchard [piltshərd]	*sardina*
plaice	*platija*
pollack	*merluza*
prawn [pro:n]	*langostino*
rock fish (monk)	*pejesapo*
salmon	*salmón*
sardine	*sardina*
scallops	*vieira, venera*
sea bream [si: bri:m]	*dorada*
shrimp	*camarón*
skate [skeit]	*raya, mantarraya*
sole [soul]	*lenguado*
squid [skwid]	*calamar*
sprat	*arenque*
sturgeon	*esturión*
swordfish [so:rdfis^h]	*pez espada*
trout [traut]	*trucha*
tuna [tyunə]	*atún*
turbot [te:rbət]	*rodaballo*
turtle [te:rtl]	*tortuga*
whelk	*buccino, caracol de mar*
whiting	*merlina, pescadilla*
winkle	*caracol de mar*

17 Purchasing and storage

C. EJERCICIOS

I. Formar las preguntas correspondientes a las respuestas siguientes usando los elementos que aparecen entre paréntesis (ver nota 1 del diálogo):

1. I am responsible for the buying of goods (what - you).
2. He is in charge of the food & beverage department (which department - he).
3. The British are mostly interested in Bordeaux wines (what sort of wine - the British).
4. The wine cellar was filled with modern racks (what - the wine cellar).
5. We will look at the wine list when we find the time (what - you).

II. Colocar en la oración la palabra que aparece entre paréntesis:

1. We like to buy from local suppliers (also).
2. We decided to redesign the wine cellar (as well).
3. Stock control has been computerized (also).
4. The chef wants sirloin (too).
5. I work in close cooperation with the buyer (as well).

III. Traducir:

1. *¿Cuál es exactamente su responsabilidad?*
2. *Colaboro muy de cerca con el supervisor de alimentos.*
3. *Nuestro sistema de control de existencias fue automatizado hace cinco años.*
4. *¿En qué medida influyen las estaciones en el precio de los productos alimenticios?*
5. *Lo que busca ante todo un buen comprador es la relación calidad-precio.*

17 Adquisiciones y almacenamiento

C. RESPUESTAS

I. Formular las preguntas correspondientes a las respuestas:

1. What are you responsible for?
2. Which department is he in charge of?
3. What sort of wine are the British mostly interested in?
4. What was the wine cellar filled with?
5. What will you look at?

II. Colocar en la oración la palabra que aparece entre paréntesis:

1. We *also* like to buy from local suppliers.
2. We decided to redesign the wine cellar *as well.*
3. Stock control *also* has been computerized.
4. The chef wants sirloin *too*.
5. I work in close cooperation with the buyer *as well*.

III. Traducir:

1. What, exactly, are you responsible for?
2. I work in close cooperation with the food & beverage manager.
3. Our stock control system was computerized five years ago.
4. To what extent do seasons influence the price of food?
5. What a good buyer mostly looks for is value for money.

to produce	*producir*
producer	*productor*
product	*producto*
produce	*producto(s) alimenticio(s)* (cf. produce of Mexico)

Covent Garden

Covent Garden Market, London's Central Market for fruit and vegetables, was established in 1661. It was sold in 1913 to the city by its owner the Duke of Bedford. In 1974, the market was transferred to Nine Elms Lane, on the South bank of the Thames. Nowadays, it is one of London's most popular areas; boutiques have taken the place of fruit and vegetable stalls and street musicians and performers entertain tourists and passers-by in the open air.

El mercado de Covent Garden, la central de abastos de frutas y verduras de Londres, fue fundado en 1661. En 1913 fue vendido a la ciudad por su propietario, el duque de Bedford. En 1974, el mercado fue transferido a Nine Elms Lane, en la ribera sur del Támesis. En la actualidad, es uno de los lugares más populares de Londres; los puestos de frutas y legumbres han sido reemplazados por tiendas, y músicos y actores callejeros divierten a turistas y transeúntes a cielo abierto.

A few sayings - *Algunos refranes*

— A rotten apple spoils the barrel[1]
El que con lobos anda a aullar se enseña

— Life is a bowl of cherries[2]
La vida es un jolgorio

A quotation - *Una cita*

"Cauliflower is nothing but cabbage with a college education."
Mark Twain[3]

La coliflor no es más que una col con estudios universitarios.

---

1. Literalmente: *Una manzana podrida echa a perder todas.*
2. Literalmente: *La vida es un tazón de cerezas.*
3. Escritor norteamericano (1835-1910).

UNIDAD 18

ACCOUNTING AND PROFITS
CONTABILIDAD Y UTILIDADES

18 Accounting and profits

A. DIALOGUE

I. = Interviewer **G.** = William Greene

Interview of a consultant

I. — Mr Greene, you are one of the most experienced hotel and restaurant consultants in the business. What are, according to you, the best ways for a restaurant or hotel to improve their profits?

G. — There are two fundamental points: one to improve sales without spending[1] large sums on advertising and promotion, the other is to make savings on existing costs.

I. — How can sales be improved, then?

G. — It helps sometimes to put yourself in a guest's shoes and approach a hotel or restaurant in the way he does. This will make you realize, for example, how negative the signs outside can be and that you'd do better to have a sign saying "welcome" than "keep off the verge".

I. — And, of course, there are the little things.

G. — Yes, things like providing a well organized parking or cleaning the front or rear window of your guests' cars. This will give you an edge over your competitors. Another crucial point is the need for useful marketing information such as occupancy rates, average length of stay and sources of business. The percentage of no-shows is also an important statistic if your policy is to overbook.

I. — What about improving actual selling?

G. — Of course, this is essential but can only be achieved if an action plan with specific targets is worked out.

I. — You mentioned savings, a bit earlier. In what areas is it easier to save money?

G. — A large share of the money spent on energy by the catering industry is wasted every year. Energy efficient equipment and improved practice are keys to savings. To cut down on the telephone bill is also an easy target to achieve, not to mention the stationery bill...

I. — To cut a long story short, Mr Greene, the key to increased profits is better management.

G. — You're right.

---

1. Como todas las preposiciones, **without** va seguida de un gerundio.

18 Contabilidad y utilidades

A. DIÁLOGO

E. = Entrevistador **G.** = William Greene

Entrevista con un consultor

E. — Señor Greene, usted es uno de los expertos más reconocidos en hotelería y restaurantes. ¿Cuáles son, según usted, las mejores maneras de que un restaurante o un hotel incremente sus utilidades?

G. — Hay dos aspectos esenciales: uno es aumentar las ventas sin gastar grandes sumas en publicidad y promoción, y el otro, recortar los gastos existentes.

E. — ¿Cómo pueden incrementarse las ventas?

G. — Algunas veces ayuda ponerse en el lugar del cliente y llegar a un hotel o restaurante como lo hace él. Así se dará cuenta, por ejemplo, de qué tan negativos pueden ser los letreros exteriores, y que sería mejor tener un letrero que diga: "Bienvenido", y no uno en que se lea: "Prohibido estacionarse en esta acera".

E. — Y por supuesto, hay que tomar en cuenta los pequeños detalles.

G. — Sí, como proporcionar un estacionamiento bien organizado o el lavado de los parabrisas de los autos de los clientes. Esto representará una ventaja respecto de la competencia. Otro punto esencial es la necesidad de informes de mercado claves, como el porcentaje de ocupación, la estancia promedio, y de dónde proceden los clientes. El porcentaje de reservaciones abandonadas también es un indicio importante si su política es sobrerreservar.

E. — ¿Y cómo se incrementa el volumen real de ventas?

G. — Claro, esto es esencial, pero sólo puede lograrse elaborando un plan de acción con objetivos específicos.

E. — Usted mencionó el ahorro hace un rato, ¿en qué campos es más fácil ahorrar?

G. — Cada año se desperdicia una buena parte de lo que se gasta en energía. Un equipo que consuma poca energía y mejores hábitos. Un objetivo fácil de alcanzar es también la reducción de los gastos de teléfono, ya no digamos los de papelería...

E. — En resumen, Sr. Greene, la solución para incrementar las utilidades es una mejor administración.

G. — Tiene usted toda la razón.

18 Accounting and profits

B. RECORDS

B1. The accounting department

In many hotels, accounting operations are computerized but in small establishments they are still done by hand.
At the head of the department is **the chief accountant** who is in charge of the entire bookkeeping system and supervises the controlling and auditing of the records. His assistants will include a **general cashier** who handles the cash, keeps the cash records and makes up the bank deposits and a **bookkeeper** who uses general ledgers to prepare daily, weekly and monthly statements.
The auditor (controller) is directly responsible to him. He checks and balances the books and makes up complete statements (he may be part of the permanent staff or a professional who, for a fee, periodically verifies the accounts, records and financial statements).
The credit manager works with the auditor or the accountant and implements the hotel's credit policy, he inspects and supervises guests' credit, collects all accounts and handles complaints.

B2. The balance sheet of a hotel

It is a statement of **assets** on one side and **liabilities** on the other. The assets include **current assets** (cash, marketable securities, receivables, inventories) and **fixed assets** (land, buildings, leaseholds, furnishings and equipment).
The liabilities include **current liabilities** (notes payable, accounts payable, current maturities of long term debt) and **long term liabilities** (mortgages, etc.).

B3. Comparing profits for two operations (A & B)

From the following chart, one may conclude that selling food is more profitable than selling liquor.

	A	B
Sales food	$40,000	$60,000
liquor	$60,000	$40,000
Total	$100,000	$100,000
Costs food	$12,000	$18,000
liquor	$24,000	$16,000
Total	$36,000	$34,000

	A	B
Gross margin	$64,000	$66,000
Wages	$20,000	$20,000
Net margin	$44,000	$46,000
Overheads	$20,000	$20,000
Balance	$24,000	$26,000

B1. El departamento de contabilidad

En muchos hoteles la contabilidad está computarizada, pero en los establecimientos pequeños todavía se hace manualmente. A la cabeza del departamento se encuentra el **contador general**, que es responsable de todo el sistema de contabilidad y que supervisa el control y verificación de los libros. Sus asistentes son el **cajero**, que maneja el dinero en efectivo, lleva los registros de caja y hace los depósitos en el banco, así como el **ayudante de contador**, que usa los libros generales para preparar los estados diarios, semanales y mensuales.

El **contralor** le reporta directamente al contador general; se encarga de verificar y cerrar las cuentas y de hacer informes completos (puede formar parte del personal o ser un profesionista libre que mediante honorarios verifica periódicamente las cuentas, los documentos contables y los estados financieros).

El **director de crédito** trabaja en colaboración con el contralor o el contador general, e instrumenta la política de crédito del hotel, analiza y supervisa la solvencia de los clientes, cobra los adeudos y se ocupa de las reclamaciones.

B2. El balance de un hotel

Es una relación entre el **activo** y el **pasivo**. El activo comprende los **activos circulantes** (efectivo, valores comerciales, cuentas por cobrar e inventarios) y los **activos fijos** (terrenos, inmuebles, arrendamientos, mobiliario y equipo).

El pasivo incluye el **pasivo circulante** (facturas por pagar, cuentas por pagar, vencimientos) y las **deudas a largo plazo** (préstamos inmobiliarios, etc.).

B3. Comparación de la rentabilidad de 2 operaciones (A & B)

Del cuadro en pág. 238 se puede concluir que es más rentable vender alimentos que alcohol.

Sales	*ventas*	costs	*costos*	wages	*salarios*
gross margin	*margen bruto*	net margin	*margen neto*		
overheads	*gastos indirectos*	balance	*saldo*		

Accounting and profits

B4. FRASES MODELO

1. *Haga firmar los cheques al director general y al contralor.*
2. *Después, haga que los envíen a los diferentes proveedores.*
3. *Usted es responsable de la codificación de todas las facturas bajo la rúbrica adecuada del libro.*
4. *Sea selectivo respecto de las personas a quienes les otorga crédito.*
5. *Asegúrese de que las facturas se envíen lo antes posible.*
6. *Todos los registros necesarios se archivarán y destruirán a su debido tiempo.*
7. *Con sólo vigilar la relación entre lo que se compra y lo que se utiliza, podrá ahorrar mucho dinero.*
8. *Una de las causas de la mayoría de las quiebras es la mala administración.*
9. *Las empresas que quiebran no reaccionan a tiempo o ni siquiera se percatan de que las cosas cambian.*
10. *Los mayores ahorros se logran pensando en la conservación de energía en la fase de diseño de una construcción.*
11. *Lo primero que hará un experto en energía, será evaluar las necesidades y el consumo de la misma.*
12. *Esto pone en claro la cantidad de energía necesaria y dónde se está desperdiciando.*
13. *En general, las utilidades, el número de cubiertos que se sirve y el gasto promedio por consumidor, han aumentado muchísimo.*
14. *Los bares en que se sirve vino siguen creciendo.*
15. *El año pasado se redujo enormemente la utilidad neta antes del impuesto sobre la renta.*
16. *Los salarios y los gastos relacionados con ellos siguen siendo el principal gasto operativo en los restaurantes.*
17. *Si bien hace algunas décadas la mayoría de los sectores de la industria estaban orientados a los costos, actualmente está predominantemente orientada al mercado.*
18. *La relación entre utilidad neta y activos totales es una manera de medir la rentabilidad de la inversión.*

B4. KEY SENTENCES

1. Get the checks signed by the General Manager and the Controller.
2. Then, have them mailed to individual suppliers.
3. You are responsible for coding all invoices to the appropriate General Ledger account.
4. Be selective about who you give credit to.
5. Ensure invoices are sent out as soon as possible.
6. All necessary records will be filed and destroyed in due time.
7. You can save a lot of money simply by keeping a check on how much you buy compared to how much you use.
8. In most insolvencies, poor management is one cause.
9. The companies that fail either don't react in time or don't even realize things are changing.
10. The biggest savings come from thinking about energy conservation during the design stage of a building.
11. The first thing an energy consultant will do is carry out an energy audit.
12. This identifies how much energy is consumed and where it is being wasted.
13. Overall, profits, the number of covers served and the average spending per customer are all up dramatically.
14. Wine bars have maintained their strong growth.
15. Net income before income tax showed very severe drops last year.
16. Payroll and related expenses continue to be the major operating expense in the food and beverage department.
17. While, a few decades ago, most sectors of the industry were cost-oriented, the industry is now predominantly market-oriented.
18. Ration of net income to total assets is one way of measuring return on investments.

18 Accounting and profits

B5. VOCABULARY

account [əkɑunt]	*cuenta*
account(ing) department	*departamento de contabilidad*
assets	*activos*
to audit [o:dit]	*auditar* (cuentas)
auditor	*contralor, auditor*
average [ɑvəridʒ]	*promedio*
to balance books	*saldar las cuentas*
balance sheet [bɑləns s^{h}i:t]	*balance*
bank deposit	*depósito en el banco*
bookkeeper	*ayudante de contador*
bookkeeping	*contabilidad*
cash	*efectivo*
cashier	*cajero*
cash records	*documentos contables*
to check	*verificar* (cuentas)
check (GB: cheque)	*cheque*
chief accountant [ts^{h}i:f əkɑuntənt]	*contador general*
computerized	*computarizado*
conservation	*ahorro de energía*
to consume [kənsyu:m]	*consumir*
consultant [kənsœltənt]	*asesor, consultor*
to control	*controlar*
controller	*contralor*
cost	*costo*
credit manager	*gerente de crédito*
current assets	*activo circulante*
current liabilities	*pasivo circulante*
debt [det]	*deuda*
energy-efficiency	*uso eficiente de la energía*
expense	*gasto*
to fail	*fracasar*
fee [fi:]	*honorarios*
to file [fɑil]	*clasificar*
fixed assets	*activos fijos*
general ledgers	*libros mayores*
gross margin	*margen bruto*
growth	*crecimiento*
to handle	*manipular, ocuparse de*
to implement [impləmənt]	*instrumentar*
income	*ingreso*
income tax	*impuesto sobre la renta*
insolvency	*insolvencia*
inventory	*existencias*
investment	*inversión*
invoice	*factura*

B5. VOCABULARIO

leasehold [li:should]	*arrendamiento*
liabilities [lɑiəbilitiz]	*deuda, pasivo*
long-term	*a largo plazo*
to mail	*enviar por correo*
management	*administración*
marketable	*negociable, vendible*
maturities	*vencimiento* (de préstamo)
mortgage [morgedʒ]	*préstamo inmobiliario, hipoteca*
net margin	*margen neto*
no-show	*defección, reservación abandonada*
occupancy rate	*porcentaje de ocupación*
to overbook	*hacer sobrerreservaciones*
overheads	*indirectos*
payable [peiəbl]	*pagadero*
payroll	*nómina, salarios*
percentage	*porcentaje*
policy	*política* (de una empresa)
politics	*la política*
profit	*utilidad* (financiera)
profit margin	*margen de utilidad*
ratio [reis^{h}iou]	*relación*
receivables [risi:vəbl]	*cuentas por cobrar*
records [rekordz]	*registros, documentos contables*
responsible for/to	*responsable de/ante*
return	*rendimiento, rentabilidad*
sale	*venta*
to save	*economizar, ahorrar*
saving	*economía*
security	*valor*
short-term	*a corto plazo*
target [tɑrgət]	*objetivo, meta*
to waste [weist]	*desperdiciar, despilfarrar*

insolvent	*insolvente*
insolvency	*insolvencia*
bankrupt	*quebrado, en quiebra*
bankruptcy	*bancarrota, quiebra*
to go bankrupt	*estar en bancarrota*
to be on the verge of bankruptcy	*estar al borde de la quiebra*

18 Accounting and profits

C. EJERCICIOS

I. Transformar la segunda parte de la oración con *without + ing* (ver la nota 1 del diálogo):

1. You can improve your sales, even if you don't spend huge sums on advertising.
2. The manager has decided to increase profits, even if we don't increase sales.
3. You can hardly realize what a customer needs, if you don't put yourself in his shoes.
4. Few businesses can be run these days, if they don't have access to a computer.
5. Don't grant credit, if you haven't checked the guest's references thoroughly.

II. Completar con la preposición necesaria:

1. A lot can be saved . . . . . energy.
2. Small attentions can give an edge . . . . . the competitors.
3. There is a strong need . . . . . marketing information.
4. Mr Greene is responsible . . . . . the whole department.
5. Company revenues have fallen . . . . . 5%.
6. Mr Jones is in charge . . . . . the accountancy.

III. Traducir:

1. *Primero debería de tratar de ahorrar.*
2. *El volumen de ventas depende mucho del porcentaje de ocupación.*
3. *Tendrá que elaborar un plan de acción específico.*
4. *El contralor le reporta al contador general.*
5. *La rentabilidad de las inversiones fue satisfactoria este año.*

18 Contabilidad y utilidades

C. RESPUESTAS

I. Transformar la segunda parte de la oración con *without + ing:*

1. You can improve your sales without spending huge sums on advertising.
2. The manager has decided to increase profits without increasing sales.
3. You can hardly realize what a customer needs without putting yourself in his shoes.
4. Few businesses can be run these days without having access to a computer.
5. Don't grant credit without having checked the guest's references thoroughly.

II. Completar con la preposición necesaria:

1. A lot can be saved *on* energy.
2. Small attentions can give an edge *over* the competitors.
3. There is a strong need *for* marketing information.
4. Mr Greene is responsible *for* the whole department.
5. Company revenues have fallen *by* 5%.
6. Mr Jones is in charge *of* the accountancy.

III. Traducir:

1. You'd better try to make savings first.
2. Revenue (turnover) depends a lot on the occupancy rate.
3. You will have to work out a specific action plan.
4. The controller is responsible to the chief accountant.
5. The return on investment has been satisfactory this year.

revenue *(GB:* turnover*)*	*volumen de ventas*
inventory revenue (turnover)	*rotación de inventarios*
staff revenue(turnover)	*rotación de personal*
apple turnover	*empanadilla de manzana*

An excerpt from a contemporary novel

Warren Trent is the proprietor of a New Orleans hotel, the St Gregory. Curtis O'Keefe, the owner of a big hotel chain, has had his eye on the St Gregory for some time. He is now making an offer to Warren Trent, taking advantage of the latter's financial difficulties.

"Your personal holdings in this hotel amount to fifty-one percent of all shares, giving you control... You refinanced the hotel in '39 - a four million dollar mortgage. Two million dollars of the loan is still outstanding and due in its entirety this coming Friday. If you fail to make repayment, the mortgagees take over... My proposal... is a purchase price for this hotel of four million dollars."

Hotel, *by Arthur Haley, 1965*

Fragmento de una novela contemporánea

Warren Trent es el propietario de un hotel de Nueva Orleans, el St Gregory. Curtis O'Keefe, propietario de una importante cadena de hoteles, tiene la mira puesta en el St Gregory desde hace algún tiempo. Aprovechando las dificultades financieras de Warren Trent, le está haciendo un ofrecimiento.

"Sus haberes personales en este hotel llegan a cincuenta y uno por ciento del capital, lo cual le da el control de la empresa... usted le inyectó fondos al hotel en 1939, una hipoteca de cuatro millones de dólares, y todavía debe dos millones de ese préstamo, que vence en su totalidad el viernes próximo. Si no logra pagar, los acreedores tomarán el control del hotel... Mi propuesta... es comprarle el hotel en cuatro millones de dólares."

UNIDAD 19

ADVERTISING AND MARKETING
PUBLICIDAD Y MERCADOTECNIA

A • **DIALOGUE** / *DIÁLOGO*

B • **RECORDS** / *DOCUMENTOS*

B1. **Definitions** - *Definiciones*

B2. **A famous food critic, Egon Ronay**
Egon Ronay, famoso crítico de la gastronomía

B3. **Key sentences** - *Frases modelo*

B4. **Vocabulary** - *Vocabulario*

C • **EXERCISES** / *EJERCICIOS Y SOLUCIONES*

D • **FINAL TIPS**

19 Advertising and marketing

A. DIALOGUE

B. = Bob Nelson **J.** = Jack Spingle

Opening a restaurant in London

Bob Nelson and Jack Spingle, his associate, are going to open a restaurant in Soho[1] *and are now thinking of launching a campaign for their new venture.*

B. — Now that we have settled all the material details, we must decide how we shall organize the opening of "L'Escargot" and make a success of it.

J. — It is imperative that we should launch a well-organized advertising campaign: contact food critics, announce the opening of the restaurant in the press, distribute leaflets in the neighborhood so as to inform as many people as possible.

B. — And what about having a one month preview?

J. — What do you mean, exactly?

B. — For the first few weeks there would be a 30% discount on food and drink. It would enable us to try out the staff and, in addition, it would give us time to compensate for any problems that might arise at the beginning.

J. — Why not invite friends and friends of friends instead and charge them half price?

B. — That would be a good alternative, however, we must bear in mind that if things go wrong, people will still think badly of the restaurant, however little they have paid.

J. — The simplest, then, would be to give vouchers to get people to return[2]. Everyone attending a launch party would be given[3] a voucher entitling them to a bottle of house wine if they returned for a meal.

B. — I think we should ask James Manson, the food critic, for[4] his opinion. He is a friend of yours, isn't he?

J. — Yes, you're right. Let's do that!

---

1. Barrio del centro de Londres conocido por sus restaurantes y su vida nocturna.
2. **to get people to return**, **to have people return**: dos maneras de traducir *hacer que vuelva.*
3. Pasivo; ver unidad 12, nota 1 del diálogo.
4. Observe la construcción: **to ask someone *for* something**

19 Publicidad y mercadotecnia

A. DIÁLOGO

B. = Bob Nelson **J.** = Jack Spingle

Inauguración de un restaurante en Londres

Bob Nelson y Jack Spingle, su socio, van a abrir un restaurante en Soho y en este momento están pensando en lanzar una campaña en pro de su nueva empresa.

B. — Ahora que ya organizamos todos los detalles materiales, tenemos que decidir cómo preparar la inauguración de "L'Escargot" para que sea un éxito.

J. — Es indispensable lanzar una campaña de publicidad bien organizada: contactar a los críticos de gastronomía, anunciar la inauguración del restaurante en la prensa, distribuir volantes en el vecindario para que el máximo de gente se entere.

B. — ¿Y si organizamos una campaña de un mes?

J. — ¿A qué te refieres exactamente?

B. — Durante las primeras semanas[1], haríamos un descuento del 30% en alimentos y bebidas. Esto nos permitiría poner a prueba al personal y además nos daría tiempo para corregir los problemas que pudieran surgir al principio.

J. — ¿Por qué no mejor invitar a amigos, y amigos de amigos, y cobrarles la mitad del precio?

B. — Sería una buena alternativa, pero no olvidemos que si las cosas salen mal, los asistentes se llevarán una mala impresión del restaurante, aunque no hayan pagado gran cosa[2].

J. — Entonces, lo más sencillo sería obsequiar cupones para que la gente vuelva. A todos los que vinieran la noche de la inauguración se les obsequiaría un cupón canjeable por una botella de vino de la casa si regresan a comer.

B. — Creo que deberíamos pedirle su opinión a James Manson, el periodista especializado en gastronomía. Es amigo[3] tuyo, ¿no?

J. —Tienes razón, ¡eso haremos!

---

1. Literalmente: *las primeras semanas de funcionamiento.*
2. Literalmente: *por poco que hubieran pagado*; **however** puede ir seguido de un adjetivo o un adverbio.
3. Literalmente: *uno de tus amigos.*

B1. Definitions

■ **Marketing** is the management process responsible for identifying, anticipating, and satisfying customer requirements.
A marketing system contains four main factors:

• **Consumer orientation** is an attempt to assess past or present needs, and to ascertain what motivates and changes opinions and purchasing decisions.

• **Market research** is a collection, recording and analysis of data relevant to a business operation, and is designed to improve the efficiency of supply and demand.

• **Market planning** is designed to establish objectives and politics related to the product, its promotion and its profitability.

• **Market control** ensures that objectives are likely to be achieved. In this, there are two main areas: customer satisfaction rates and financial results.

■ **Advertising** is undertaken by the use of different media: newspapers and magazines, radio and television, direct mail, brochures, and, best of all, word of mouth.

■ **Public relations** help build a company's reputation. The public a firm will wish to influence includes employees, customers, shareholders, financial institutions, government departments, suppliers and, of course, the media. Making contact and keeping in touch is essential, the more people that know you and trust you, the more likely they are to turn to you when necessary.

B2. A famous food critic, Egon Ronay

Egon Ronay is one of the most famous faces of the restaurant world in Britain and is the author of a famous food guide. He says:
"One should not be conscious of the decor, because it should not be a distraction. Decor should be like the best service, it is there, but you are not aware of it."

Adapted from **Caterer and Hotelkeeper,** March 23, 1989.

19 Publicidad y mercadotecnia

B. DOCUMENTOS

B1. Definiciones

■ **La mercadotecnia** es el proceso de gestión que busca la identificación, pronóstico y satisfacción de los requerimientos de los clientes. Un sistema de mercadotecnia comprende cuatro factores principales:

• **El análisis de la clientela** es un intento por evaluar las necesidades pasadas y presentes, de perfeccionamiento de lo que motiva y modifica las opiniones, y decisiones de compra.

• **El estudio de mercado** consiste en reunir, registrar y analizar los datos relacionados con una empresa comercial, para hacerla más eficiente respecto de la oferta y la demanda.

• **La planeación del mercado** tiene como objetivo la determinación de los objetivos y la política relacionados con el producto, su promoción y su rentabilidad.

• **La verificación del mercado** permite asegurarse de que hay probabilidades de que se logren los objetivos. Comprende dos campos principales: las tasas de satisfacción de la clientela y los resultados financieros son dos de los campos principales de aquélla.

■ **La publicidad** se hace usando diferentes medios: periódicos y revistas, radio y televisión; correo directo; folletos, y la mejor de todas: las recomendaciones orales.

■ **Las relaciones públicas** permiten construir la reputación de una empresa. El público en el cual desea influir una empresa incluye empleados, clientes, accionistas, instituciones financieras, ministerios, proveedores, y por supuesto, los medios de comunicación. Es esencial hacer el contacto y conservarlo. Mientras más personas lo conozcan y le tengan confianza, más oportunidades hay de que recurran a usted en caso de necesidad.

B2. Egon Ronay, famoso crítico de la gastronomía

Egon Ronay es uno de los rostros más conocidos de los restaurantes de la Gran Bretaña y autor de una famosa guía gastronómica. Dice: "No debe prestarse atención a la decoración, porque no debe ser una distracción. La decoración debe ser como el mejor servicio, está allí, pero no debe notarse."

19 Advertising and marketing

B3. FRASES MODELO

1. *Ese nuevo pub ha estado anunciado en el periódico local desde hace dos semanas.*
2. *¡Vayamos a probar la nueva cerveza!*
3. *Yo no, prefiero ser fiel a mi marca.*
4. *Nuestra gama de alimentos congelados ofrece una excelente relación calidad-precio.*
5. *El pimiento es la mejor manera de "animar" sus platillos.*
6. *Las papas fritas McVita son las que más se venden en el mundo.*
7. *No importa cuáles sean sus necesidades, desde ropa de cama hasta cortinas no inflamables, nosotros somos los especialistas.*
8. *El hotel de Nueva York, estandarte de la cadena, contribuye en gran medida a nuestra reputación en el extranjero.*
9. *La publicidad forma parte de nuestra sociedad de consumo. No hay manera de escapar de ella.*
10. *La publicidad debe tomar en cuenta que el nivel de educación del consumidor está aumentando en todo el mundo.*
11. *Una buena publicidad incrementará los ingresos.*
12. *El publicista eficiente siempre se las arregla para transmitir el mensaje.*
13. *John Smith es el mejor asesor de relaciones públicas del mercado.*
14. *A algunos hoteleros no les importa pagar grandes sumas a las agencias de publicidad.*
15. *Por valioso que sea su cocinero, no servirá de nada si no lo da a conocer.*
16. *Es necesario que mantenga informados a los medios de comunicación.*
17. *Es esencial que un restaurantero construya una reputación y una buena imagen para su establecimiento.*
18. *Mientras más llamativa sea la publicidad, más probabilidades hay de que atraiga nuevos clientes.*
19. *Antes de poner en marcha un proyecto hotelero, es necesario hacer un estudio de mercado.*
20. *Para que la publicidad sea eficaz, los hoteleros deben definir su mercado y orientar su folleto publicitario para atraerlo.*

B3. KEY SENTENCES

1. That new pub has been advertised in the local newspaper for two weeks.
2. Let's go and try out the new beer!
3. Not me, I'd rather stick to my usual brand.
4. Our range of frozen food gives outstanding value for money.
5. Peppers are the best way to pep up your menus.
6. McVita is the world's best-selling French fry.
7. Whatever your requirements, from linen to flame-retardant curtains, we are the specialists.
8. The chain's flagship[1] hotel in New York is doing much for our reputation abroad.
9. Advertising is a part of our consumer society; there is no escaping it.
10. Advertising has to take account of the fact that the educational level of the consumer is rising all over the world.
11. Good advertising will result in increased revenues.
12. An efficient adman always manages to get the message across.
13. John Smith is the best PR consultant in the business.
14. Some hoteliers don't mind paying large amounts of money to advertising agencies.
15. No matter how good your cook is, it will come to nothing if you don't let it be known.
16. You need to keep the media informed of what is going on.
17. It is essential for a caterer to build up a reputation and create a good image of his establishment.
18. The more eye-catching the advertisement, the more likely it is to attract customers.
19. Before a hotel project is developed, a market study has to be carried out.
20. For efficient advertising, hoteliers should define their market and then target their brochure to appeal to it.

---

1. **Flagship**: *navío insignia* (el que lleva la bandera).

Advertising and marketing

B4. VOCABULARY

to achieve [ətsʰi:v]	*lograr* (objetivo)
adman	*publicista*
advertisement [ɑdvərtɑismənt]	*hacer publicidad*
advertising [ɑdvərtɑiziŋ]	*publicidad* (acepción técnica del término)
advertising campaign	*campaña publicitaria*
advertising agency	*agencia de publicidad*
alternative [ɑlternətiv]	*alternativa*
analysis [ɑnɑləzis]	*análisis*
to anticipate	*pronosticar*
to appeal to	*gustar a, atraer*
to arise	*surgir* (problema)
to assess [əses]	*evaluar*
attempt	*tentativa, intento*
aware [əweər] of	*consciente de*
to bear in mind	*tener en mente*
brochure [brousʰur]	*folleto publicitario*
to carry out	*llevar a cabo*
to charge	*facturar*
consumer	*consumidor*
consumer orientation	*análisis de la clientela*
consumer society	*sociedad de consumo*
data (*sg. poco usado:* datum)	*datos*
demand [dimɑ:nd]	*demanda*
discount	*reducción, descuento*
efficiency [ifisʰənsi]	*eficacia, eficiencia*
efficient	*eficaz, eficiente*
to entitle to	*tener derecho a*
eye-catching	*llamativo, que atrae la mirada*
flagship	*buque insignia*
food critic	*crítico de gastronomía*
food guide	*guía gastronómica*
to get the message across	*hacer llegar el mensaje*
to go wrong	*ir mal*
to identify	*identificar*
image [imidʒ]	*imagen*
to keep in touch	*mantenerse en contacto*
to launch	*lanzar*
leaflet	*folleto*
mail	*correo*
to make up for	*compensar, remediar*
management	*administración*
marketing	*mercadotecnia*
marketing control	*control de mercadotecnia*

Publicidad y mercadotecnia

B4. VOCABULARIO

marketing planning	*plan de comercialización*
marketing research [riserts^h]	*análisis de mercado*
medium (*pl.* media)	*medio* (de comunicación)
neighborhood [neibrhud]	*vecindario*
objective	*objetivo*
outstanding	*notable*
policy	*política*
publicity	*publicidad* (acepción general del término)
public relations	*relaciones públicas*
process	*proceso*
profitability	*rentabilidad*
to purchase	*comprar*
range	*gama*
rate	*tasa*
requirement [rikwɑiərmənt]	*requerimiento, necesidad*
restaurant reviewer (GB)	*crítico de restaurantes*
to result in	*dar lugar a*
revenue (GB: turnover)	*ingresos*
to satisfy	*satisfacer*
to settle	*perfeccionar*
shareholder	*accionista*
staff	*personal*
to stick to	*ser fiel a*
supplier	*proveedor*
to supply	*abastecer*
to take account of	*tomar en cuenta*
to target	*tener como objetivo, orientar*
to try out	*poner a prueba*
to trade	*comerciar*
to trust	*tener confianza en*
value for money	*relación calidad-precio*
venture [vents^{h}r]	*empresa*
voucher [vɑuts^{h}r]	*cupón*
word of mouth	*recomendación oral*

19 Advertising and marketing

C. EJERCICIOS

I. Poner las oraciones siguientes en voz pasiva, poniendo como sujeto el complemento de atribución que aparece en cursiva y suprimiendo el sujeto (ver nota 3 del diálogo; poner atención en los tiempos):

1. They will teach *you* the secrets of good advertising.
2. People told *me* that their hotel was going to close down.
3. The waiter has given *them* a voucher for a free bottle of wine.
4. During the preview, they will offer *every customer* a 50% discount.
5. No one had ever shown *him* such an outstanding range of possibilities.

II. Reformular las oraciones que llevan un adjetivo o un adverbio en cursiva con *however* (ver nota 4 del diálogo en español):

1. You try *often*, you will never make me change my mind.
2. The restaurant is *small*, it still needs to advertise.
3. The hotel is *famous*, it is still important that it should be listed in guide books.
4. You have read *much* about a country, you will always discover things when you are there.
5. You have studied *hard*, you will not be efficient without practical experience.

III. Traducir:

1. *Queda por decidir si obsequiamos cupones o no.*
2. *¿Y si invitáramos a todos los críticos gastronómicos?*
3. *Si las cosas marchan mal, los clientes nunca regresarán.*
4. *Preferiría serle fiel a mi restaurante de siempre.*
5. *Este menú ofrece una relación calidad-precio extraordinaria.*

19 Publicidad y mercadotecnia

C. SOLUCIONES

I. Poner en voz pasiva:

1. You will be taught the secrets of good advertising.
2. I was told that their hotel was going to close down.
3. They have been given a voucher for a free bottle of wine.
4. Every customer will be offered a 50% discount during the preview.
5. He had never been shown such an outstanding range of possibilities.

II. Reformular con *however*:

1. However often you try, you will never make me change my mind.
2. However small the restaurant is, it still needs to advertise.
3. However famous the hotel is, it is still important that it should be listed in guide books.
4. However much you have read about a country, you will always discover things when you are there.
5. However hard you have studied, you will not be efficient without practical experience.

III. Traducir:

1. It remains to be seen whether[1] we offer vouchers or not.
2. What about[2] inviting all the food critics?
3. If things go wrong, the customers will never come back.
4. I'd rather stick to my usual restaurant.
5. This menu offers outstanding value for money.

---

1. **whether... or...** se emplea para expresar una alternativa.
Ej: **whether you like it not**: *te guste o no.*
2. Otras posibilidades: **Shall we invite...? How about inviting...?** (US)

19 Advertising and marketing

D. FINAL TIPS

■ A few sayings, old and new

Algunos refranes, antiguos y modernos

— Build a better mousetrap and the world will beat a path to your door

Invente una mejor ratonera y el mundo se abrirá paso hasta su puerta

— A happy customer will tell three people, an unhappy one will tell at least thirty

Un cliente satisfecho lo dirá a tres personas, uno insatisfecho lo dirá cuando menos a treinta

—The proof of the pudding is in the eating

Al probar se conoce la calidad de una cosa

■ A voucher for a free glass of wine

Cupón para una copa de vino de cortesía

14 Rupert St. W1 01-434 9201
100 Baker St. W1 01-935 0287
11 Ken. High St. W8 01-937 4111
55 Queensway W2 01-229 0615

London's most remarkable Edwardian dining rooms — perfect for a truly rumbustious night out in traditional surroundings, where your genial maestro sings and plays the piano. Enjoy great English food at eccentrically low prices.

Group bookings 01-408 1001
Telex: 261448

Los comedores de estilo eduardiano[1] más notables de Londres: perfectos para una velada verdaderamente extraordinaria en un ambiente tradicional, en el que su genial maestro canta y toca el piano. Conozca los placeres de la mejor cocina inglesa a precios excepcionalmente bajos.

Reservaciones de grupos 01-408 1001   Telex: 261448

---

1. **Edwardian**: época del rey Eduardo VIII (1901-1910).

UNIDAD 20

STAFF AND TRAINING
PERSONAL Y CAPACITACIÓN

A • **DIALOGUE** / *DIÁLOGO*

B • **RECORDS** / *DOCUMENTOS*

- B1. **A curriculum vitae** - *Curriculum vitae*
- B2. **A letter of application**
  Solicitud de empleo
- B3. **Key sentences** - *Frases modelo*
- B4. **Vocabulary** - *Vocabulario*

C • **EXERCISES** / *EJERCICIOS Y SOLUCIONES*

D • **FINAL TIPS**

20 Staff and training

A. DIALOGUE

M. = Manager **A.** = Applicant

A job interview

The manager of a French restaurant in New York is interviewing someone who is applying for a job as a waiter.

M. — Why do you want to be a waiter with us?

A. — Because I like relationships with guests, I like to see people enjoying themselves and I think I can help them have a better time.

M. — What kind of experience have you had in the restaurant business?

A. — First, I worked in a fast-food place but I never really took to the job as it was too anonymous and people never spent much time in the restaurant; then a friend of mine asked me to help in his parents' Italian restaurant during the high season but that was only a temporary job, now I want to work on a permanent basis.

M. — What don't you like, as a customer, when you go to a restaurant?

A. — I hate being[1] rushed, I like to take my time when I'm ordering and I like the waiter to be[2] helpful and to advise me in my choice of dishes. I can't stand waiters who hardly look at you and don't seem to care when they are taking your order, I think customers deserve the best attention.

M. — What would you do to increase your tips[3]?

A. — I would smile, be polite and eager to please and at the same time try to make customers change their minds when they choose the wrong dish or wine. I think, in the end, they would be thankful and willing to reward me for my professional approach.

M. — Why should we hire you?

A. — Because I am good-looking, enthusiastic, willing to work and because I am convinced that the position of waiter should be seen as rewarding, not servile. I do believe[4] in what I'm doing.

---

1. Cuando los verbos **to like**, **to love**, **to love**, **to dislike**, **to hate**, ect. expresan reacciones habituales, van seguidos del gerundio.
2. Frase infinitiva; se emplea con verbos que expresan orden, prohibición, deseo, intención.
3. En los EU, a los meseros se les retribuye con una propina (15%).
4. Expresa insistencia.

20 Personal y formación

A. DIÁLOGO

D. = Director **C.** = Candidato

Entrevista de trabajo

El director de un restaurante francés en Nueva York entrevista a un candidato a mesero.

D. — ¿Por qué le interesa trabajar con nosotros?

C. — Porque me gusta relacionarme con los clientes, ver que la gente se divierte, y creo que puedo ayudarles a que la pasen mejor.

D. — ¿Qué tipo de experiencia ha tenido en restaurantes?

C. — Primero trabajé en un restaurante de comida rápida, pero no me gustó porque el trabajo era demasiado anónimo y los clientes no pasaban mucho tiempo en el restaurante. Después un amigo[1] me pidió que le ayudara durante la temporada en el restaurante italiano de sus padres, pero era nada más un empleo temporal; ahora quiero un trabajo fijo.

D. — ¿Qué le disgusta cuando va como cliente a un restaurante?

C. — Detesto que el servicio me apresure. Me gusta tomarme mi tiempo para ordenar, y me gusta que el mesero sea servicial y me aconseje para elegir mis platillos. No soporto a los meseros que apenas me miran y parecen no prestar atención cuando toman la orden. Pienso que los clientes se merecen la mejor atención.

D. — ¿Qué haría para aumentar sus propinas?

C. — Sonreír, ser cortés, y me esforzaría por agradar. Al mismo tiempo trataría de hacer cambiar de opinión al cliente cuando escoge el platillo o el vino equivocado. Creo que a fin de cuentas me lo agradecerían y estarían dispuestos a recompensarme por mi profesionalismo.

D. — ¿Por qué deberíamos contratarlo?

C. — Porque tengo buena presentación, soy entusiasta y estoy dispuesto a trabajar, y porque estoy convencido de que el puesto de mesero debe ser gratificante, y no considerarse servil. Creo verdaderamente en lo que hago.

---

1. Literalmente: *un amigo mío.*

B1. A curriculum vitae (ver página 296)

Carlos Martínez Pérez
Calle de San Lorenzo 15
México D.F.

Mexican nationality
Born April 30, 1968 in Querétaro
Single

EDUCATION

Secondary School
Diploma in Hotel and Catering Management

PROFESSIONAL EXPERIENCE

Worked as a Hotel Receptionist during the summer of 1985.
Was Assistant Manager for the period of traineeship in a two-star hotel (five months in 1987).
Was personnel manager with the Iris hotel chain for two years (1987 to 1989).

LANGUAGES: fluent English
written and spoken French

HOBBIES: travel; tennis (won several competitions)

B2. A letter of application (ver página 297)

Dear Sir,

I was interested to read your advertisement of a vacancy for a station head-waiter published in the November 12 issue of the magazine *Restaurants.* I would like to apply for this position and enclose a curriculum vitae with details of my education and professional background. I will be happy to supply any further particulars you may require as well as references.

Sincerely yours,

Encl.: curriculum vitae

B1. Curriculum vitae

Carlos Martínez Pérez
Calle de San Lorenzo 15
México D.F.

Nacionalidad: Mexicano
Fecha de nacimiento: 30 de abril de 1968 en Querétaro
Soltero

ESTUDIOS
Secundaria
Diploma de Administración Hotelera y de Restaurantes

EXPERIENCIA PROFESIONAL

Recepcionista durante el verano de 1985.
Asistente de gerencia en un hotel de dos estrellas durante el periodo de prácticas (cinco meses en 1987).
Director de personal en la cadena Iris durante dos años (1987-1989).

IDIOMAS: Fluidez en inglés
Francés escrito y hablado.

INTERESES: los viajes; el tenis (campeón en varios torneos).

B2. Solicitud de empleo

Señores:

Leí con mucho interés el anuncio que publicaron en el número del 12 de noviembre de la revista *Restaurantes* respecto a la vacante de un puesto de capitán de meseros. Me gustaría solicitar este puesto, y adjunto un curriculum vitae detallado de mis estudios y experiencia profesional. Estoy a su disposición para abundar en detalles, así como presentar mis referencias.

Atentamente

Anexo curriculum vitae

Staff and training

B3. FRASES MODELO

1. *De ser necesarias, se presentarán referencias.*
2. *Tengo buen dominio del francés hablado.*
3. *Trabajé como jefe de recepción en un hotel de cuatro estrellas de Londres.*
4. *Algunos de mis pasatiempos son el esquí, el surf y la caminata.*
5. *¿Para qué tipo de trabajo está mejor calificado?*
6. *En junio de 1981 me gradué en una famosa escuela comercial de la Ciudad de México.*
7. *Hice un curso de administración hotelera.*
8. *En 1982 pasé el examen y recibí mi diploma.*
9. *Solicito el puesto de gerente de banquetes, anunciado en el* Post *del 8 de junio.*
10. *En espera de una respuesta favorable, le saluda atentamente...*
11. *En los meses de verano efectué un periodo de aprendizaje en el trabajo.*
12. *Trabajo en esta compañía desde hace cinco años, y quiero ampliar mi experiencia.*
13. *Los empleados de tiempo completo estarán a prueba durante tres meses.*
14. *Si se le proporciona un uniforme, debe usarlo mientras esté de servicio.*
15. *Todos los empleados que hayan recibido un gafete con su nombre deben usarlo mientras estén de servicio.*
16. *Los empleados que cobran por horas tienen derecho a seis días al año de licencia por enfermedad.*
17. *Los precios del menú deben incluir el servicio, y esto debe estar claramente indicado en la carta.*
18. *En los Estados Unidos cargan el servicio para poder pagar los salarios de los empleados y otros gastos generales, como calefacción e iluminación.*
19. *En las escuelas de cocina norteamericanas, a los estudiantes se les enseña de todo, desde la psicología de la contratación de meseros, hasta la mejor manera de doblar las servilletas, o cómo utilizar los aparatos para tarjetas de crédito.*

Personal y capacitación

B3. KEY SENTENCES

1. References will be supplied upon request.
2. I have a good command of spoken French.
3. I worked as a head receptionist in a four-star London hotel.
4. My hobbies include skiing, surfing and hiking.
5. What kind of work are you qualified to do?
6. In June 1981, I graduated from a well-known Mexico City business school.
7. I took a course in Hotel Management.
8. I took and passed the exam in 1982.
9. I would like to apply for the post of banquet coordinator advertised in *The Post* of June 8th.
10. Hoping for a favorable reply, I look forward to hearing from you.
11. I completed on the job training during the summer months.
12. I have been working with this company for five years now and wish to broaden my experience.
13. Full-time employees will be on three months probation.
14. If you are provided with an uniform, you must wear it while on duty.
15. All employees provided with name tags should wear them on duty.
16. Hourly employees are entitled to six days paid sick leave per year.
17. Menu prices should be inclusive of service charge and this should be clearly stated on the menu.
18. In the US, they need the service charge to help pay staff's wages and other overheads like heating and lighting.
19. In America's culinary colleges, students may be taught everything from the psychology of hiring waiters to how to fold napkins or operate credit-card machines.

20 Staff and training

B4. VOCABULARY

advertisement [ɑdvərtɑismənt]	*anuncio*
to advise	*advertir, avisar*
to apply for	*hacer una solicitud para*
application letter	*carta de solicitud de empleo*
background	*antecedentes, experiencia*
to broaden	*ampliar*
can't stand (I)	*no puedo soportar*
to care	*preocuparse por, poner atención en*
to carry out	*llevar a cabo*
to change one's mind	*cambiar de opinión*
to complete	*hacer* (práctica, etc.)
curriculum vitae	*curriculum vitae* (también: resume, data sheet)
to deserve	*merecer*
diploma	*diploma*
to draw (drew, drawn)	*1) sacar, tirar de* *2) dibujar, trazar*
eager [i:gr]	*deseoso*
education	*estudios, educación*
to enclose	*anexar*
enthusiastic [inθu:ziɑstik]	*entusiasta*
entitled to (to be)	*tener derecho a*
fluent (to be)	*tener fluidez*
to fold	*doblar*
further	*complementario, adicional*
friendly [frendli]	*simpático*
full-time workers	*empleados de tiempo completo*
to graduate (from)	*graduarse, diplomarse*
heating	*calefacción*
helpful	*servicial*
to hire [hɑir]	*contratar*
hobby	*afición*
hourly [ɑurli] workers	*trabajadores por horas*
to include	*incluir*
to increase	*aumentar*
inclusive of	*que incluye*
lightening	*iluminación*
on duty (= off duty)	*trabajando* (descansando)
to order	*ordenar*
overheads	*gastos generales*
particulars	*detalles*
to pass (an exam)	*pasar* (un examen)
perk [pe:rk]	*prestación* (complemento del salario)
pin	*alfiler*

20

Personal y capacitación

B4. VOCABULARIO

polite	*cortés*
position	*puesto*
probation	*a prueba*
qualified	*calificado*
to recognize	*reconocer*
references	*referencias*
to require	*necesitar, requerir*
request	*solicitud*
to reward	*retribuir*
rewarding	*gratificante*
to rush (people)	*apresurar (a personas)*
servile [sə'vɑil]	*servil*
service charge	*servicio* (cobrado aparte)
sick leave	*licencia por enfermedad*
staff *(+ pl.)*	*personal*
to state	*precisar*
station head-waiter	*capitán de meseros*
to supply	*proveer*
to take an exam	*presentar un examen*
temporary	*temporal*
thankful	*agradecido*
tip	*propina*
to train	*capacitar*
traineeship	*periodo de práctica*
training	*capacitación*
vacancy	*vacante*
wages	*salario*
waiter	*mesero*
willing	*deseoso*

How to express likes and dislikes

Cómo expresar lo que gusta y lo que no gusta

I enjoy (+ing) I'm keen on (+ing) I'm fond of (+ing) I love (+ing)	*me gusta*	I hate (+ing)	*detesto*
		I can't stand (+ing) I can't bear (+ing) I resent (+ing)	*no puedo soportar*

20 Staff and training

C. EJERCICIOS

I. Transformar la parte de la oración que aparece en cursiva con el fragmento entre paréntesis y una frase infinitiva (ver la nota 2 del diálogo):

1. *You must* start working tomorrow (the boss wants).
2. *All the employees must* wear a uniform (the management wants).
3. *We must* complete a period of training (our employer would like).
4. My job *must be* a challenging one (I want).
5. *They mustn't* smoke while on duty (the rules forbid).

II. Completar las oraciones siguientes en el tiempo que convenga, con el verbo que aparece entre paréntesis[1]:

1. I will apply for a job when I (complete my training).
2. I will tell you all the details when you (start working).
3. As soon as my working day (be over), I will go home.
4. Will you please supply two letters of references when you (send your curriculum vitae).
5. You will be able to start on your job as soon as you (receive confirmation).

III. Traducir (revisar diálogo, documentos, frases modelo):

1. *Detesto que el servicio me apresure cuando como en un restaurante.*
2. *Me gusta que el mesero me aconseje bien.*
3. *Estoy convencido de que el oficio de mesero es complejo.*
4. *Hablo francés con fluidez y asistí a varios cursos de administración hotelera.*
5. *Anexo un curriculum vitae con todos los detalles que pudiera necesitar.*

---

1. Tiempo en las subordinadas de tiempo (después de **when**, **as soon as**, **after**, **while**, etc.):
Principal en futuro:
— subordinada en presente (E. subjuntivo presente).
— subordinada en present perfect (E. subj. pret. perfecto).
Principal en condicional:
— subordinada en pretérito (E. condicional simple).
— subordinada en pluperfect (E. cond. perfecto).

20 Personal y capacitación

C. SOLUCIONES

I. Transformar la parte de las frases que está en cursiva:

1. The boss wants you to start working tomorrow.
2. The management wants all the employees to wear a uniform.
3. Our employer would like us to complete a period of training.
4. I want my job to be a challenging one.
5. The rules forbid them to smoke while on duty.

II. Completar las oraciones en el tiempo correcto:

1. I will apply for a job when I have completed my training.
2. I will tell you all the details when you start working.
3. As soon as my working day is over, I will go home.
4. Will you please supply two letters of references when you send your curriculum vitae.
5. You will be able to start on your job as soon as you have received confirmation.

III. Traducir:

1. I hate being rushed by the service when I am eating at the restaurant.
2. I like the waiter to give me good advice.
3. I do believe that a waiter's job is a complex one[1].
4. I am fluent in French and I took several courses in hotel management.
5. Please find enclosed a curriculum vitae with all the particulars you may require.

---

1. **one** sirve de apoyo a los adjetivos y evita la repetición de una palabra ya utilizada.

■ **Perks (*) in catering** - *Reconocimientos en un restaurante*

In a US steak-house chain, hourly workers receive pins for recognizing given numbers of restaurant customers either by their name or some unusual characteristic. Pin categories include the 100 club, the 500 club or the 1000 club, which means they have recognized 100, 500 or 1000 customers.

The management thinks that customers feel special and important when they are recognized and that friendly employees draw the customers back to the restaurant.

En una cadena de restaurantes norteamericanos, los empleados por horas reciben prendedores por haber reconocido a equis número de clientes ya sea por su nombre o por alguna característica poco común. Los prendedores representan categorías: club de los 100, club de los 500 y club de los 1000, es decir, que han reconocido a 100, 500 o 1000 clientes. La administración considera que los clientes se sienten particularmente importantes cuando son reconocidos, y que los empleados agradables hacen que los clientes vuelvan al restaurante.

(*) abrev. de **perquisites:** *reconocimientos en especie; propinas.*

■ **A small ad** - *Pequeño anuncio*

CHURCHGATE
MANOR HOTEL

HEAD RECEPTIONIST

Is sought to join our luxury 85 bedroom, country house hotel with superb indoor leisure centre situated close to the M11, M25 and London.

Candidates should be computer trained (preferably Innsite), well presented, and capable of leading a team of 7. In return we offer top wages, profit scheme and excellent live in accommodation.

Please send full C.V. to: Mrs Frances Fisk, P&T Manager, Churchgate Manor Hotel, Churchgate Street, Old Harlow, Essex. CM17 OJT.
Tel: 0279 20246

JEFE DE RECEPCIÓN

Jefe de recepción para un castillo-hotel de lujo de 85 habitaciones que incluye instalaciones recreativas bajo techo, situado cerca de la M11, la M25 y de Londres[1].

Los candidatos deben saber usar una computadora, tener buena presentación y poder dirigir un equipo de 7 personas. A cambio ofrecemos excelente salario, interesantes prestaciones y magnífico alojamiento en el lugar.

1. **M11**, **M25**: autopistas (**Motorway**) situadas al NE de Londres.

ANEXOS

Anexo 1 Glosario del vino

A *abuchonado, que sabe a corcho,* corky: contamination of bottle wine by a faulty cork
acerbo, amargo, sour
acre, bitter, harsh
afrutado, fruity, with a strong taste of grapes
agradable, pleasant
agresivo, aggressive
agrio, sour
amargo, bitter
añejamiento, maturing, ageing
apagado, dull, lacking lustre and brilliance
apetitoso, pleasant, easy to drink
armonioso, harmonious, well-balanced
aroma, aroma
aromático, aromatic
áspero, hard, lacking in suppleness
aterciopelado, velvety, soft, supple and mellow in structure
atestamento, ullage, ullaging: systematic refilling of the vat after natural evaporation
avinagrado, bronco, harsh
avinagrado, sour: a wine that has turned off and turned to vinegar

B *barrica,* barrel, hogshead (contents varying from one region to another, generally 196-250 l.)
bodega de una tienda de vinos, (ground floor) wine store
bodega del productor de vinos, a professional ground-floor store for wine at a wine grower's or merchant's
bouquet, bouquet: a rich and complex smell or fragrance that good wine develops through ageing; (ver tbn: olor)
burbujeante, slightly gaseous or sparkling (e.g. gaillac), slightly sparkling (e.g. vouvray)
burdo, coarse, vulgar

C *cabezudo,* heady, sweet and rich in alcohol
captalización, chaptalization: a strictly controlled process by which sugar is added during fermentation
catavino, wine-taster: a flat cup for taking a mouthful of wine
caudales, caudals: a unit sometimes used to measure the

duration of the impression given by a wine

cava, cellar, wine vault

cenagoso, miry

cepa, grape, vine; a species or variety of wine: gamay, cabernet franc, pinot noir, merlot... One vine can give different wines: sauvignon will produce sauternes or pouilly, according to geography, viticulture and vinification

cepa, root stock

claro, clear, transparent

color[1], color, clarity and transparence of a wine

con cuerpo, fleshy, full-bodied

con resabio, with a persistent and very pleasant aftertaste and intense aromatic flavor

condado, parish

corcho, cork

cosecha de primera, "first growth", referring to the finest (and most expensive) wines

cosecha, caldo, growth: indicated a vineyard or group of vineyards producing wines of the same standard

cosecha, harvest, vintage

cosecha, year, vintage (date); only the best years in French classified wines are commercialized

cuerpo, body, richness; fullness of a wine

D *de cuerpo*, strong in taste and alcoholic content, but yet well-balanced, full-bodied

delgado, thin, lacking substance and body

delicado, delicate, fine

depósito(s), deposit(s): the impurities or dregs that can be found in a bottle and result from natural and normal activity of the wine

desarrollado, fully developed, having reached its optimum development

desequilibrado, unbalanced, lacking in harmony

deslizante, pleasant and easy to drink

despalillar, separating the grapes from the stalks and stems

distinguido, having brilliance, distinguished in all aspects

dulce, sweet, rich in sugar

dulzón, treacherously sweetish

---

1. Por ejemplo: *tornasol, granate, púrpura, rubí, ámbar, dorado, amarillo verdoso, amarillo pálido, oro viejo.*

E *embriagador,* heady, intoxicating
emisión, bottling
enología, oenology, enology (the art of winemaking, extended to wine tasting)
equilibrado, well-balanced, of a rich constitution
escobajo, vine stalks or stems
espeso, thick, common
espiritoso, warm, pleasant, with high alcoholic content and good vinosity
espumoso, sparkling (e.g. asti spumante)

F *falsificado,* thick, falsified
fechado, a vintage or dated wine
fermentación maloláctica, malolactic fermentation
filoxera, phylloxera, a disease which attacked and destroyed most of the European vines in the late 1800s. It was eventually overcome by reimporting vines from America and replanting them in their native birthplaces
fino, fine, great
flexible, supple, soft and easy to drink
flojo, flabby, weak
fresco, cool(ed)
fresco, fresh and lively, but rather light
frío, iced, chilled
fuerte, strong (in alcoholic content)

G *gaseoso,* gaseous, fizzy
generoso, generous, rich, full-bodied

I *insípido,* flat, tasteless
insulso, weak or lacking in character

J *joven*, young, new, "green"
jugo, juice(s)

L *lágrimas*, tears (as appears inside the glass when the wine has been poured and swirled round)
leal, faithful, loyal, honest
ligeramente espumoso, slightly sparkling [wine] (e.g. d'Alsace)
ligero, easy to drink, light and pleasant
ligero, light
límpido, clear, transparent

M *maduro*, full and well-rounded, well-matured, well-balanced, having reached its peak
maduro, ripe; mature and mellow
maduro, well-matured or well-blended
magnum, a double-size bottle of wine (1,5 liter)
mezcla, the practice of blending wines (prohibited for good-wines)
mildiu, (a kind of) mildewy rot, "noble" rot: a mould on the grape caused by botrytis cinerea, which results in extra natural sugar and is essential for the making of sauternes and for the "late harvests" in Alsace and Jura (ver tbn: vendimia tardía)
mosto de garrote, press must or juice: obtained naturally by pressing the grapes whole. Depending on whether the juice is separated from the pressings or left in, white or red wine is obtained
mosto de gota, drop must or juice: unfermented juice which runs off naturally when leaving the grapes whole (i.e. with pips, skins and stalks) in the vat
mosto, must

N *natural*, natural, honest, true
no espumoso, still, not sparkling (wines made in Champagne that do not go through the champanization process)

O *olor*[1], nose, smell (ver tbn: bouquet, perfume)

P *pago,* enclosure: an enclosed vineyard
pastoso, thick, rather unpleasant owing to substance clinging to the palate
pepitas, pips, stones of the grapes
perfume, scent, smell (ver tbn: olor), fragrance
picante, sharp, prickly
piel, skin
piernas, legs of the wine (ver tbn: lágrimas)
pleno, full, rich-bodied and well-balanced
poderoso, powerful, rich, well-balanced and likely to last
probar, to taste, to try
pulposo, pulpy, rich in taste, having "mâche"

R *rasposo,* rough, raspy owing to excess tannin
rico, grueso, full, rich
rico, rich, full-bodied
rígido, stiff, harsh, rather unpleasant

S *sabor,* the lasting and pleasant impression one gets when "chewing" a wine with strong and typical characteristics
sabroso, rich in taste
seco, dry
seco, unsweetened, very dry (champagne)
selección, sorting
suave, mellow, rich and soft; sweet and smooth
suculento, rich in content, fleshy, full-bodied

---

1. Por ejemplo: *fresco, olor animal, de bosque, a especias, a flores, afrutado, a pólvora, primario, secundario, terciario, sutil.*

T *tánico,* tannic: containing an excess of tannin, thus giving a rather harsh taste which will mellow down through ageing
tanino, tannin: a substance to be found in the skin of various fruit, which has a prominent role in the ageing process
terruño, cosecha, caldo, growth: in Burgundy, name of certain vineyards
tierno, light, delicate and pleasant wine, but unlikely to last very long
tina, vat, very large cask for fermenting wine
tonel, the contents of a vat
tonel, very large capacity vat, for the fermentation and storing of wines and spirits
tonelillo, half-hogshead
trasegado, tapping of the wine from a vat or barrel
turbio, cloudy

U *untuoso,* mellow, rich and full-bodied

V *vendimia tardía,* late harvest(s): generally in late November (St Catherine's Day) in good years, when "noble rot" has touched the grapes and given extra natural sugar
vendimia, (grape) harvest
verde, green or unripe, but may improve through ageing
vigoroso, vigorous, with good potential for ageing
vinatero, vintner, wine merchant
viña, vineyard
viñatero, wine-grower, vintner
viñedo, vineyard

Corte tradicional del cuarto trasero y del cuarto delantero de la res

Traditional English-style cutting of a hindquarter and forequarter beef

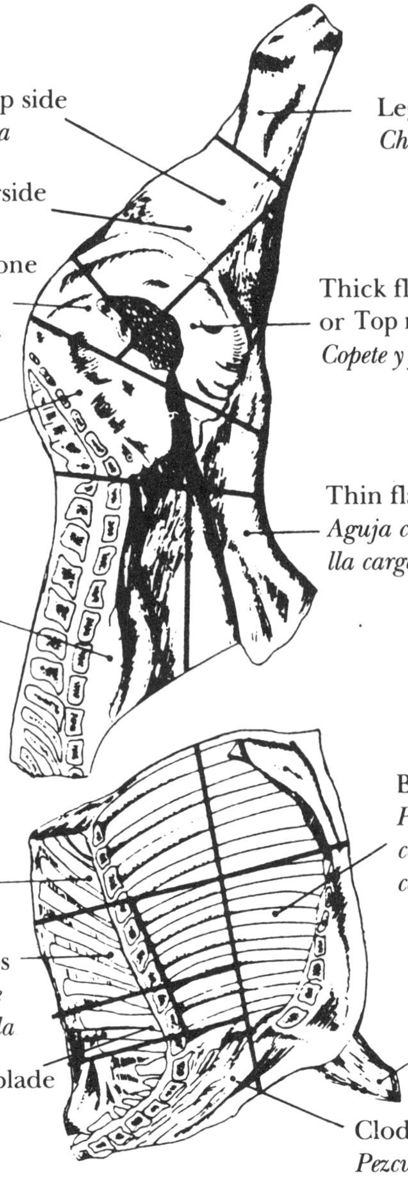

Corte de la ternera – **Veal cutting**

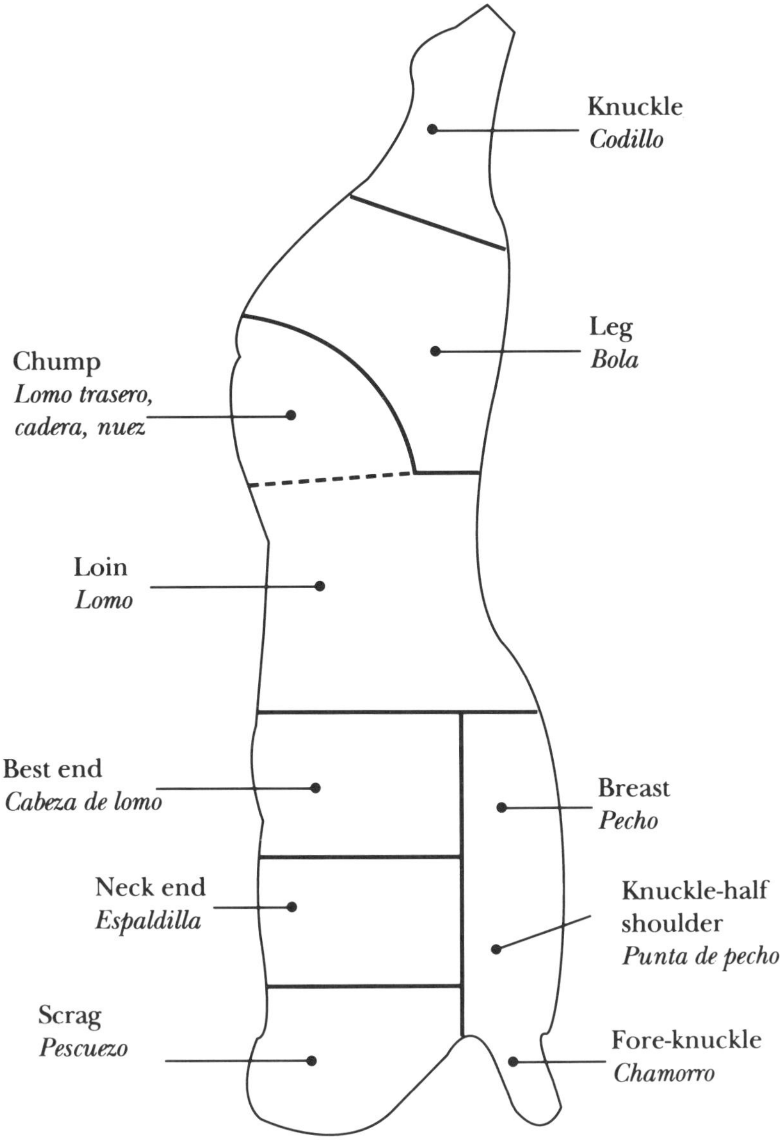

Veal – Ternera

Corte del cordero y del carnero
Lamb and mutton cutting

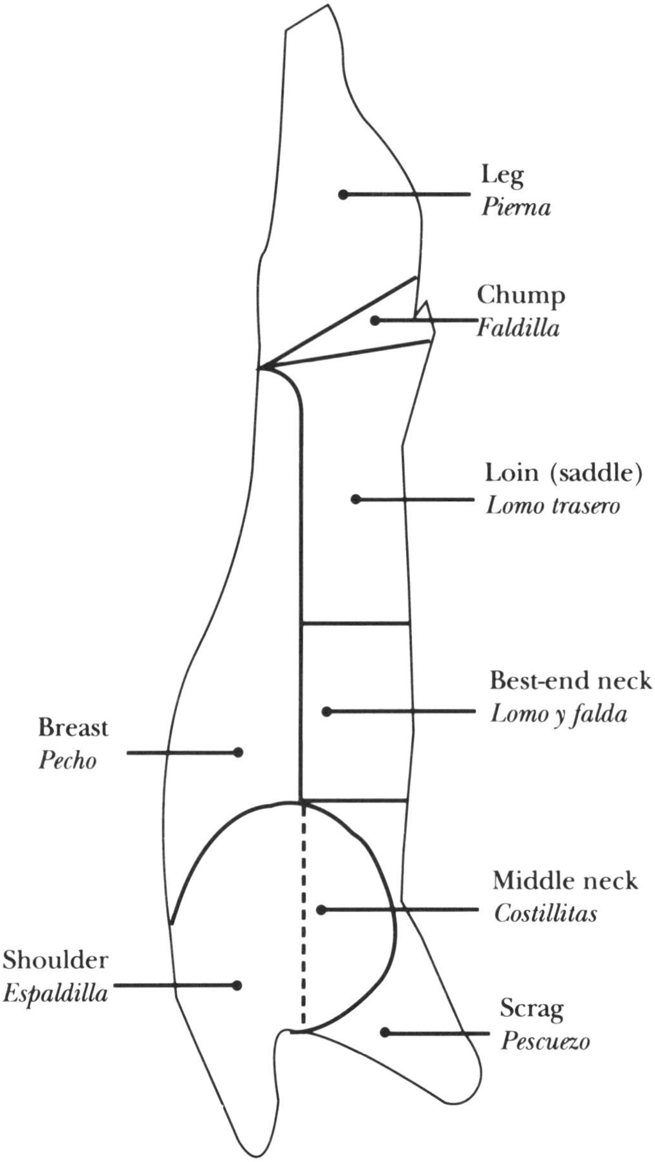

Lamb and Mutton – *Cordero y Carnero*

Corte del cerdo – **Pork cutting**

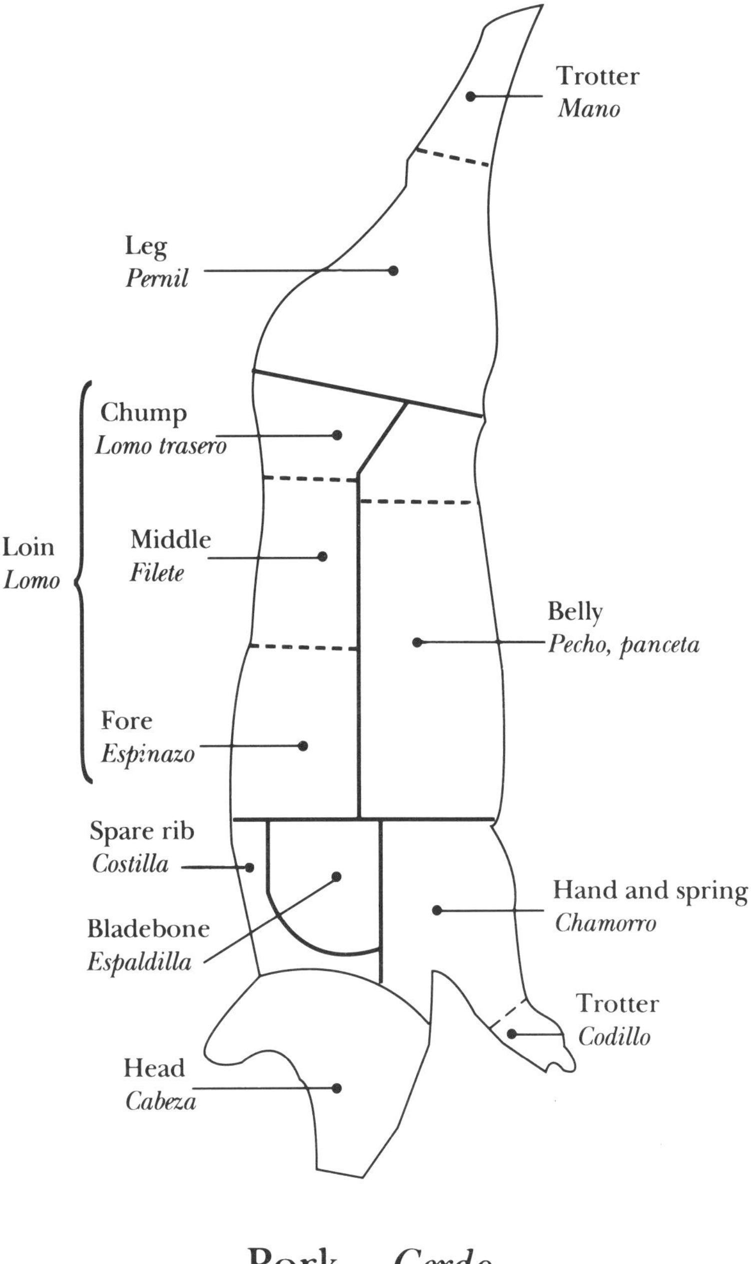

Pork – *Cerdo*

Corte del pollo para saltear
Cutting of a chicken for sauteing

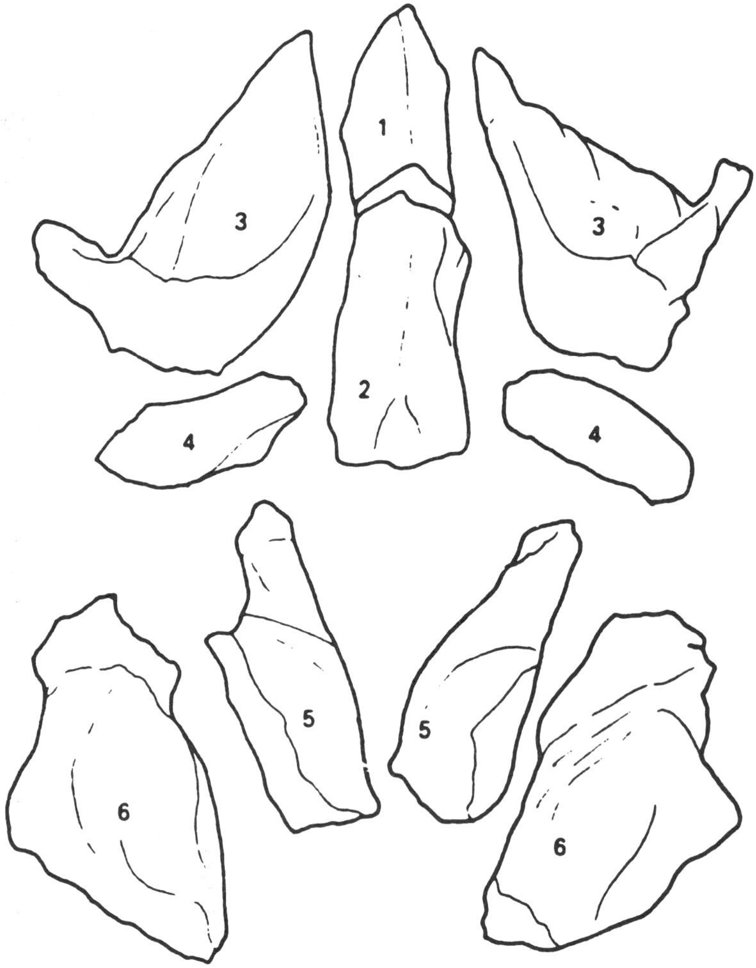

Chicken – *Pollo*

1 and 2 - Breast - *pechuga*
3 - Wing fillet - *pechuga con la primera sección del ala*
4 - Small wing end - *ala, alones*
5 - Leg - *pierna*
6 - Thigh - *muslo*

Anexo 3 Vísceras

Las vísceras y su utilización en los restaurantes
Offals and their uses in catering

• **Lamb and mutton** - *Cordero y carnero*

tongue - *lengua*	boiling, braising (to boil, *hervir,* to braise, *asar*)
brain - *sesos*	poaching (to poach, *escalfar*)
sweetbreads - *molleja*	braising, grilling, frying (to grill, *asar,* to fry, *freír*)
heart - *corazón*	braising
liver - *hígado*	frying, grilling
lungs - *pulmón, bofe*	frying, stewing (to stew, *estofado*)
kidneys - *riñones*	grilling, sauteing (to saute, *saltear, cocer en crudo*)
stomach - *estómago*	tripe, *mondongo, callos, pancita*
intestines - *intestinos, tripas*	casing for sausages, etc. *envoltura para salchichas*

• **Pig** - *cerdo*

head - *cabeza*	brawn, *queso de puerco*
head cheek - *cachete*	smoking, boiling
tongue - *lengua*	fresh or pickled*, boiling, braising * *conserva en vinagre*
brain - *sesos*	poaching
heart - *corazón*	braising
liver - *hígado*	braising
lungs - *pulmón, bofe*	frying, stewing faggots, *albóndigas*
kidneys - *riñones*	grilling, stewing
intestines - *intestinos*	chitterlings, *embutidos* sausage casings
fats - *grasa(s)*	lard, *manteca* drippings, *grasa para cocinar*
blood - *sangre*	blood sausages, *morcilla*
trotters - *manitas*	poaching

Anexo 4 Cubiertos

table knife - *cuchillo de mesa*

dessert knife - *cuchillo de postre*

fish knife - *cuchillo de pescado*

fish knife - *cuchillo de pescado*

tea knife - *cuchillo de té*

butter knife - *cuchillo de mantequilla*

table fork - *tenedor de mesa*

dessert fork - *tenedor de postre*

dessert fork - *tenedor de postre*

fish fork - *tenedor de pescado*

tea fork - *tenedor de té*

pastry fork - *tenedor de pastel*

oyster fork - *tenedor de ostras*

snail fork - *tenedor de caracol*

salad fork - *tenedor para servir verduras*

salad spoon - *cuchara para servir verduras*

dessert spoon - *cuchara de postre*

soup spoon - *cuchara sopera*

Anexo 4 Cutlery

 tea spoon - *cuchara de té*

 tea or coffee spoon - *cuchara de té o café*

 coffee spoon - *cuchara de café* (*express*)

 grapefruit spoon - *cuchara de toronja*

 marmalade spoon - *cuchara de mermelada*

 table spoon - *cuchara sopera*

 long drink spoon - *cuchara de coctel*

 soup ladle - *cucharón*

 sauce ladle - *cuchara de salsa*

 cream ladle - *cuchara de crema*

 sugar tongs - *pinzas para azúcar*

 cocktail mixing spoon - *cuchara mezcladora de coctel*

 ice tongs - *pinzas para hielo*

 snail tongs - *pinzas para caracol*

 asparagus eater - *cuchillo para espárragos*

 lobster pick - *tenedor de langosta*

Anexo 5 Principales tipos de pescados ahumados

Type of fish *Tipo de pescado*	**Product** *Producto*	**Preparation** *Preparación*	**Salting** *Salazón*	**Smoking** *Ahumado*
Cod *bacalao, bacalao fresco*	Single fillets *filete (sencillo)*	Filleted *fileteado*	Brined* often with a dye**	Cold smoked *ahumado en frío*
	Cod's roe *hueva de bacalao fresco*	Removed from female, washed *se toman de la hembra y se lavan*	Dry salted or brined and dyed *salado en seco o en salmuera y coloreado*	Cold smoked
Eel – *anguila*	Whole fish *pescado entero*	Gutted only *limpiado, simplemente*	Dry salted and brined	Hot smoked *ahumado en caliente*
Haddock – *abadejo*	Single fillets	Filleted	Brined often with a dye	Cold smoked
	"Finnans"	Headed, split up belly, flattened and gutted *sin cabeza, abierto, aplanado y limpio*	Brined often with a dye	Cold smoked
	Smokies	Whole gutted fish, headed and cleaned *pescado entero, limpio, sin cabeza y lavado*	Brined	Hot smoked

* brine: *salmuera*; brined: *en salmuera*.
** dye: *tintura, colorante*; dyed: *coloreado*.

Anexo 5 The main types of smoked fish

Type of fish *Tipo de pescado*	**Product** *Producto*	**Preparation** *Preparación*	**Salting** *Salazón*	**Smoking** *Ahumado*
Herrings *arenques*	Bloaters *arenque ahu-mado*	Whole, ungutted	Dry salted	Cold smoked to give partial drying *ahumado en frío para obtener un secado par-cial*
	Buckling	Whole, ungutted	Dry salted	Hot smoked
	Kippers	Split along back, cleaned, opened flat – *partido a lo largo del lomo, lavado y aplanado*	Brined and dyed	Cold smoked
	Kipper fillets	Filleted	Brined and dyed	Cold smoked
Salmon – *salmón*	Side (or fillet) *medio o filete*	Filleted trimmed *recortado*	Dry salted or brined	Cold smoked using oak or juniper wood *ahumado en frío con madera de roble o de enebro*
Trout – *trucha*	Whole fish *pescado entero*	Whole gutted	Dry salted or brined	Cold smoked

Anexo 6 Crustáceos – Crustaceans

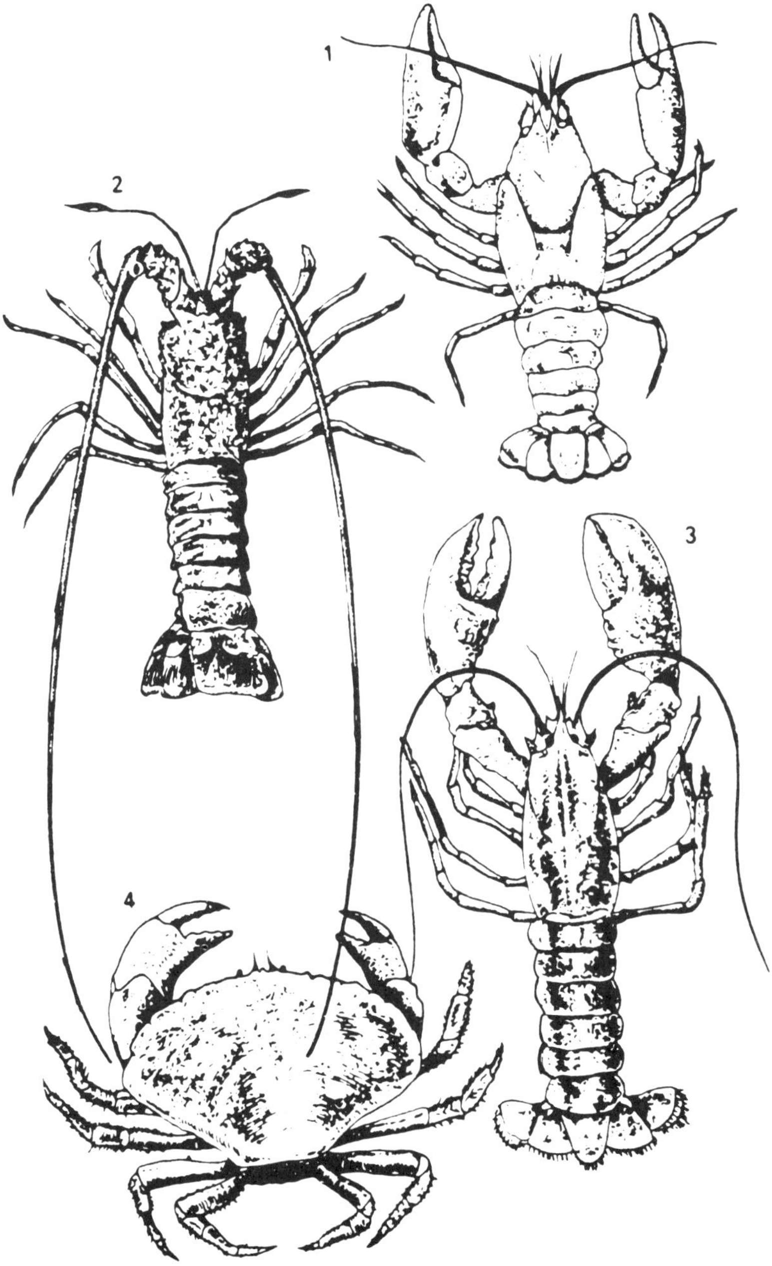

1. crayfish - *cigala*
2. crawfish - *langostino*
3. lobster - *langosta*
4. crab - *cangrejo*

Anexo 7 Moluscos – Molluscs

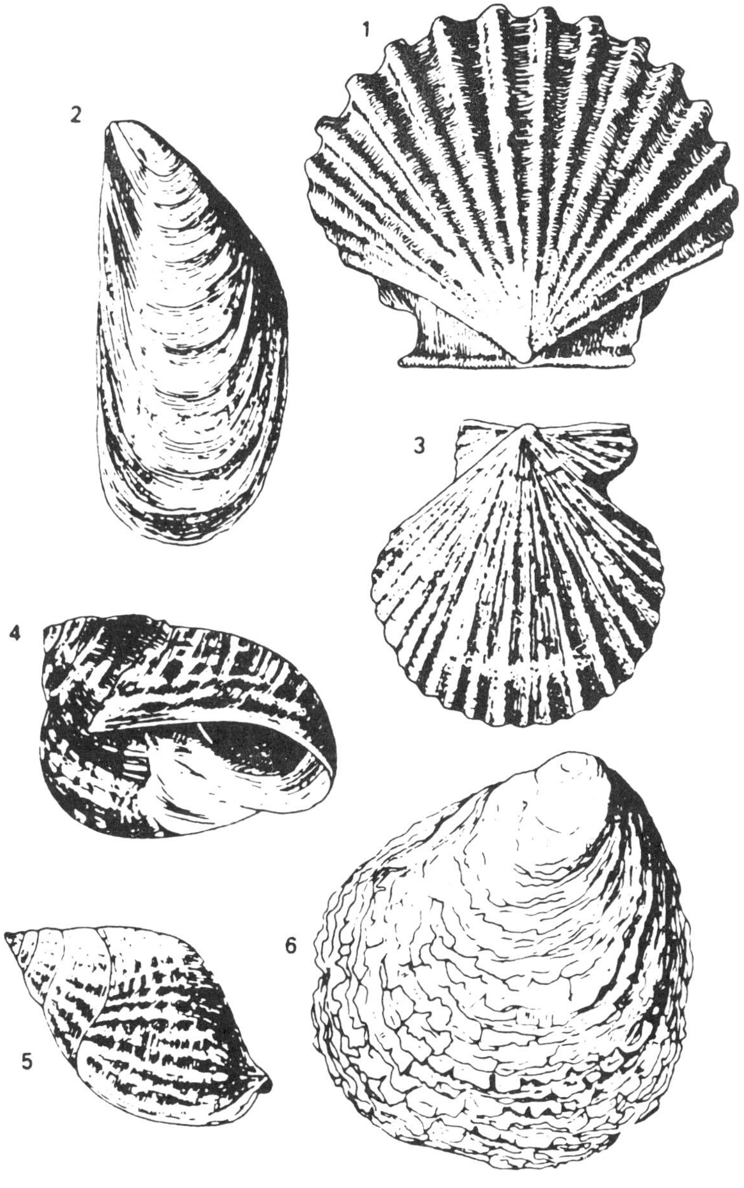

1. scallop - *vieira, venera*
2. mussel - *mejillón*
3. queen - *pechina*
4. whelk - *buccino*
5. periwinkle - *caracol de mar*
6. native oyster - *ostra*

Anexo 8 Almacenes – Stores (plan)

Distribución óptima de los almacenes
Optimum layout for stores

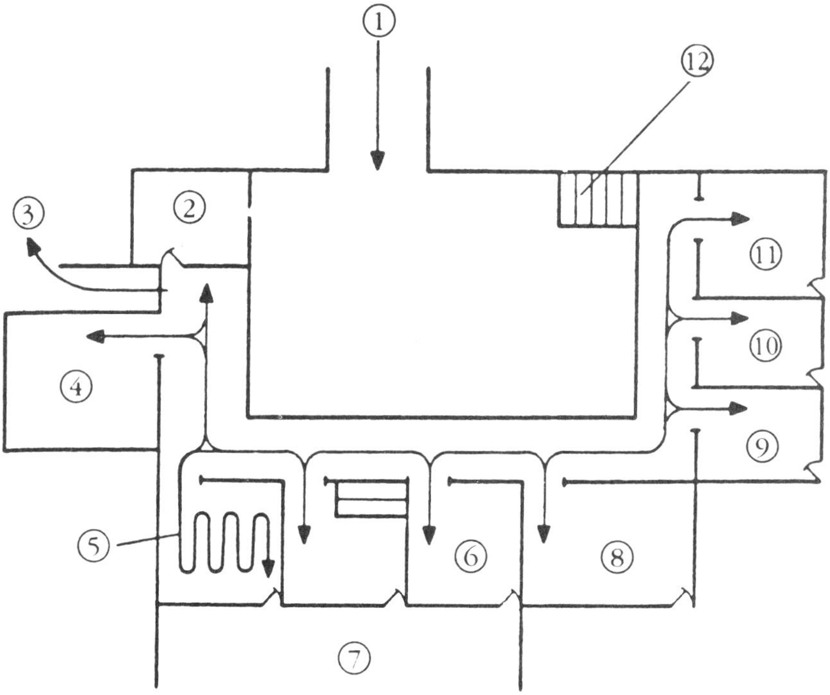

1. Access road - *acceso, entrada/salida*
2. Receiving office - *recepción de mercancía*
3. Corridor to other departments - *hacia los otros sectores*
4. Cellar - *cava*
5. Meat, etc. - *carne*
6. Dry stores - *abarrotes*
7. Kitchen - *cocina*
8. Sundries - *varios*
9. Ditto - *idem*
10. Housekeeping - *mantenimiento*
11. Materials storeroom - *bodega de equipo*
12. Steps to 3'6'' high delivery bay
    escalera de acceso a la zona de entregas (100 cm)

Anexo 9 Cocina-Kitchen area

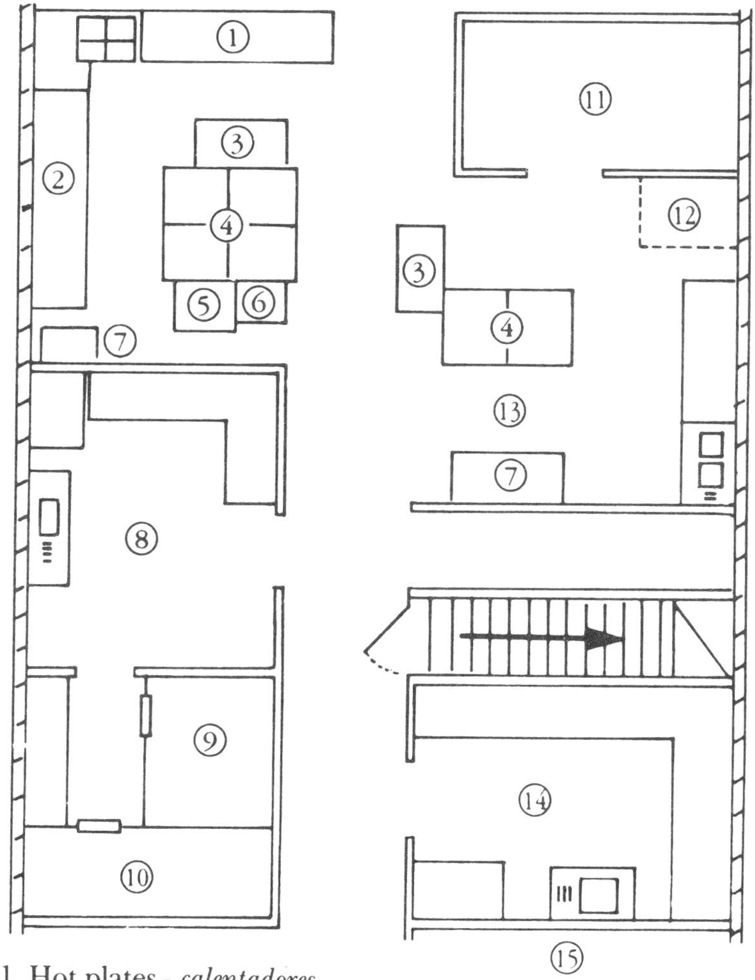

1. Hot plates - *calentadores*
2. Sauce section - *zona de preparación de salsas*
3. Grills - *parrillas*
4. Ovens - *hornos*
5. Charcoal grill - *parrilla de carbón*
6. Fryers - *freidoras*
7. Fridge - *refrigerador*
8. Larder - *despensa*
9. y 10. Walk-in fridge - *cámaras frías*
11. Dishwashing - *fregadero*
12. Head desk - *escritorio del chef (cocinero principal)*
13. Vegetable section - *zona de preparación de verduras*
14. Pastry section - *zona de preparación de pasteles*
15. Stores - *bodegas/almacén*

Anexo 10 Reservation form

Date of arrival ______	Single .... ☐
Date of departure ______	Single/bath .... ☐
Name ______	Double .... ☐
Address ______	Double/bath .... ☐
______	Twin/bath .... ☐
Telephone number ______	Twin/shower .... ☐
Reservation placed by ______	Extra bed .... ☐
Name ______	Cot .... ☐
Address ______	Other ....
______	....

Telephone number ______

Terms ______

Time of arrival ______ Date ______ Signature ______

Remarks ______

______

______

Please confirm in writing	Unclaimed rooms will be released after 6 p.m.

Anexo 10 Ficha de reservación

Fecha de llegada________ Fecha de salida ________ Nombre__________ ____________ Dirección__________ ____________ ____________ Número de teléfono______ ____________ Agencia*__________ Nombre __________ Dirección __________	1 persona .... ☐ 1 persona/baño .... ☐ 2 personas/1 cama matrimonial .... ☐ 2 pers/1 cama matrimonial/baño .... ☐ 2 pers/camas gemelas/baño ☐ 2 pers/camas gemelas/ducha .... ☐ cama adicional .... ☐ cuna .... ☐ varios ....

Número de teléfono__________

Condiciones**____________________

Hora de llegada________ Fecha ________ Firma ______

Notas ____________________________

____

____

Favor de confirmar por escrito	Las reservaciones se mantienen hasta las 18 h

---

* Literalmente: reservación hecha por...

** Por ejemplo **FB** (full board: *pensión completa*), **HB** (half board: *media pensión*), o **Preferred rates**: *tarifa especial*, etc.

Anexo 11 Little wordlist for Ibis guests

Reception: Open 24 hours a day. Theater reservations. Free safe deposit boxes. Telex. We can call you a taxi. Information about Mexico City, maps. Messages. Mail drop. Dial Ext.133[1].

Welcome to Ibis: Reservations for which no deposit has been made are kept until 7:30 p.m. No-shows: the deposit is forfeited. Except by special prior arrangement, prepayment is mandatory. Refund if you leave sooner than anticipated. The floor your room is located on is shown on the keyholder of your room key (the first number).

Children: Children up to 12 years of age sharing their parent's room are accommodated free of charge.

Pets: We ask you to pay a small supplement for pets.

Checkout time: Checkout time is 12 noon.

Telephone: In the room.

Credit cards: We accept Visa and American Express.

Safe deposit boxes: In the Reception. Hotel cannot be held responsible for money, jewellery and valuables left in rooms.

Dry cleaning: Items left before 9 a.m. returned the same evening.

Bar: Open from noon to 1:30 a.m.

Rooms: Furnished with 1 double bed or 2 twin beds. Private bathroom with toilet. Telephone. T.V. plug.

Breakfast: One price, eat as much as you like, served buffet style in the restaurant. From 6:30 to 10:30 a.m.

Restaurant: On the first floor open from noon till 10:30 p.m. nonstop.

Conference rooms: For up to 150 persons.

---

1. **to dial**: marcar un número de teléfono; **Ext.** = **extension**: *extensión* (teléfono interno).

Anexo 11 Pequeño glosario para clientes de Ibis

Recepción: *Abierta las 24 horas. Reservaciones para espectáculos. Cajas de seguridad sin costo. Telex. Reservación de taxis. Información sobre la ciudad de México, mapas. Mensajes. Buzón. Marque la ext. 133.*

Bienvenida: *Las reservaciones sin depósito se mantienen hasta las 19:30 h. No se hacen devoluciones de depósitos. Salvo en casos especiales, los pagos son por adelantado. Reembolso en caso de dejar el hotel antes de lo previsto. La primera cifra del número de su habitación, indicada en el llavero, corresponde al piso en que ésta se encuentra.*

Niños: *Hasta de doce años, sin costo en la habitación de sus padres.*

Animales: *Se aceptan con un pequeño pago adicional.*

Condiciones: *Las habitaciones vencen a las 12 PM*[1].

Teléfono: *En las habitaciones.*

Tarjetas de crédito: *Se aceptan Visa y American Express.*

Cajas de seguridad: *Solicitarlas en Recepción. La Dirección no se hace responsable de efectivo, joyas y objetos de valor que no sean depositados en Recepción.*

Tintorería[2]: *Las prendas recibidas antes de las nueve de la mañana se entregarán el mismo día.*

Bar: *Abierto de 12 PM a 1:30 AM.*

Habitaciones: *1 cama matrimonial o 2 camas gemelas. Baño privado. Teléfono. Conexión para TV.*

Desayuno: *Precio único. Autoservicio en el restaurante. De 6:30 a 10:30 horas.*

Restaurante: *Primer piso, abierto de 12 a 22:30 h sin interrupción.*

Salones de conferencias: *Hasta para 150 personas.*

---

1. **to check out**: efectuar las formalidades de salida del hotel.
2. **dry - cleaning**: *lavado en seco.*

Anexo 12 Solicitud de empleo-Application form

HILTON INTERNATIONAL HOTELS

Hotel ....

Date ....

Position Applied For ....

Puesto solicitado

Who referred you to us?..

Recomendado por

Name ....Male ☐ Female ☐
SURNAME/*Apellido* FIRST/*Nombre**
Address ....
....Telephone No: ....
Date of Birth: .... Age: .... Place of Birth:..
fecha de nacimiento *lugar de nacimiento*
Check marital status/*estado civil*

Single ☐ Married ☐ Widow** ☐ Divorced ☐ Separated
If you have dependent children, state ages ....
Edad de los hijos que dependen de usted
Nationality/*nacionalidad* ....
Work permit/*permiso de trabajo* ....
Type ....Expires/*fecha de vencimiento*
Minimum wages required/*salario deseado* ....
Date available/*disponible a partir del* ....

EDUCATION - *ESTUDIOS*

Name and adress of School or University *Nombre y dirección de la escuela o universidad*	From *de*	To *a*	Degree or certificate *Diploma o Certificado*	Major Course of Study *Especialidad*

What business machines can you operate? ....
¿Qué máquinas de oficina sabe manejar?

What languages do you know? ....
¿Qué idiomas conoce?

What kind of work are you most qualified to do? ....
¿Para qué tipo de empleo está más calificado?

DO NOT WRITE BELOW THIS LINE - *Reservado para la administración*

Hotel .... Dept./*departamento* ....Position/*puesto* ....
Date employed/*fecha de contratación* .... Wages/*salario* ....

* apodo: **nickname**.
** **widow**: *viudo*; **widower**: *viuda*.

Anexo 13 Entrevista-Interview Form

PHYSICAL INFORMATION - *ESTADO DE SALUD*

How is your health (*salud*) ?
Excellent ☐ Fair/*buena* ☐ Poor/*mala* ☐
Color of eyes ....Height/*estatura* ....Weight/*peso* ....
Have you had any serious illness, injury or operation? (explain).
¿Ha sufrido enfermedades graves, heridas u operaciones?
....
Do you have any handicaps on .... / *tiene alguna incapacidad en*
Feet/*pies* ☐ Hands/*manos* ☐ Sight/*vista* ☐
Hearing/*oído* ☐ Speech/*habla* ☐

EMPLOYMENT RECORD

In the space below, list the positions you have held, showing last position first, be accurate - *indique a continuación los puestos que ha ocupado, empezando por el último; sea preciso.*

Name and adress of employer *Nombre y dirección del empleador*	Employed From *de*	 To *a*	Positions & Duties *Puesto*	Gross salary *Salario bruto*	Reason for leaving *¿Por qué lo dejó?*

INTERESTS - *PASATIEMPOS*

What are your hobbies/interests? ....
¿Cuáles son sus pasatiempos/intereses favoritos?
Are you a member of any clubs or societies? ....
¿Es miembro de algún club o sociedad?

In case of emergency please notify: Name ....
En caso de urgencia, favor de avisar a: Address ....
Telephone ....

In signing this application and in consideration of my securing employment with Hilton Hotels in any of its hotels, I do hereby affirm that the preceding are true to the best of my knowledge and belief, and that any misrepresentation of facts or omission thereof shall be cause for dismissal. I also confirm that I have no criminal convictions recorded against me. - *Al firmar esta solicitud y en caso de obtener un empleo en los Hoteles Hilton, afirmo, que hasta donde sé, la información proporcionada es verdadera, y que cualquier error u omisión será motivo de despido. También afirmo que no he sido sujeto de sanciones penales.*

Overall evaluation ....
Evaluación general ....

Interviewer ....
Entrevistador
Signature ....
Firma

Anexo 14 Presentación de una carta comercial

La correspondencia comercial en inglés ha perdido su formalidad y ampulosidad. Las pautas de estilo que presentamos son, pues, las mismas que para una carta común y corriente: escriba con claridad y sencillez; con frases cortas y sin excesiva familiaridad, excepto si conoce al destinatario de tiempo atrás; no dude en poner punto y aparte al iniciar un nuevo elemento de su mensaje. En cuanto a la presentación, las reglas son muy sencillas:

1. Si usa papel sin membrete, ponga su **dirección** (como remitente) arriba a la derecha. (Número, ciudad o localidad, código postal). No ponga su nombre, que aparecerá bajo su firma. Su número de teléfono puede aparecer bajo la dirección (Phone:).

2. La **fecha** se pone debajo de la dirección.
Si utiliza papel membretado, colóquela arriba a la derecha, bajo el membrete. No se indica la localidad.
Actualmente hay varias maneras de indicar la fecha:

La forma siguiente es de origen americano, y de uso frecuente en el ámbito internacional:

February 6, 19..

También es posible utilizar abreviaturas:

8 Oct. 19..
Dec. 16th 19..

En la tradición británica se acostumbra:

May 22nd 19..
23rd March, 19..

También podría indicarse así:

September 10th 19..
12th June 19..
5 April, 19..

También pueden utilizarse sólo números, pero es peligroso pues:

- en inglés americano el mes se pone primero, y **4.3.85** significaría, pues, 3 de abril. En la versión norteamericana, el 4 de marzo sería así: **3.4.85.**
- y en inglés británico, **4.3.85** significa, como en español, 4° día del 3er mes (marzo);

3. De haber una **referencia**, ésta se pone arriba a la izquierda, bajo el membrete, y en general lleva número (código) e iniciales (autor de la carta y secretaria o mecanógrafa).

4. La **dirección del destinatario** (llamada **"inside address"**, dirección interior) figura arriba a la izquierda (bajo la referencia, en caso de haberla). Se pone:

• nombre y dirección del destinatario, persona o empresa.

Si se trata de una persona, se empieza por **Mr**, **Mrs**, **Miss**, **Messrs** (Messieurs), **Ms** (que no prejuzga el hecho de que una mujer esté casada o no; las asociaciones feministas pugnan por el uso de esta sigla).

Estas abreviaciones pueden ir seguidas de un punto (**Mr.**, etc.), lo cual es común en los Estados Unidos, aunque los puristas no van de acuerdo con el punto que sigue a la última letra de una palabra. Sigue la inicial y el apellido. Los estadounidenses suelen utilizar sus dos nombres, p.ej. **J.K. THOMSON** o **John K. THOMSON**.

A continuación se pone la dirección (número, ciudad o localidad, código postal).

Los británicos llegan a utilizar, aunque cada vez menos, la abreviatura de cortesía Esq. (Esquire, originalmente *escudero*). **G. THOMSON, Esq.**, que significa sencillamente **Mr. G. Thomson.**

5. Las fórmulas de saludo más usuales son:

Dear Sir, **Dear Madam**, **Dear Sirs**,

y van seguidas de dos puntos en inglés americano y de una coma en inglés británico.

"Dear" corresponde al español *Estimado Señor* o *Estimada Señora*, etc.

Señoras se dirá **Mesdames.**

El americano utilizará **Gentlemen**: en lugar de **Dear Sirs**, (GB).

Para decir *Estimado Señor*, etc., de manera más informal, más personal, se incluirá el nombre del destinatario: **Dear Mr JOHNSON**.

En el marco de las relaciones frecuentes y de tiempo atrás, la costumbre americana permite utilizar el nombre de pila:

Dear John,

y en este caso, la coma se considera menos formal. Las fórmulas de saludo se colocan a la izquierda, y no en el centro de la hoja.

6. El **cuerpo** de la carta.

Hay dos posibilidades de presentación:

• con sangría (*indented form*): cada párrafo empieza ligeramente adentro;

• compacta (*block form*): todos los renglones empiezan al margen.

Espacio doble entre renglones.

7. Se termina con una **fórmula breve de conclusión**, que va de acuerdo con el saludo.

Uso americano:
Se utiliza **Sincerely yours,** o sencillamente **Sincerely**; a veces, **Very truly yours**.

En inglés británico, si la carta empieza con **Dear Sir**, termina siempre con **Yours faithfully.**
Si empieza con **Dear Mr THOMSON**, termina con **Yours sincerely**.
Una carta de tono familiar puede terminar con **Yours**.

La primera palabra –y sólo la primera– se escribe siempre con mayúscula. La fórmula va seguida de una coma, antes de la firma. La fórmula de despedida se coloca casi siempre a la izquierda, a la altura de la primera palabra del primer párrafo.

8. **Firma.**
Casi siempre a la izquierda, sobre el nombre del firmante y de su puesto.
Si se firma por poder, el nombre de la persona en lugar de la que se firma se pone sobre la firma, precedido de **p.p.** o de **per pro** (abreviatura de per procurationem, forma latina de *por poder*).

9. Los **anexos** se indican en la parte inferior de la carta, a la izquierda:
Encl. o **Enc.**, y a continuación, el contenido de los anexos.

Anexo 15 Frases modelo para cartas comerciales

1. *En respuesta a su solicitud de información...*
   In response (GB: In reply) to your inquiry...
2. *En respuesta a su carta del...*
   In response (GB: In reply) to your letter of...
3. *Anexamos...*
   Please find enclosed...
   We enclose...
   We are enclosing...
4. *Acusamos recibo de...*
   We acknowledge receipt of...
   Thank you for...
5. *Tengo el honor de confirmar...*
   I wish to confirm...
6. *Con gusto le comunicamos que...*
   We are pleased to let you know/inform you that...
7. *Lamentamos informarle que...*
   We are sorry to let you know/inform you that...
8. *Le agradecería que...*
   I would be grateful if you would...
   Would you be so kind as to...
   Please...
9. *Nos permitimos sugerirle...*
   We venture to suggest...
10. *Agradeceríamos su pronta respuesta.*
    A prompt answer would be appreciated.
    An early reply will/would oblige us.
11. *Si la fecha y hora no le convienen...*
    If the date and time are not convenient...
12. *Favor de enviar dos copias de la factura.*
    Please send us the invoice in duplicate.
    Please send us two copies of the invoice.
13. *Favor de enviar su mejor cotización...*
    Please quote us your best terms.

14. *Nuestra cotización es la siguiente...*
We are quoting ... prices./The prices we quote are...

15. *Si no le satisface este artículo...*
If this article does not suit you...

16. *Nuestras condiciones habituales son...*
Our usual terms are...

17. *Otorgamos descuentos importantes...*
We grant/allow sizeable/substantial discounts...

18. *El pago deberá hacerse...*
Payment will be by...

19. *Estamos dispuestos a hacerle un descuento del 5%.*
We are prepared to grant you (a) 5% discount.

20. *Reciba nuestras disculpas por el retraso.*
We apologize for the delay.

21. *La mercancía se enviará...*
The goods will be delivered...

22. *Indíquenos a vuelta de correo...*
Please let us know by return...

23. *No nos es posible...*
We are not in a position to...

24. *Nos vemos obligados a cancelar el pedido...*
We are sorry to have to cancel the order...
We regret having to cancel the order...

25. *Hemos registrado su pedido.*
We have booked your order.

26. *Le agradeceríamos adelantar la fecha de entrega.*
We would be grateful if you could put the delivery forward.

27. *Necesitamos información más precisa sobre...*
We would like to have/to obtain more detailed information/further information/further particulars/on...

28. *Tenemos el gusto de confirmar su reservación.*
We are pleased to confirm your reservation.

29. *Desgraciadamente no hay lugar para esa fecha.*
Unfortunately, we are fully booked on that date.

30. *En relación con su solicitud telefónica...*
With reference to your telephone inquiry...

31. *Lamentamos no poder ofrecerle nada adecuado para esas fechas.*
We regret to inform you that we cannot provide you with anything suitable for that period.

32. *Estamos a su disposición para proporcionarle mayor información...*
We are at your disposal for any further information...

33. *Espero recibir noticias suyas pronto.*
I am looking forward to hearing from you soon.

34. *Atentamente*
(US) Sincerely yours, / Sincerely,
(GB) Yours faithfully, / Yours sincerely,

Anexo 16 Answering a reservation inquiry

MODERN HOTEL
6 Avenue Road
San Francisco, CA

Mr A.T.Ramsay
8 Cynthia Drive
Austin, TX

Thursday, March 25, 199...

Dear Mr Ramsay,

We are in receipt of your letter dated March 21 in which you were asking if we could accommodate a party of 17 persons: 7 girls, 8 boys and two adults, for a weekend in June.

We are pleased to inform you we have enough vacancies on the second weekend in June (9th-10th) to offer you the following arrangement:

— Two doubles with twin beds plus a "family room" containing three beds for the girls, on the second floor, next to a single room for Miss Smith.

— Four doubles with twin beds for the boys, next to a single room for Mr Black, on the fourth floor.

All our rooms have a private bathroom and a toilet, a telephone and a television. The hotel is centrally heated.

The hotel has no restaurant as such, but the room service has quite a comprehensive list of refreshments, ranging from toasted sandwiches to more sophisticated items.

So we would only provide Bed and Breakfast for $ 20 per head and per night.

There are many tour parties around at that time of the year and the area is packed with buses, but I trust your driver will find a place to park nearby.

Please find herewith a booklet about day trips in and around San Francisco and a postcard of our establishment.

We would appreciate an early answer, we are looking forward to having this party with us, and remain,

Sincerely yours,

Respuesta a una solicitud de reservación

Jueves 25 de marzo de 199...

Estimado Sr. Ramsay:

Acusamos recibo de su carta del 21 de marzo en la que pregunta si podemos alojar a un grupo de 17 personas, 7 niñas, 8 niños y dos adultos, durante un fin de semana de junio.

Con mucho gusto le comunicamos que tenemos suficientes habitaciones libres para el segundo fin de semana de dicho mes (del 9 al 10) y le proponemos lo siguiente:

— Dos habitaciones de dos camas y una habitación grande con tres camas para las niñas, en el segundo piso, junto a una habitación individual para Miss Smith.

— Cuatro habitaciones de dos camas para los niños, al lado de una habitación individual para Mr Black, en el cuarto piso.

Todas nuestras habitaciones cuentan con baño privado, teléfono y televisión. El hotel tiene calefacción central.

El hotel no tiene restaurante propiamente dicho, pero el servicio en los cuartos propone una lista bastante extensa de platillos, desde sandwiches tostados hasta alimentos más elaborados. Por lo tanto, le proporcionaríamos la habitación y el desayuno por 25 dólares por persona, por noche.

En esa época del año hay muchos grupos de turistas y el barrio está lleno de autobuses, pero estoy seguro de que su chofer encontrará dónde estacionarse cerca del hotel.

Adjuntamos un folleto de las excursiones de un día tanto en San Francisco como en los alrededores y una tarjeta postal de nuestro establecimiento.

Mucho le agradeceríamos contestarnos a la brevedad posible. Nos encantaría tenerlos entre nosotros.

Atentamente...

Anexo 17 Cómo escribir y leer las cifras

1. No olvidar las comas después de los millares:
   two thousand five hundred and fifty: 2,550
2. Los decimales llevan punto: 1.5%
   Notas:
   • 0,5% puede escribirse 0.5% (oh point five per cent) o simplemente .5% (point five percent).
   • atención a: *incrementar en 5%*
   to increase/rise by 5%
   un incremento del 5%
   an increase/rise of 5%
   a 5% increase/rise
   un aumento del 10% en los precios al menudeo
   a 10% increase in retail prices
3. **hundred**, **thousand**, etc. son invariables si van seguidos de una cifra: two thousand cars, three hundred people.
   Llevan una **s** cuando corresponden al español *millares de, centenas de, millones de*:
   hundreds of cars, thousands of people, millions of dollars.
4. Atención a la traducción del español **mil millones:**
   (EU) one billion, (GB) one thousand million.
   Esp. seis mil millones, (EU) six billion, (GB) six thousand million. En la lengua internacional se ha impuesto el uso norteamericano.
5. Atención a la formación de adjetivos:
   una reunión de tres horas: **a three-hour meeting**
   un viaje de dos días: **a two-day trip**
6. Indicación de las monedas:

EU	GB
$600	£600
(seiscientos dólares)	(seiscientas libras)

7. En el teléfono, 735 65 02 se dirá **seven three five six five oh two.**
8. Las *docenas* y las *veintenas* con frecuencia se traducen por **dozens of**: docenas de libros, **dozens of books** (pero: *dos docenas de huevos*, **two dozen eggs**, ver 3).
   También:
   veintenas de libros, **scores of books**
   decenas de millares de libros, **tens of thousands of books.**

Anexo 18 Pesas y medidas – Weights and measures

***Medidas de peso* - Weights**

	US	GB
ounce (oz)	31.10 g	28.35 g
pound (lb)	0.373 kg	0.454 kg
stone (st)	—	6.348 kg

***Medidas de longitud* - Linear measures**

inch (in)	2.54 cm
foot (ft)	30.48 cm
yard (yd)	0.914 cm
mile (mi)	1.609 km

***Medidas de superficie* - Square measures**

square inch (sq in)	6.45 cm^2
square foot (sq ft)	0.093 m^2
square yard (sq yd)	0.836 m^2
acre (a)	0.405 ha
square mile (sq mi)	2.590 km^2

***Capacidad* - Capacity**

	US	GB
pint (pt)	0.473 l	0.568 l
quart (qt)	0.946 l	1.136 l
gallon (gal)	3.78 l	4.543 l

Temperaturas

Para convertir grados centígrados a grados Fahrenheit, multiplicar por 9/5 y sumar 32.

Ejemplo: 10° C dan $\frac{10 \times 9}{5} + 32 = 50°F$

Para convertir grados Fahrenheit a grados centígrados o celsius, restar 32 y multiplicar por 5/9.

Ejemplo: 60° F dan $60 - 32 \times \frac{5}{9} = 15.5°$

Algunos puntos de referencia:

Temperatura del cuerpo humano	36°9 C = 98°4 F
Congelación del agua	0° C = 32° F
Ebullición del agua	100° C = 212° F
	– 10° C = 14° F

Anexo 19 Monedas

US • ***Monedas*** **- Coins**

a cent (a penny) 1 ¢
five cents (a nickel) 5 ¢
ten cents (a dime) 10 ¢
twenty-five cents (a quarter) 25 ¢
half a dollar, a half-dollar; (*fam.*) half a buck 50 ¢

• ***Billetes*** **- Notes**

a dollar, a dollar-bill; (*fam.*) a buck $ 1
five dollars, a five-dollar bill; (*fam.*) five bucks $ 5
ten dollars, a ten-dollar bill; (*fam.*) ten bucks $ 10
twenty dollars, a twenty-dollar bill; (*fam.*) twenty bucks $ 20
one hundred dollars, a hundred-dollar bill; (*fam.*) hundred bucks $ 100

GB • ***Monedas*** **- Coins**

a half penny (a half p) 1/2 p
a penny (one p) 1 p
two pence (two p) 2 p
five pence (five p) 5 p
ten pence (ten p) 10 p
twenty pence (twenty p) 20 p
fifty pence (fifty p) 50 p
one pound, a pound; (*fam.*) a quid £ 1

• ***Billetes*** **- Notes**

one pound, a pound £ 1
five pounds £ 5
ten pounds £ 10
twenty pounds £ 20
fifty pounds £ 50

Anexo 20 Principales divisas - Currencies

Nombre en español	Divisa	Abreviaturas inglesas	Código internacional
chelín austríaco	Austrian schelling	A.Sch.	ATS
corona (Dinamarca)	Danish kröne	D.Kr.	DKK
corona (Noruega)	Norvegian krone	N.Kr.	NOK
corona (Suecia)	Swedish krona	S.Kr.	SEK
cruzeiro (Brasil)	Brasilian cruzado	(Brasil) cruz.	BRC
dólar EU	U.S. dollar	$	USD
dólar canadiense	Canadian dollar	C.$	CAD
dólar de Hong Kong	Hong Kong dollar	H.K.$	HKD
dólar de Singapur	Singaporean dollar	Singapore $	SGD
dracma (Grecia)	Greek drachma	Dr.	GRD
escudo (Portugal)	Portuguese escudo	Port.Esc.	PTE
florín (Holanda)	Dutch guilder	Fl., Gldr.	NLG
franco belga	Belgian franc	B.Fr.	BEF
franco francés	French franc	F.Fr.	FF
franco suizo	Swiss franc	S.Fr., S.F.	CHF
lira (Italia)	Italian lira	It.L.	ITL
libra (Egipto)	Egyptian pound	Egypt.£	EGP
libra (Irlanda)	Irish punt	IR £	IEP
libra (GB)	Sterling pound, pound sterling	£	GBP
libra (Turquía)	Turkish lira	£T	TRL
marco alemán	Deutsche Mark	D.M.	DEM
peseta (España)	Spanish peseta	PTA., Ptas.	ESP
peso (México)	Mexican peso	Mex. peso	MXP
rand (África del Sur)	South African rand	S.Afr. rand	ZAR
rublo (C.E.I.)	(Russian) ruble	R, rub	SUR
rupia (India)	Indian rupee	R, Re	INR
yen (Japón)	Japanese yen*	¥	JPY

* Atención, sin **s** en plural.

ÍNDICE

La lista que aparece a continuación corresponde a los términos que son objeto de algún desarrollo o que se definen en el texto. Los números remiten a las páginas. Los términos en español aparecen en cursivas.

A

B

ÍNDICE

C

J

K

L

M

N

ÍNDICE

O

P

R

ÍNDICE

U

V

W

NOTAS